ÉLIXIR DE SOMMEIL

Des solutions pratiques pour bien dormir la nuit

De la même autrice

Le guide du rêve lucide (2021) Le lotus et l'éléphant

The Art of Transforming Nightmares (2021) Llewellyn Publications

Llewellyn's Complete Book of Lucid Dreaming (2017) Llewellyn Publications

Dream Therapy (2017) Llewellyn Publications

Sleep Monsters and Superheroes : Empowering Children through Creative Dreamplay (2016) coédité avec Jean M. Campbell

Dreamrunner (2010) publié sous le nom de Clare Jay, Piatkus Books

Breathing in Colour (2009) publié sous le nom de Clare Jay, Piatkus Books

Clare R. Johnson

ÉLIXIR DE SOMMEIL

Des solutions pratiques pour bien dormir la nuit

Le lotus & l'éléphant

Publié pour la première fois aux États-Unis en 2025 par Llewellyn Publications sous le titre *Elixir of Sleep : Practical Solutions for a Good Night's Rest*.

Design de couverture par Kevin R. Brown
Nuages de la couverture : GettyImages © filo

Édition française et traduction

Traduction : Garance Marson
Édition : Pauline Ferlay
Préparation de copie : Pauline Thilliez
Relecture : Émilie Marquet
Mise en pages : Nord Compo
Fabrication : Anne-Laure Soyez

Dépôt légal : juin 2025
ISBN : 978-2-01-734211-3/01
76-6063-6

Pour contacter l'éditeur : support@lelotusetlelephant.com

Achevé d'imprimer en Italie en juin 2025 par Grafica Veneta.

Nous utilisons des papiers composés de fibres naturelles, renouvelables, recyclables et fabriqués à partir de bois issus de forêts adoptant un système d'aménagement durable. En outre, nous travaillons avec des fournisseurs de papier qui s'inscrivent dans une démarche de certification environnementale reconnue.

Cette publication n'est pas destinée à fournir ou à remplacer des conseils, des traitements ou des diagnostics médicaux conventionnels, ni à se substituer à la consultation d'un médecin ou d'un autre professionnel de la santé agréé.

PAPIER À BASE DE FIBRES CERTIFIÉES

hachette s'engage pour l'environnement en réduisant l'empreinte carbone de ses livres.
Celle de cet exemplaire est de :
600 g éq. CO_2
Rendez-vous sur www.hachette-durable.fr

Pour ma fille Yasmin,
une exploratrice créative du sommeil qui intègre
le génie des rêves dans ses histoires mythiques.

SOMMAIRE

EXERCICES ET PROGRAMMES DE SOMMEIL

INTRODUCTION

Au cours des dix prochaines années, vous passerez plus de trois ans à dormir.

Trois précieuses années.

Nous passons un tiers de notre vie à dormir, mais bien peu d'entre nous s'attardent sur ce qui se produit durant ce temps et sur les trésors qu'il renferme. L'état en apparence passif du sommeil est parfaitement illusoire. En réalité, nous ne dormons jamais vraiment pendant huit heures et le sommeil ne se résume pas à rester allongé·e les yeux fermés toute la nuit.

Ce livre met en lumière la force vitale et le formidable potentiel du sommeil. Il ouvre les portes du monde endormi, des rêves et de tout ce qu'ils nous offrent. En lisant ces pages, vous apprendrez à mieux dormir, à bien rêver et à naviguer parmi les mystérieux états que nous traversons au cours de la nuit.

Imaginez un chêne : ses branches sont le reflet de ses racines. Ce que l'on voit en haut, on le retrouve en bas. Il en va de même pour l'être humain. Notre vie éveillée se déroule à la surface, tandis qu'en profondeur s'étend le mystérieux royaume du sommeil. En nous coupant du monde du sommeil et en ignorant ses trésors, nous ne vivons qu'à moitié, restant à la surface de nous-mêmes. Mais lorsque nous embrassons le sommeil dans toute sa splendeur, nous devenons entier·ère·s. Nous développons notre esprit, puisons dans la sagesse des profondeurs cachées et accédons à des états de conscience remarquables. Le sommeil est un voyage intérieur fascinant, une plongée dans la psyché et ses territoires inexplorés. Apprenons à l'aimer, à l'accueillir, et laissons-nous enrichir par ses merveilles, nuit après nuit.

Qu'y a-t-il de plus fascinant que d'explorer le royaume du sommeil ? Comprendre l'énergie brute de l'imagerie hypnagogique, la frénésie émotionnelle créative du sommeil paradoxal, la sagesse des rêves et des cauchemars et le bonheur intemporel du sommeil profond nous ouvre la porte d'une toute nouvelle existence.

Alors que l'Intelligence Artificielle et les technologies informatisées occupent une place croissante dans nos vies, certaines personnes en viennent à remettre en question la valeur de l'être humain. Certes, l'IA peut régurgiter d'immenses quantités de connaissances en un instant, mais elle est dépourvue de la créativité unique qui définit notre nature. Il est une chose qu'aucun ordinateur ne pourra jamais accomplir : rêver de manière immersive et multisensorielle, comme nous le faisons chaque nuit. Sans notre biologie et l'architecture complexe de notre cerveau, aucune intelligence artificielle ne pourra jamais goûter aux merveilles du sommeil.

Le sommeil est un don que tous les êtres humains possèdent. Nous avons tous et toutes la capacité à passer d'un état de conscience à l'autre dès que nos paupières se ferment. Tout au long de notre vie, nous vivons, sans même y prêter attention, d'innombrables voyages créatifs, guérisseurs et spirituels à travers le sommeil. Véritable élixir de guérison, le sommeil agit même lorsque nous l'ignorons. Une bonne nuit de repos suffit à restaurer notre corps, à rééquilibrer nos hormones, à intégrer nos souvenirs et à nous plonger dans les espaces régénérateurs du sommeil profond. Chaque année, il nous offre des milliers d'aventures sous forme de rêves cinématographiques et de montagnes russes d'images et de sensations présommeil.

Le sommeil est le berceau de l'ingéniosité humaine. Au fil du temps, de nombreuses découvertes scientifiques et œuvres d'art majeures ont émergé du sommeil et des rêves. Les réponses aux plus grandes énigmes de l'humanité pourraient se cacher dans les mystères de ce monde endormi. Le sommeil est une porte d'entrée vers une compréhension plus profonde de qui nous sommes, pourquoi nous sommes ici et ce qui se joue au-delà de la vie. Il nous invite à percer les secrets du temps, de l'espace et de la conscience, tout en nous libérant des cycles de souffrance pour embrasser notre nature supérieure. En nous y plongeant pleinement, il devient un guide lumineux sur le chemin de notre évolution.

Nos ancêtres entretenaient une relation instinctive avec le sommeil, alignant naturellement leurs périodes de repos sur les cycles du jour et de la nuit. Aujourd'hui, nous sommes une société privée d'obscurité : l'électricité et la lumière bleue des écrans maintiennent notre cerveau en éveil bien après le coucher du soleil. Lorsque notre cerveau ne reçoit pas de signal d'obscurité, la production d'hormones du sommeil est retardée. Le Harvard Women's Health Watch estime que plus de 60 % des femmes ne dorment pas les sept à neuf heures recommandées par nuit[1], et il en va de même pour la plupart des États-Unien·ne·s, selon une enquête réalisée en 2005 par la Fondation du Sommeil[2].

Cela signifie qu'une majorité de la population souffre d'un manque de sommeil chronique, perdant en moyenne une heure de sommeil par nuit. À l'âge de 30 ans, cela représente déjà des milliers d'heures envolées. Ne pas dormir suffisamment nous rend sujet·te·s à la prise de poids ou aux virus ainsi qu'à certaines maladies, telles que les problèmes cardiaques ou le diabète. Heureusement, les effets néfastes du manque de sommeil accumulé peuvent être contrés en réapprenant à profiter d'un sommeil réparateur. Comme le dit William Dement, psychiatre à Stanford, « C'est en vous débarrassant de votre dette de sommeil que vous deviendrez un surhumain[3] ».

Le rapport *Casper-Gallup State of Sleep in America 2022* établit un lien étroit entre la santé mentale et une bonne nuit de repos.

1. Harvard Health Publishing, « Women and Sleep ».
2. National Sleep Foundation, « 2005 Sleep in America Poll ».
3. Webster, « Can You Catch Up on Lost Sleep ? ».

Les personnes qui évaluent leur santé mentale comme excellente sont six fois plus susceptibles de déclarer qu'elles bénéficient d'un sommeil de qualité[1]. Le manque de sommeil a un impact négatif considérable sur la santé physique et mentale, et il devient urgent de consacrer du temps au sommeil dans notre vie. Cela n'a rien de bien difficile, de ce fait, de simples changements mineurs auront déjà un effet conséquent. Les exercices présentés dans ce livre sont conçus pour vous ouvrir au monde onirique et vous donner quelques techniques pour l'apprivoiser au mieux en améliorant votre capacité à vous détendre et à lâcher prise. Vous aurez ainsi les clés pour cultiver l'habitude saine d'un sommeil réparateur.

Vous y trouverez également un questionnaire inédit sur le sommeil pour vous aider à découvrir le type de dormeur·euse et de rêveur·euse que vous êtes, ainsi que douze programmes pour vous permettre de cibler les techniques les plus adaptées et améliorer votre sommeil. Quel que soit le travail à faire sur votre sommeil, vous trouverez parmi ces pages l'exercice idéal.

De la méditation sonore au travail de respiration, en passant par les solutions à l'insomnie et les conseils pour le rêve lucide, plongez dans l'univers passionnant du sommeil. Vous rencontrerez vos animaux totems et vos guides oniriques, vous apprendrez à canaliser l'énergie sexuelle vers une évolution spirituelle, à tirer profit des cauchemars et à vous libérer de la peur dans tous les états de conscience. Vous découvrirez les merveilles de votre propre intelligence onirique et trouverez votre chemin vers une bonne nuit de repos. En mettant en œuvre ces exercices puissants, vous serez témoin d'un véritable changement dans votre sommeil, vos rêves et votre vie éveillée.

1. Gallup Inc., *Casper-Gallup State of Sleep in America 2022 Report*.

Mon parcours

Les mystères du sommeil m'ont été dévoilés très tôt dans ma vie. À l'âge de 3 ans, je me suis vue noyée dans une piscine à l'eau turquoise. Plus je luttais pour atteindre la surface, plus bas je sombrais. Soudain, dans un éclair de lucidité, je comprends que je suis en plein rêve ! Je sais alors que je peux soit rester dans le rêve et me noyer, soit me réveiller. Je choisis donc de me réveiller en me secouant violemment dans l'eau du rêve, si violemment que je roule hors du lit et me réveille avec une bosse sur la tête. Ma mère accourt pour voir si je vais bien et me rassure : « Ce n'est rien, ce n'était pas la réalité, ce n'était qu'un rêve. »

Cette affirmation était si manifestement contradictoire à l'expérience excessivement réelle que je venais de vivre qu'elle a suscité chez moi une fascination à vie pour « l'autre monde », celui des rêves et du sommeil. Mon enfance se peuple alors de rêves lucides volants, de cauchemars, de somnambulisme et d'expériences extracorporelles. Mes parents ne s'intéressant pas du tout aux rêves, je me débats seule avec la découverte vertigineuse d'états de conscience parfois terrifiants. Après de nombreux essais et erreurs, je mets finalement au point des techniques pour gérer la peur et utiliser mon intention comme guide lors de ces aventures nocturnes. J'apprends patiemment à aborder mes cauchemars avec calme et je rencontre des guides extraordinaires.

À l'époque, je n'ai aucune idée que ces connaissances durement acquises, ainsi que la transformation personnelle que je vis à mesure que je plonge dans le monde mystérieux du sommeil, deviendront la base de ma carrière. Par un retournement de situation, je suis acceptée en 1992 à l'université de Lancaster au Royaume-Uni pour faire ma licence sur le rêve lucide. À cette époque, je fais l'expérience de paralysies nocturnes presque quotidiennement et je ne tarde pas à développer la capacité à faire des rêves lucides.

En 2007, à l'université de Leeds, en Angleterre, je deviens la première personne au monde à passer un doctorat sur le rêve lucide en tant qu'outil d'écriture créative. Dans le cadre de mon doctorat, j'écris un roman inspiré du rêve lucide, *Breathing in Colour*, qui explore la façon dont le rêve lucide peut guérir des traumas. Dès 2003, je présente ma thèse lors de conférences, mais mes recherches sur le rêve lucide sont accueillies avec scepticisme par certain·e·s universitaires et psychanalystes qui pensent impossible d'éveiller sa conscience en plein rêve. Heureusement, la science se range de mon côté : en 1975, le Dr Keith Hearne apporte la première preuve scientifique du rêve lucide dans un laboratoire du sommeil à l'université de Hull, en Angleterre.

En réponse à la résistance qu'opposent certaines personnes à ce sujet, ma détermination accroît afin de faire connaître l'incroyable potentiel du rêve lucide. Ma vie commence alors à tourner autour de l'enseignement de ces expériences de sommeil intenses et merveilleuses. En 2017, j'écris *Llewellyn's Complete Book of Lucid Dreaming*, suivi de près par trois guides pratiques : *Dream Therapy*, *Le guide du rêve lucide* et *The Art of Transforming Nightmares*. Ce dernier propose le rêve lucide comme solution pour lutter contre l'insomnie et les cauchemars. À ce stade, j'ai déjà développé des centaines de techniques pour aider les gens du monde entier à accéder au monde intérieur des rêves et de l'inconscient. Aujourd'hui, le rêve lucide est en plein essor et de très nombreuses études démontrent son potentiel.

En 2018, j'ai l'honneur d'être élue présidente et directrice générale de l'Association Internationale pour l'étude des rêves. Je crée ensuite une école en ligne intitulée **Deep Lucid Dreaming Video Courses** et je commence à animer des retraites sur le rêve lucide proche de l'océan dans des cadres époustouflants. Aujourd'hui, mon voyage se poursuit avec une merveilleuse communauté de personnes qui aiment les mystères du sommeil et des rêves autant que moi.

Que contient ce livre ?

Élixir de sommeil est unique par sa perspective innovante. Il aborde le sommeil de manière beaucoup plus approfondie que les livres classiques sur le sujet, qui ont tendance à se concentrer uniquement sur son aspect scientifique ou sa physiologie. Le sommeil n'est pas seulement un état physique, c'est aussi un état spirituel. Lorsque nous nous blottissons dans notre lit et fermons les yeux le soir, nous partons voyager. Ce livre explore ce que nous sommes lorsque nous rêvons et ce que nous expérimentons à chaque stade du sommeil. Il explique les changements bénéfiques qu'apporte une conscience lucide à nos rêves et comment approfondir notre relation avec les merveilles de ces voyages nocturnes. Découvrez comment vous endormir sereinement et vous réveiller avec une énergie nouvelle.

Je ne connais pas d'autres livres sur le sujet proposant un questionnaire du sommeil, un ensemble de programmes et un éventail d'exercices, des portails sonores à l'incubation de rêves érotiques et de la poésie onirique aux techniques de libération de la peur de la mort. J'ai écrit ce livre à partir de mon expérience, qui combine un demi-siècle d'exploration active du sommeil, une recherche académique commencée il y a trente ans, et vingt-deux ans d'enseignement de mes techniques de lucidité et de mes programmes de sommeil à plusieurs milliers de personnes à travers le monde.

Ce livre propose un mélange entre science et pratiques créatives, ainsi qu'un examen approfondi des états de conscience fascinants qu'englobe le sommeil. Dans la première partie, vous apprendrez à adopter un sommeil serein. Vous découvrirez qui vous êtes lorsque vous dormez et des exercices allant de l'aménagement de votre chambre en un espace sacré, à la tenue d'un journal du sommeil et aux étapes les plus importantes pour une bonne nuit reposante. Vous plongerez dans le pouvoir symbolique des rêves, vous inventerez un mantra de rêve, et vous apprendrez quelques techniques de respiration simples afin d'entrer instantanément dans un état de calme et de sérénité. À la fin de cette partie se trouve le questionnaire du sommeil ; réservez-y vingt-cinq minutes pour prendre le temps de bien répondre aux questions, car c'est un point clé du livre. Vos réponses vous aideront à clarifier votre relation au sommeil. Vous serez ensuite en mesure d'identifier le type de dormeur·euse et de rêveur·euse que vous êtes, ce qui vous permettra de vous orienter rapidement vers les exercices et les programmes de sommeil vous correspondant le plus.

Dans la deuxième partie, les portails du sommeil vous seront ouverts, en commençant par l'un de mes préférés : le son. Vous découvrirez le pouvoir du fredonnement pour activer le système nerveux parasympathique et atteindre un calme profond, ainsi que les joies de l'*Om* dans un bain. Ensuite, vous plongerez dans le sommeil par le portail sauvage de l'imagerie présommeil, ou hypnagogie, et vous vous offrirez le luxe de siestes en or et de méditations de yoga nidra. Vous rencontrerez vos animaux totems, vous créerez un autel sacré du sommeil, et vous travaillerez avec votre énergie sexuelle primaire pour inviter des rêves érotiques et canaliser l'énergie vitale de la kundalini vers une élévation spirituelle.

La troisième partie est consacrée aux solutions contre l'insomnie et à un abord plus serein des cauchemars. Le sommeil n'est pas toujours un état de repos profond entrecoupé de rêves amusants. En abordant ses aspects les plus difficiles, vous vous offrez les moyens d'évoluer en apprenant à gérer la peur et à transformer vos expériences. Je partage ici ma technique de libération de l'insomnie, afin que vous puissiez examiner le potentiel créatif de longues périodes d'éveil au cours de la nuit. Ensuite, vous étudierez votre propre personne onirique lors de vos pires cauchemars et vous apprendrez à y réagir avec créativité. Vous explorerez l'état fascinant et terrifiant de la paralysie du sommeil, où le corps se paralyse et donne la sensation d'être pris·e au piège de visions effrayantes. Nous aborderons l'anxiété et les terreurs nocturnes avant de sauter dans le vide lucide, où vous vous retrouverez à flotter dans la lumière noire, un état au potentiel infini. Vous y trouverez également quelques conseils sur la manière de vivre sereinement une expérience extracorporelle.

Dans la dernière partie du livre, nous explorerons les rêves créatifs et ceux permettant de résoudre des problèmes afin d'exploiter la vaste créativité du sommeil. Nous verrons comment les rêves peuvent aider à identifier des ennuis de santé potentiels et comment trouver un sommeil apaisé malgré des douleurs ou des maladies chroniques. Nous aborderons ensuite le rêve lucide, avec des conseils et des exercices de base qui vous viendront en aide afin de vous éveiller en plein rêve pour vivre entièrement dans ce monde endormi. Dans le dernier chapitre, nous ouvrirons la porte aux rêves de visite dans lesquels vous vous connecterez à des êtres chers décédés ou des ancêtres, et je partagerai ma méditation de bilan de vie – une pratique puissante pour clarifier l'esprit et méditer sur le sens de la vie afin d'emprunter le chemin le plus lumineux. Je vous invite à élargir votre conscience en explorant vos rêves et les cadeaux spirituels du sommeil.

La lecture de ce livre vous permettra d'approfondir votre relation avec le sommeil et les rêves. Grâce aux programmes pour un meilleur sommeil, vous trouverez un chemin bienveillant vers un sommeil apaisé et une pratique sacrée à l'impact positif sur votre vie.

Le sommeil a pour fonction de nous aider à évoluer, de la consolidation de la mémoire à l'acte thérapeutique et créatif du rêve. Il joue également un rôle essentiel dans l'évolution spirituelle, c'est un portail précieux vers des états d'unité et d'élévation cosmique recherchés à travers la méditation depuis des millénaires. Il nous révèle à nous-mêmes sous notre jour le plus authentique. Aborder le sommeil avec curiosité, respect et conscience nous permet de trouver non seulement un repos serein et réparateur, mais aussi le chemin vers nous-mêmes.

Ce livre a pour vocation de vous aider à tirer le meilleur parti du tiers de votre vie que vous passerez à dormir. Je vous invite chaleureusement à me rejoindre dans cette exploration fascinante du monde mystérieux et enchanteur du sommeil.

PARTIE I

ACCUEILLIR UN SOMMEIL APAISÉ

CHAPITRE 1

QUI SOMMES-NOUS LORSQUE NOUS DORMONS ?

Imaginez qu'une personne bienveillante vous offre une expérience de bien-être. Un moment au cours duquel vous flottez confortablement pendant des heures, tandis que votre corps, votre cerveau et votre système nerveux s'imprègnent d'un élixir de guérison. Une séance thérapeutique au cours de laquelle vos souvenirs les plus récents et vos compétences nouvelles sont intégrés sans effort, de sorte que vous en revenez avec un esprit plus vif. Une guérison physique au cours de laquelle vos systèmes corporels sont réparés et renforcés et vos hormones équilibrées. Ce merveilleux moment de bien-être améliorerait automatiquement votre santé et augmenterait immédiatement votre bonheur. Pour recevoir ce baume, il vous suffirait de vous allonger et de vous détendre.

Imaginez que vous puissiez recevoir ce fabuleux cadeau gratuitement, sans poser un seul jour de congé.

L'accepteriez-vous ?

Dit comme ça, la réponse peut sembler évidente – bien sûr, qui n'aimerait pas recevoir un tel cadeau ! En réalité, nous en disposons tous et toutes chaque nuit, bien que peu de personnes reconnaissent le sommeil comme l'élixir de guérison qu'il est réellement. Au lieu de cela, il est mis de côté, comprimé dans des horaires réduits. Quelle erreur que de croire que nous pouvons nous en passer ! Pourtant, chaque nuit, cette merveilleuse expérience nous est offerte sur un plateau, peu importe qui nous sommes. Le sommeil ne nous coûte pas un centime, alors qu'il est le médicament le plus efficace. Avec une activité sportive régulière et une alimentation équilibrée, le sommeil est le principal facteur de la santé.

Faites de la place au sommeil dans votre vie et laissez-vous porter par les merveilles qu'il vous apportera. Contrairement à de nombreuses croyances infondées, le sommeil n'est pas un vide inconscient. Il est notre portail biologique et psychologique vers la bonne santé. Mais il peut également s'aborder comme une pratique spirituelle : il nous connecte à la source d'énergie qui soutient notre esprit, notre corps et notre âme. Le sommeil nous recharge littéralement à tous les niveaux.

Nous ne pouvons pas survivre sans lui. Son manque entraîne des conséquences néfastes sur notre santé physique, émotionnelle et mentale. Malheureusement, pour bien des raisons propres à chacun·e, la qualité et la quantité de sommeil ne sont souvent pas respectées. Pour l'améliorer et bénéficier de tous ses fantastiques avantages, la première étape consiste à être lucide sur l'état actuel de notre sommeil.

Manifester la nuit de sommeil parfaite

Qui êtes-vous lorsque vous dormez ? Plus précisément, qui souhaitez-vous être lorsque vous dormez ? Il se peut que vous soyez agité·e, que vous vous réveilliez fatigué·e ou que vous fassiez des rêves troublants. Bonne nouvelle, il est tout à fait possible de transformer votre sommeil ! Améliorez sa qualité actuelle en vous servant des exercices présentés dans ce livre. Imaginez qui vous aimeriez être lorsque vous dormez.

Michel-Ange avait la capacité de regarder un énorme bloc de pierre brut et d'y voir la sculpture qu'il contenait, lumineuse et parfaite, en attente de sa libération. Il considérait que son travail consistait à enlever l'excès de pierre pour permettre à cette beauté stupéfiante enfermée à l'intérieur d'en émerger.

Imaginez que votre sommeil idéal soit cette merveilleuse sculpture emprisonnée dans la pierre. Imaginez ce qu'il pourrait être – une expérience lumineuse et guérisseuse. Pouvez-vous en voir la forme étincelante ? À quoi ressemble-t-elle ? Vous recherchez peut-être l'aventure – des rêves forts en émotions, sauvages, des rencontres érotiques et de nouvelles perspectives ? Ou encore, une exploration de la conscience, des expériences de hors-corps et des rêves lucides ? Ou même des animaux totems et des guides oniriques ? La plupart des gens aspirent à un repos apaisé et revigorant afin de se réveiller plein·e d'énergie.

Le sommeil est une expérience propre à chacun·e. Pouvez-vous voir comme Michel-Ange la divine forme que pourrait prendre votre sommeil ? La première étape pour libérer cette sculpture intérieure est de la visualiser. Choisissez une image qui représente votre sommeil idéal. Vous pouvez vous imaginer au réveil, reposé·e et prêt·e pour une nouvelle journée, ou bien visualiser une image qui vous inspire un repos paisible, ou encore une image d'Hypnos, le dieu grec du sommeil.

Devenez le Michel-Ange de votre propre nuit. Poser une intention avec résolution vous mènera à grands pas vers sa manifestation. Il ne vous reste plus qu'à tailler la pierre pour libérer la beauté qui s'y trouve. Afin de manifester votre sommeil idéal, je vous invite à essayer les exercices de ce livre, à tenir un journal du sommeil et à accepter de changer quelques vieilles habitudes.

Cette dernière partie est la plus difficile. Il est surprenant de constater à quel point nous pouvons éprouver de la réticence face à certains changements. C'est pourquoi il est bon de garder à l'esprit la vision lumineuse de votre nuit de sommeil idéale. Rappelez-vous pourquoi vous procédez à ces évolutions. Réjouissez-vous de ces changements positifs à venir ; ils ne sont pas une punition. Découvrez combien vous engager dans l'essence de votre sommeil et de vos rêves se révèle être une merveilleuse expérience, toujours à portée de main.

Exercice 1

Tenir un journal du sommeil

Tenir un journal du sommeil est un excellent moyen de suivre vos habitudes et d'en créer de nouvelles. Tout au long de la lecture de ce livre, essayez d'en tenir un. Vous pouvez y écrire les rêves dont vous vous souvenez, les idées que vous vous faites de votre vie onirique, vos réactions aux programmes et aux solutions proposées, votre état d'esprit et votre santé en général. Vous pouvez écrire à peu près tout ce que vous désirez dans votre journal. Laissez votre crayon fuser sur le papier et dessinez les animaux de vos rêves ou esquissez des images qui symbolisent votre nuit de sommeil idéale. Laissez votre inspiration s'exprimer.

Complétez ces dix phrases chaque jour pour créer une image continue de vos habitudes et de la qualité de votre sommeil et de vos rêves :

1. Avant d'éteindre la lumière, j'ai… (pris un bain aux chandelles, eu une dispute avec mon·a conjoint·e, travaillé sans relâche).
2. J'ai mis X (nombre de) minutes à m'endormir.
3. J'ai passé X (nombre de) minutes éveillé·e pendant la nuit.
4. Mon sommeil a été… (interrompu/revigorant/paisible/agité).
5. Sur une échelle de 1 à 10, ma nuit de sommeil est un X.
6. Je me suis souvenu·e de X (nombre) de rêves.
7. Mes rêves étaient… (stressants/drôles/magiques/effrayants).
8. Au réveil, je me suis senti·e… (fatigué·e/revigoré·e/joyeux·euse).
9. Aujourd'hui, mon humeur et mon niveau d'énergie étaient…
10. Concernant cette nuit de sommeil, j'observe que…

Au fur et à mesure que vous tiendrez votre journal, vous commencerez à repérer des liens. Vous remarquerez peut-être qu'une journée émotionnellement stressante entraîne une perturbation du sommeil, à moins que vous ne fassiez quelque chose de relaxant avant de vous coucher, comme écouter une méditation guidée ou lire un livre apaisant. Vous prendrez peut-être conscience que, lorsque vous faites du sport proche de l'heure du coucher, votre corps est trop sollicité pour dormir, ou que, lorsque vous buvez de l'alcool au dîner, vous vous réveillez à 4 h du matin et n'arrivez pas à vous rendormir.

Il se peut que vous soyez naturellement porté·e vers un sommeil biphasique, c'est-à-dire que vous dormez en deux fois au cours d'une période de vingt-quatre heures. Il existe également le sommeil polyphasique, ou segmenté, c'est-à-dire qu'il s'étale sur trois périodes ou plus en vingt-quatre heures. La plupart des gens ont un sommeil monophasique, ce qui veut dire qu'il est ininterrompu pendant sept à neuf heures par nuit[1]. Ce n'est généralement pas une préférence personnelle, comme la contrainte du travail à des horaires précis. Si vous sentez que vous manquez de sommeil en vous levant, référez-vous au chapitre 8, où vous trouverez des conseils sur la manière et le moment d'intégrer des périodes de repos profond au cours de la journée sous la forme de siestes.

Chaque personne est différente. Certaines peuvent regarder un film d'horreur et dormir comme des bébés (je n'en fais pas partie !), tandis que d'autres ont besoin d'un temps calme avant de se coucher, sans écrans, pour trouver un sommeil réparateur. Certaines personnes n'arrivent pas à se défaire des pensées qui tournent en boucle avant d'aller dormir, tandis que d'autres se réveillent au milieu de la nuit en craignant ce que le lendemain leur réserve. Heureusement, il existe de merveilleux moyens, simples et efficaces, pour résoudre ces problèmes de sommeil courants.

1. Al-Abri *et al.*, « Sleep Patterns and Quality in Omani Adults ».

Exercice 2

Programme en 5 étapes pour une bonne nuit de sommeil

Ce livre regorge de solutions diverses et variées très spécifiques en matière de sommeil, qu'il soit question de vivre sereinement un cauchemar et une insomnie ou de méditer pour retrouver le calme intérieur. Plongez dans ces exercices soutenus par la science afin d'améliorer dès à présent votre sommeil.

1. Respectez un horaire régulier. C'est le facteur le plus important pour un bon sommeil. Essayez de vous coucher et de vous réveiller à la même heure tous les jours. C'est là un rythme plus sain que de manquer de sommeil pendant la semaine et de faire la grasse matinée le week-end pour rattraper le retard.
2. Tamisez les lumières au moins trente minutes avant de vous endormir. Cela stimule la production de mélatonine, l'hormone du sommeil, et votre cerveau commence ainsi à ralentir. Évitez les lumières vives des écrans pendant cette période, ou votre cerveau sera trompé en pensant qu'il fait jour et restera en activité.
3. Évitez les repas lourds et les stimulants, tels que l'alcool, la caféine, la nicotine et le chocolat trop près de l'heure du coucher. Ils activent le corps et maintiennent le système digestif en surrégime. La caféine peut réduire la durée du sommeil profond, de sorte que vous vous réveillerez fatigué·e, même si vous avez trouvé le sommeil facilement et qu'il n'a pas été interrompu pendant la nuit. Il est préférable de finir de manger deux à trois heures avant de se coucher afin de maximiser la capacité à l'endormissement et d'améliorer la qualité générale du sommeil. Si vous vous réveillez fréquemment pour aller aux toilettes pendant la nuit, essayez de réduire votre consommation de liquide dans l'heure qui précède le coucher.

4. Faites de l'exercice physique pendant la journée, mais pas trop près de l'heure du coucher. Aller à la salle de sport ou suivre un cours d'aérobics jusqu'à 21 h 30 peut vous empêcher de vous endormir avant minuit. Expérimentez jusqu'à trouver ce qui vous convient le mieux.
5. Restez dans l'obscurité si vous vous réveillez la nuit sans parvenir à vous rendormir.

Certaines personnes sont naturellement éveillées pendant de longues périodes nocturnes. Certaines le vivent comme une magnifique phase créative. Mais d'autres ressentent du stress ou de l'anxiété. Si tel est votre cas, je vous invite à sortir du lit et à rester dans l'obscurité jusqu'à ce que le sommeil revienne ou à aller dans une autre pièce et à pratiquer une activité calme, comme écrire dans votre journal, lire ou méditer.

Transformer sa chambre en espace sacré

Le sommeil est une connexion avec le divin : il est aussi physique que spirituel. Tout au long de l'histoire, les humains ont créé des espaces sacrés pour se connecter au divin. Vous êtes-vous déjà senti·e comme une goutte d'eau scintillante dans l'immense océan de la conscience ou comme une cellule vivante dans un tout majestueux et conscient ? Se connecter à quelque chose de plus grand permet de gagner en perspective et en sensibilité.

Voici comment transformer une chambre à coucher en espace sacré où considérer le sommeil comme une pratique spirituelle.

Préparer le décor de votre film du sommeil

Imaginez que vous mettez en scène un film intitulé *Une nuit de sommeil apaisé*. Pas de sarcasme ou de surprise dans ce film, vous voulez représenter un repos paisible et réparateur. Pour planter le décor, vous faites des choix spécifiques. Plutôt que d'installer des bandes d'éclairage éblouissantes, vous optez pour des lampes douces et chaudes. Au lieu d'un vieux matelas affaissé, vous en choisissez un neuf et ferme, qui s'adapte au corps. Vous étudiez attentivement les couleurs de la literie, et renoncez aux rayures psychédéliques pour privilégier les tons reposants.

Une fois que le cadre apaisant de la chambre vous satisfait, dirigez l'acteur·rice qui jouera le rôle du·de la dormeur·euse apaisé·e. Vous ne voulez pas que cette personne fasse brusquement irruption dans la chambre avant de se précipiter au lit, pleine de colère et de ressentiments. Vous ne voulez pas non plus qu'elle consulte anxieusement son téléphone au lit tout en mangeant un énorme beignet. Non, pour cette scène de sommeil reposant, vous voulez qu'elle se glisse, le visage détendu, dans la chambre douillette en exaltant la sérénité et en anticipant une merveilleuse nuit de magie reposante.

Vous êtes à la fois le·a réalisateur·rice et l'acteur·rice. Vous êtes la personne qui décide, mais aussi celle qui vit les décisions que vous prenez. C'est un cadeau, car à tout moment, vous pouvez créer un changement positif dans votre vie. Tel est le pouvoir de votre conscience créatrice. Vous êtes votre propre héros.

Essayez vos nouveaux pouvoirs de réalisateur·rice dans votre propre chambre avec l'exercice suivant. Si vous ne désirez pas de changements radicaux, rien ne vous y oblige. Ne réalisez que ceux avec lesquels vous vous sentez en adéquation. Des changements trop brutaux ou indésirés pourraient être contre-productifs. Laissez-vous porter par ce qui vous fait vibrer.

Exercice 3

Aménager sa chambre

Placez-vous sur le seuil de votre chambre et observez-la attentivement. Est-elle en désordre, poussiéreuse, négligée ? Notez les émotions que vous ressentez en regardant votre lit. Avez-vous envie de sauter dedans et de vous y blottir, ou crée-t-il un conflit avec vous ? Les lits peuvent être porteurs de souvenirs que nous préférerions oublier, d'amours passées, de cauchemars, de disputes ou de l'épuisement des nuits sans sommeil. Maintenant, allongez-vous sur votre lit et observez votre ressenti. Votre oreiller est-il confortable et combien d'années a votre matelas ? Ces derniers doivent être remplacés régulièrement, ou au moins retournés. Les sondages montrent que les personnes extrêmement satisfaites de leur matelas ont quatre fois plus de chances de trouver un sommeil de qualité que celles qui n'en sont pas satisfaites[1]. C'est également le moment d'observer vos parures de lit.

Portez votre attention sur l'éclairage de votre chambre. C'est un point essentiel. Des lampes aux tons doux ou des bougies LED créent une atmosphère magique et apaisante. Notre corps produit naturellement plus de mélatonine, l'hormone du sommeil, lorsque l'éclairage est faible, et favorise ainsi un meilleur sommeil. Examinez vos rideaux ou vos volets. En êtes-vous satisfait·e ? L'obscurité est beaucoup plus propice à un sommeil réparateur que la lumière. Si un réverbère éclaire votre chambre, pensez à installer des rideaux opaques ou à vous munir d'un masque pour empêcher la lumière extérieure de vous réveiller.

La présence d'appareils électroniques, tels que les téléphones et les tablettes, dans la chambre n'est pas idéale en raison de la lumière bleue qu'ils émettent et de l'énorme distraction qu'ils représentent. Laissez-les à l'extérieur de la chambre ou mettez-les au moins en mode avion. Lire sur un téléphone maintient le cerveau bien trop éveillé pour lui permettre de ralentir. Méditer ou rêvasser dans une lumière tamisée est beaucoup plus adapté à une nuit reposante. Y a-t-il des changements que vous aimeriez apporter dans ce domaine ? Vous pouvez diffuser un peu de musique relaxante ou des visualisations guidées dans votre chambre avant d'aller dormir. Il est préférable d'éviter leur diffusion depuis un téléphone, car la tentation de vérifier les messages est souvent trop distrayante. Si vous ne disposez pas d'autres moyens de diffusion, veillez à enclencher le mode avion.

---

1. Gallup Inc., *Casper-Gallup State of Sleep in America 2022 Report.*

La température idéale d'une chambre environne les 18 °C. L'une des principales raisons d'un mauvais sommeil est un environnement trop chaud.

Débarrassez-vous de tout ce qui vous encombre. Les livres sont merveilleux, mais ils accumulent la poussière. Si vous le pouvez, déplacez-les, ainsi que les magazines et autres objets superflus, dans une autre pièce. Faites de votre chambre à coucher un espace simple, reposant et sacré. Vous pouvez garder quelques livres sur le sommeil, les rêves, la méditation et la respiration. Posez-les sur votre table de chevet pour les consulter avant de vous endormir.

Dressez une liste de ce que vous aimeriez faire pour métamorphoser votre chambre en un sanctuaire propice au sommeil. Nul besoin de dépenser des mille et des cents, il suffit parfois de faire le vide et de changer les draps pour donner à une chambre une énergie nouvelle et accueillante. Lorsque vous vous remettez d'une rupture amoureuse, le simple fait de modifier la position du lit peut s'avérer libérateur.

Créez votre décor. Vous seul·e êtes le·a directeur·rice artistique de ce film. Si vous aimez les hôtels de luxe, ajoutez à votre chambre de petites touches qui vous rappellent ces lieux, comme une décoration simple et épurée, un édredon blanc immaculé ou un tableau aux tons clairs. Si vous préférez les espaces feutrés, optez pour des guirlandes aux tons chauds. Vous pouvez placer un petit sachet de lavande séchée près de votre oreiller pour embaumer votre lit, ou poser sur votre table de chevet un flacon d'huile essentielle favorisant le sommeil, comme la lavande, l'ylang-ylang ou la camomille.

Lorsque vous aurez terminé de réaménager votre chambre, offrez-vous quelque chose de relaxant, comme un massage ou une tasse de chocolat chaud, pour vous récompenser d'avoir donné la priorité à votre sommeil.

Activer le pouvoir des pensées

Je vous invite à prendre un moment pour laisser remonter les pensées ou les inquiétudes que vous avez au sujet de votre sommeil. Observez-les simplement ; ne vous engagez pas encore. Qu'est-ce qui vous vient à l'esprit ? Voici quelques exemples de préoccupations et ruminations fréquentes :

« J'ai un sommeil terrible. »

« Je ne peux plus supporter ces nuits à cogiter et à me retourner. »

« J'ai peur de dormir, car je crains que les cauchemars ne reviennent. »

« Je ne dors jamais assez. »

« Si le sommeil est censé être aussi réparateur, pourquoi suis-je constamment fatigué·e au réveil ? »

« Quelque chose ne va pas chez moi, je reste éveillé·e la moitié de la nuit. »

« Comment puis-je espérer avoir une bonne nuit de sommeil quand mon bébé me réveille toutes les quelques heures ? »

« Je rumine mes pensées constamment et cela m'empêche de dormir. »

« Je sais parfaitement que la nuit prochaine sera encore pire que la précédente. »

« J'ai tout essayé, rien ne marche sur moi. Rien. »

Un manque de sommeil de qualité peut rapidement entraîner un manque de confiance en soi, de l'anxiété et de la négativité. Ces sentiments sont récurrents et tout à fait compréhensibles lorsque l'épuisement vient à bout de nos nerfs. Mais ne perdez pas espoir, la clé pour un bon sommeil est entre vos mains.

Reconsidérez votre manière de voir le sommeil. Les pensées sont des formes d'énergie légères et mobiles. Elles peuvent sembler fugaces et éphémères, mais elles sont d'une puissance trompeuse. Elles façonnent notre réalité intérieure et manifestent notre réalité extérieure. Apprendre à intercepter les pensées malsaines ou les croyances limitantes permet de mettre en mouvement une nouvelle énergie puissante.

Exercice 4

Changer sa manière de penser

Des études montrent que le fait de s'inquiéter de ne pas dormir suffisamment est l'un des facteurs nuisant à la qualité du sommeil, amorçant ainsi un cercle vicieux[1]. Cet exercice ne consiste pas à nous blâmer si nos pensées prennent une tournure négative. Les fluctuations des émotions sont naturelles et nous ne pouvons pas être constamment optimistes. Mais observer et modifier les pensées limitantes au sujet du sommeil, c'est comme changer nos draps. Cela nous permet de nous sentir plus léger·ère·s, plus propres et plus optimistes.

1. Identifiez une préoccupation ou une pensée négative concernant votre sommeil. Notez-les dans votre journal.
2. Rédigez une affirmation qui contrebalance votre inquiétude ou votre pensée négative et vous donne un sentiment d'espoir et de réconfort. Par exemple : « Je dors toujours mal » devient « Ma qualité de sommeil s'améliore chaque nuit ». Ou bien : « Aucune des techniques que j'ai essayées ne fonctionne » devient « Je fais des progrès dans mes habitudes de sommeil ». Ou encore : « Je ne sais pas comment bien dormir » devient « Mon corps détient la solution et je le soutiens en lui donnant la possibilité de dormir sereinement ».
3. Intégrez cette technique dans votre vie en tant que pratique de transformation des pensées. Chaque fois que vous remarquez une pensée négative ou une croyance limitante concernant votre sommeil, remplacez-la par une pensée optimiste et encourageante. Cet exercice peut sembler inutile au début, mais vous constaterez rapidement la facilité à intercepter et à corriger ces croyances limitantes.
4. Choisissez une affirmation qui vous tient à cœur et répétez-la chaque fois que vous sentez l'inquiétude monter

1. Gallup Inc., *Casper-Gallup State of Sleep in America 2022 Report.*

face à vos problèmes de sommeil. Vous pouvez également l'utiliser comme un mantra apaisant pendant que vous vous endormez. En voici quelques exemples : « Cette nuit, je dors profondément et je me réveille avec une énergie positive nouvelle. » Ou encore : « Mes rêves se transforment en belles aventures. J'aime dormir et je me réjouis de ce sommeil réparateur. »

La puissance des pensées

Vous êtes avec vous-même constamment, vous ne pouvez pas vous détacher de votre corps ou de votre esprit. Les pensées ont un effet incroyablement puissant sur nos vies. Prendre conscience du pouvoir des pensées, c'est devenir le·a véritable créateur·rice de votre vie, de celle éveillée comme endormie. Afin de garder un esprit positif, apprenez à reconnaître les pensées pouvant mener à l'anxiété ou aux crises d'angoisse. Si ces pensées se présentent, prenez un temps pour vous, respirez calmement et transformez-les en affirmation positive ou libérez-les. Il est souvent conté au sein des récits bouddhistes l'histoire suivante :

Deux moines voyagent ensemble à pied. Un jour, ils se voient freinés par une énorme flaque d'eau boueuse. Une femme âgée leur demande de l'aider à la traverser. Le moine le plus âgé lui propose de la porter sur son dos. Pendant qu'il l'aide à traverser la flaque, la femme ingrate se plaint et le réprimande : elle a des taches de boue sur sa robe, il n'est pas assez rapide, elle glisse sur son dos... Le moine lui fait traverser la flaque sans encombre et la dépose à terre. Elle ne le remercie même pas. Les deux moines continuent leur chemin en silence.
Après quelques heures, le plus jeune moine éclate : « Comment peux-tu rester aussi calme après la façon dont cette horrible femme t'a traité ? »

Le premier moine sourit et lui répond : « Mon ami, j'ai mis cette femme à terre il y a des heures. Cependant, il semble que tu la portes encore. »

Les êtres humains ruminent volontiers leurs vieilles blessures. Une partie de nous s'épanouit dans la répétition de situations irritantes et la création de scénarios sur la manière dont nous aurions dû réagir. Il est temps d'apprendre à déposer nos fardeaux avant de dormir. Si vous estimez que les soucis ou les scénarios négatifs ont tendance à tourner dans votre esprit au moment où vous vous couchez, l'exercice suivant pourrait être celui qu'il vous faut. Cette pratique aide à se débarrasser de ce qui est inutile, afin de trouver un sommeil réparateur.

Exercice 5

Journal des inquiétudes

Certaines personnes préfèrent dédier un carnet à part entière pour leur journal des inquiétudes, mais vous pouvez bien sûr vous servir de celui du sommeil si le cœur vous en dit. Des études prouvent que le fait de tenir un journal améliore le sommeil et réduit l'anxiété nocturne[1]. Avant de vous coucher, notez vos inquiétudes et vos émotions. Mentionnez les irritations, les événements contrariants ou les disputes qui ont eu lieu ce jour-là. Vous pouvez choisir d'entrer dans les détails et d'écrire un long texte à propos de votre journée ou tout simplement rédiger des phrases courtes et concises : « Voiture n'a pas démarré. Dispute au sujet de l'argent. Ne me sens pas soutenu·e. Réunion importante demain. »

Ensuite, passez quelques minutes à noter ce que vous devez faire au cours des prochains jours. Vous vous déchargez ainsi de votre liste de tâches afin de libérer le sentiment lancinant de devoir penser aux jours à venir. Une étude réalisée en 2018 a montré que les personnes dressant une liste très précise de choses à faire

1. Pennebaker, *Opening Up*.

avant de se coucher s'endorment plus rapidement que celles qui se contentent de noter ce qu'elles ont déjà fait[1].

Lorsque vous avez terminé, affirmez pour vous-même : « Je libère toutes ces tâches et j'accueille un sommeil réparateur. » Rangez ensuite votre journal des inquiétudes et méditez tout en vous servant de techniques de respiration comme celle de l'exercice suivant.

Le pouvoir des rituels

Les rituels existent depuis la nuit des temps. Nous pouvons facilement en intégrer quelques-uns à nos vies afin de profiter d'une nuit plus réparatrice. D'un point de vue symbolique, donner un coup de neuf à notre chambre est un acte purificateur. En prenant le temps de réaliser quelques rituels autour du sommeil, vous prenez soin de vous-même. D'une certaine manière, nous le faisons tous et toutes sans y penser en nous brossant les dents, en nous glissant dans nos pyjamas et en nous servant un verre d'eau. Ajouter sciemment un rituel intentionnel à ces actions pratiques ouvre l'aspect spirituel du sommeil.

Joignez des objets à vos rituels pour leur donner une dimension matérielle. Cela peut être un objet inspirant le sommeil, tel qu'un cristal ou une photo, que vous pouvez placer à côté de votre lit ou sous votre oreiller. Changez ces objets aussi souvent que vous le souhaitez. Pendant une semaine environ, ma fille a dormi avec une couverture moelleuse qui lui rappelait qu'elle se blottissait contre un bébé panthère qu'elle avait rencontré dans un rêve récent. Les participant·e·s à mes ateliers tiennent parfois une pierre précieuse apaisante dans leur main pendant leur méditation avant le sommeil. Les jeunes enfants associent souvent le sommeil à des berceuses. Peut-être qu'une de celles de votre enfance vous

1. Scullin *et al.*, « The Effects of Bedtime Writing on Difficulty Falling Asleep ».

viendra à l'esprit et que vous pourrez la fredonner en vous endormant. Ces rituels ancrent notre intention de bien dormir.

Après tout, nous nous préparons à quitter notre corps physique pour un temps et à entrer dans un autre monde. Nous passerons par différents états de conscience lors de la transition de l'éveil au sommeil et notre activité cérébrale ralentira considérablement, créant des ondes delta de grande amplitude alors que nous nous dirigeons vers les royaumes guérisseurs du sommeil profond. Pendant que notre corps physique sommeille toute la nuit, nous vivons toutes sortes d'aventures dans notre corps onirique.

Dormir peut sembler totalement banal puisque tout le monde sans exception le fait. Mais c'est un acte bien plus mystérieux, thérapeutique et inspirant qu'il n'y paraît à première vue. Honorons le mystère du sommeil avec un petit rituel pour ouvrir la porte à cette expérience guérisseuse. En lisant ce livre, vous découvrirez des exercices à réaliser avant de vous coucher, à combiner à votre guise pour créer votre propre rituel avant le sommeil. Commençons par un exercice simple et efficace : une petite méditation.

Exercice 6

Méditation présommeil

Méditer n'est pas bien compliqué, peu importe l'expérience que vous avez dans le domaine. La méditation consiste simplement à se reposer en conscience. C'est un espace mental dénué de jugement : ne vous jugez pas et ne jugez pas vos pensées. Considérez-la comme un moment de détente et d'accueil du sommeil.

Asseyez-vous dans l'obscurité, fermez les yeux et respirez lentement et profondément. Inspirez en pensant « je suis… » et expirez en pensant « en paix ». Ce mantra vous aidera à vous concentrer sur votre respiration tout en vous remplissant de paix. Des idées feront surface, car le cerveau est un organe excessivement créatif. N'affrontez pas ces pensées, n'essayez pas de les effacer, ramenez simplement votre attention sur votre mantra.

Vous traverserez des moments privilégiés, des intervalles entre les pensées, où vous flotterez momentanément dans la pure conscience. Détendez-vous et laissez ces moments se développer et s'allonger sans les rechercher ni vous juger. Tout va bien. Les moments privilégiés se produiront de plus en plus souvent à mesure que vous méditerez avec régularité. Acceptez le rythme calme du mantra... de la relaxation... des pensées, du mantra... de la relaxation... des pensées.

Le moment venu, allongez-vous avec un sourire paisible sur les lèvres et répétez-vous : « J'accueille un sommeil paisible. »

Ces merveilleux exercices nous offrent l'opportunité d'embrasser les aspects sacrés du sommeil en invitant un repos radieux dans notre vie. Ainsi, nous développons notre sensibilité au spectre plus large de la conscience et nous approfondissons notre compréhension à l'importance de notre vie aujourd'hui. Nous faisons un grand pas en avant pour la vivre pleinement. Tous les niveaux de notre être – physique, spirituel, mental et émotionnel – sont affectés par la qualité de notre sommeil. L'accès à un repos régénérateur nous revient de droit.

La vie se déroule ici et maintenant, dans le moment présent. Notre pouvoir réside dans ce moment, alors agissons sur-le-champ pour profiter d'un sommeil réparateur.

Si cela vous semble être une mission de grande envergure, commencez par choisir un seul exercice du programme en cinq étapes pour une bonne nuit de sommeil ; et mettez-le en pratique dès ce soir.

Félicitations, vous avez commencé un merveilleux voyage de guérison !

CHAPITRE 2
LES CADEAUX DU SOMMEIL

Imaginez que vous flottez dans un espace chaud et doré, en paix. C'est votre lieu de bonheur, un baume pour votre âme.

Soudain, un bip exaspérant se fait entendre. Vous avez beau essayer de l'ignorer, vous sentez déjà la légèreté de votre bulle vous échapper. À mesure que le son se fait plus insistant, vous êtes arraché·e à votre état de béatitude et vous vous retrouvez dans un corps lourd et groggy. Votre bouche est sèche, votre cerveau vous fait souffrir. Vous vous précipitez sur le monstre qui émet des bips et il tombe de la table de chevet… mais il continue à émettre ses sons stridents. En jurant, vous vous redressez péniblement. Le moment que vous avez redouté toute la nuit est arrivé : c'est l'heure de se lever.

Si ce scénario vous est familier, il se peut que vous manquiez de sommeil. Vous devez vous traîner hors du lit ? L'idée de commencer la journée vous plonge dans l'angoisse et vous êtes physiquement épuisé·e dès le petit matin ? Votre corps vous réclame plus de sommeil à grands cris.

Que se passe-t-il lorsque nous ne dormons pas assez ?

Des études scientifiques montrent qu'une personne éveillée pendant dix-neuf heures d'affilée au cours d'une période de vingt-quatre heures présente les mêmes troubles cognitifs qu'une personne légalement ivre[1]. Si vous connaissez la fatigue d'un vol long-courrier, vous pouvez concevoir la désorientation et la difficulté à comprendre des instructions simples ou à communiquer efficacement. L'envie irrésistible de s'assoupir peut entraîner des microsommeils que nous remarquons à peine, lorsque nos paupières se ferment et que nous nous forçons à les rouvrir. Ces microsommeils peuvent survenir à des moments inopportuns, tels qu'en pleine conduite d'un véhicule, mettant notre vie et celle des autres en danger.

Le manque de sommeil est également néfaste pour notre santé mentale. Le professeur Matthew Walker, auteur de *Pourquoi nous dormons*, explique que les personnes privées de sommeil présentent une signature neurologique semblable à celle des patients psychiatriques ou des personnes souffrant de TSPT, de schizophrénie, de dépression suicidaire et de troubles anxieux. Walker note que chacune de ces maladies perturbe considérablement le sommeil[2].

Notre santé physique est intimement liée à la qualité de notre sommeil. Une nuit de quatre heures seulement a pour conséquence une diminution de 70 % de notre production de « cellules tueuses », dont la fonction est de combattre les cancers et autres maladies graves[3]. Une seule nuit de mauvais sommeil entraîne donc un affaiblissement conséquent de la réponse immunitaire. La santé reproductive et la virilité sont également affectées par le manque de sommeil. Il est dit que les hommes vieillissent d'une décennie en termes de libido, de virilité et de production de testostérone lorsqu'ils manquent de sommeil. Il en va de même pour les hormones d'ovulation et les cycles menstruels des femmes.

---

1. Walker, *Pourquoi nous dormons*.

2. Walker, *Pourquoi nous dormons*, 149.

3. Irwin *et al.*, « Partial Night Sleep Deprivation Reduces Natural Killer Cell Activity in Humans ».

Comme nous en avons probablement tous et toutes déjà fait l'expérience, une seule mauvaise nuit suffit à nous faire perdre notre vivacité d'esprit, enlisant notre capacité à acquérir de nouvelles compétences. En d'autres termes, lorsque nous ne dormons pas suffisamment, nous ne nous épanouissons pas. Le manque de sommeil tue notre agilité mentale, écrase notre créativité, piétine notre mémoire à court terme et brutalise nos réactions à l'égard des personnes qui nous entourent. Nous devenons des individus émotionnellement déséquilibrés : de mauvaise humeur, incapables de penser clairement, enclin·e·s à s'inquiéter à l'excès. Cet état mental moins qu'optimal peut s'infiltrer dans nos rêves, rendant nos nuits insupportables. Et en un rien de temps, nous nous retrouvons à nous battre sur tous les fronts. Malheureusement, si le manque de qualité de sommeil persiste, nous sommes plus susceptibles de souffrir d'anxiété et de dépression, ainsi que de développer des pensées suicidaires.

Il n'est donc pas étonnant que le sommeil soit essentiel à la vie. Prenons l'exemple d'une foule composée de personnes âgées de 75 ans. Ces personnes viennent de tous les horizons. Ce groupe englobe toutes les cultures, tous les sexes, toutes les religions et toutes les origines ethniques. À lui seul, ce regroupement parle des centaines de langues différentes.

Pourtant, chacun·e d'entre eux·elles a passé vingt-cinq bonnes années à exercer exactement la même activité – une activité si universelle et si vitale qu'aucun·e d'entre eux·elles n'a pu s'y soustraire.

Ces personnes âgées ont chacune passé vingt-cinq ans de leur vie à dormir.

Le sommeil est un enjeu majeur. Il occupe un tiers de notre existence. Il est absolument essentiel et exerce une telle force d'attraction que nous y succombons chaque nuit, tout au long de notre vie. Une seule nuit de sommeil insuffisant entraîne une perte de notre vivacité d'esprit et de notre équilibre émotionnel. Les personnes privées de sommeil présentent rapidement des signes d'affaiblissement mental et sont sujettes aux hallucinations.

Les êtres humains sont des créatures vulnérables. Imaginez qu'une forme de vie supérieure nous observe : quelle image dégageons-nous en tant qu'espèce ? Peut-être un peu comme un jouet à piles, si faible et sujet à de telles pertes d'énergie que nous devons nous allonger et recharger nos piles avec une régularité stupéfiante. Tenter de marcher tant bien que mal alors que nos piles sont épuisées ne mène à rien, nous fonctionnons mal, nous ralentissons, nous perdons en efficacité.

Il n'y a rien que nous puissions faire pour changer notre besoin biologique de sommeil – il est inscrit dans notre corps. En dormant, nous nous connectons à la source pour nous recharger, car le sommeil est une nécessité. Mais, comme j'espère que vous le découvrirez en lisant ce livre, il est aussi un voyage vers un monde bien plus vaste et mystérieux que les besoins physiologiques de notre corps. C'est une invitation à l'exploration du sacré.

Maintenant que nous savons combien le manque de sommeil de qualité est néfaste, concentrons-nous sur les cadeaux étonnants que celui-ci peut nous offrir.

Pourquoi le sommeil est-il si important ?

Du point de vue de l'évolution, le sommeil est une constante représentant un élément essentiel de l'expérience humaine. Voici ses cinq principaux avantages :

1. Notre système immunitaire est renforcé pendant le sommeil, ce qui nous permet de lutter contre les infections et de guérir plus rapidement.
2. Rêver contribue à notre santé mentale. Lorsque nous dormons, nous rêvons. Le sommeil à mouvements oculaires rapides (MOR) est un état de conscience très actif au cours duquel se produisent des rêves intenses. Le rêve est essentiel à notre santé mentale et émotionnelle. Le chapitre suivant examine en détail les pouvoirs du rêve.
3. Le sommeil est indispensable à l'apprentissage. Il consolide les souvenirs et garantit une bonne assimilation, des

stratégies d'adaptation aux nouvelles compétences motrices. Un sommeil de qualité est nécessaire avant et après l'apprentissage pour intégrer pleinement les informations.

4. Le sommeil stimule la santé intestinale et régule l'appétit. Les tentatives de perte de poids ont tendance à échouer lorsque nous ne dormons pas suffisamment, car, en cas de fatigue, le corps réclame des glucides, des aliments gras et du sucre. Du système cardiovasculaire au système nerveux, en passant par le microbiome intestinal et l'équilibre hormonal, tout est soutenu par le sommeil.
5. Le sommeil est un portail vers le sacré. L'acte banal de s'allonger et de s'endormir peut nous conduire à des expériences d'expansion de l'esprit. Le sommeil englobe de nombreux états de conscience fascinants pouvant déboucher sur de merveilleuses aventures. Rêves lucides, expériences de hors-corps, paralysie du sommeil, hypnagogie lucide (perceptions avant le sommeil), hypnopompie (visions et sensations au moment du réveil) et sentiment d'unité. Nous les explorerons en détail au cours du livre.

Embrasser l'aspect sacré du sommeil nous permet d'évoluer de manière exponentielle. Il nous donne la possibilité d'approfondir notre connaissance de soi et notre compassion. Ouvrir les portes au mystère et à la promesse de ce tiers caché de notre vie conduit systématiquement à une expérience plus pleine et complète.

Comment accueillir les cadeaux du sommeil dans notre vie ?

Maintenant que nous avons examiné les principaux avantages du sommeil et les problèmes que peut engendrer ce manque, nous en venons à la question : comment optimiser notre sommeil ?

Il ne suffit pas de lire ce livre.

Si vous lisez fidèlement chacune de ces pages, mais que vous ne mettez jamais en pratique leurs exercices, il y a de fortes chances pour que vous ne voyiez que peu de changements. Ce livre ne pourra que vous sensibiliser à l'importance du sommeil. Bien sûr, c'est mieux que rien, mais ce sont les exercices et les rituels que vous mettrez en place dans votre vie qui marqueront réellement le changement.

Comme nous sommes tous et toutes uniques, j'ai créé divers exercices : certains sont imaginatifs, d'autres ont un aspect purement pratique et sont fondés sur la science, et d'autres encore sont somatiques, créatifs ou méditatifs. Certaines techniques vous attireront naturellement plus que d'autres, suivez votre instinct et commencez par celles qui vous inspirent le plus. Au fur et à mesure de l'avancée de votre voyage dans le monde endormi, continuez à progresser en essayant de nouveaux exercices, qui vous sembleront différents ou même légèrement plus compliqués.

Pour l'instant, il est préférable de choisir les exercices qui vous font envie (« Enfin une excuse pour prendre un bain aux chandelles ! ») ou qui résonnent en vous (« Ah, oui, la protection de l'œuf de lumière semble être exactement ce dont j'avais besoin pour me sentir en sécurité »).

Lire ne suffira pas, il vous faut agir pour atteindre un sommeil réparateur et tous ses bienfaits. Cela signifie aussi qu'il faudra faire de la place dans votre vie pour le sommeil, il vous faudra le prioriser. Considérer le sommeil comme un aspect essentiel et sacré de notre vie et le ritualiser nous ouvre à ses richesses en matière de santé et de bonheur.

Prendre des mesures pour accueillir le sommeil ne doit pas être une corvée. Nous avons suffisamment de tâches au quotidien pour ne pas en rajouter. Essayez l'exercice suivant, à la fois ludique et profond, pour vous aider à succomber au charme du sommeil et lui laisser la place qu'il mérite dans votre vie.

Exercice 7

Le sommeil est un merveilleux animal

Le sommeil est l'acte ultime d'amour-propre. Le repousser équivaut à ignorer notre santé en comprimant notre bien-être dans un espace réduit, insuffisant. Cet exercice explore la personnalité et l'énergie unique de notre sommeil.

Allongez-vous sur votre lit, dans l'obscurité, et imaginez le sommeil sous la forme d'un somptueux animal. Quel est l'animal que vous admirez le plus ? Peut-être un lion majestueux à la crinière hirsute, un dauphin sauvage, un ours flâneur aux yeux de joyaux ou un caméléon arc-en-ciel. Visualisez clairement l'animal que vous avez choisi.

Imaginez maintenant que l'habitat de cette créature se rétrécit, la contraignant à une existence restreinte et la privant de son potentiel. Comment pouvez-vous aider cet animal magique à retrouver l'espace qui lui revient ? Avec vos mains, faites un geste pour agrandir son habitat. Joignez les paumes, puis étendez vos bras vers l'extérieur. Voyez l'habitat de votre créature s'agrandir et s'étendre, rempli de ce qu'elle aime. Le lion rugit de joie ; les couleurs du caméléon brillent de bonheur.

Faites la promesse de continuer à créer de l'espace pour le sommeil dans votre vie. Les mains sur le cœur, envoyez de l'amour à l'animal qui dort et sentez cet amour rayonner. En respectant votre part du marché et en créant un espace pour le sommeil dans votre vie, vous nourrissez votre corps, votre esprit et votre âme.

Accueillir le sommeil dans notre vie nous mène à intégrer de nombreuses autres pratiques pour nous-mêmes. L'un de mes exercices préférés est le rituel du bain aux chandelles. C'est une excellente façon de s'offrir un temps pour soi tout en se préparant à ce voyage guérisseur vers le sommeil. Prendre un bain avant d'aller dormir est un rituel scientifiquement reconnu pour favoriser le sommeil. L'eau chaude du bain ou de la douche aide le sang à remonter à la surface de la peau. En sortant, toute cette chaleur supplémentaire se dissipe et la température du corps baisse, ce qui aide le cerveau et le corps à s'endormir et à rester endormis. Il est prouvé que prendre un bain chaud avant de se coucher améliore la qualité du repos et que le sommeil profond et réparateur augmente de 10 à 15 %[1].

Exercice 8

Rituel du bain aux chandelles

Si vous n'avez pas de baignoire, vous pouvez adapter cet exercice à une douche aux chandelles. Sortez les diffuseurs d'huiles essentielles et les brûleurs d'huile en céramique du placard, ils vous seront utiles pour ce rituel. Vous pouvez également terminer cet exercice par une méditation autour des sens, nu·e assis·e sur une serviette, après votre douche chaude.

Afin de minimiser les risques, j'utilise des bougies LED. J'ai de magnifiques bougeoirs en forme de goutte d'eau en acier battu à la main pour les bougies chauffe-plats et de grosses bougies LED entourées de guirlandes, qui donnent une ambiance mystique à ma salle de bains.

Ce rituel relaxant est un moment pour vous seul·e. Faites-le gentiment comprendre aux autres personnes présentes dans la maison afin de ne pas être dérangé·e. Disposez les bougies autour de la baignoire dans de beaux bougeoirs, tel un sanctuaire. Puis, glissez-vous dans l'eau chaude du bain. Vous pouvez ajouter quelques gouttes d'huile essentielle – avec parcimonie, certaines sont très puissantes. L'huile de lavande est réputée pour réduire l'anxiété ainsi qu'abaisser la tension artérielle et le rythme cardiaque. C'est l'une des plus appréciées pour favoriser le sommeil. L'huile d'ylang-ylang ou celle de camomille sont également très employées pour contribuer à un sommeil réparateur. Détendez votre mâchoire. Avec l'eau, massez vos joues, votre front, derrière

1. Neilson, « A Warm Bedtime Bath Can Help You Cool Down and Sleep Better ».

les oreilles et le long de la mâchoire. Descendez le long du cou et des bras. Laissez-vous porter par le flottement de la lumière vacillante et la légèreté de votre corps dans l'eau.

Le bain permet de s'offrir un temps pour soi dans un cadre de paix et de sérénité. C'est un excellent moment pour exprimer notre gratitude à notre corps, qui nous porte à travers les expériences de la vie. Ce corps ne nous appartiendra pas éternellement alors, pour l'instant, émerveillons-nous de son existence miraculeuse. Considérons ces systèmes corporels complexes avec amour et respect. Les processus corporels inconscients sont une merveille de la biologie : ils pompent, échangent, se régénèrent et battent au rythme de la vie, sans que nous ayons besoin d'y penser.

Portez votre attention sur chacun de vos sens. Émerveillez-vous des parfums que votre nez perçoit, les huiles essentielles, la vapeur parfumée, le bain moussant. Explorez les sensations sur votre peau, caressez vos bras dans l'eau chaude, appréciez la fraîcheur de l'air en comparaison avec la chaleur de l'eau, le pétillement des bulles sur votre peau. Passez votre langue sur vos lèvres et constatez leur goût, la saveur de la vapeur. Prêtez attention aux sons, à l'ondulation de l'eau lorsque vous bougez, à la musique que vous écoutez, au murmure de votre respiration. Regardez avec bienveillance votre merveilleux corps nu éclairé à la bougie. Admirez-le sans jugement. Remarquez la lumière dansante des bougies, la façon dont les ombres oniriques sont projetées dans cette pénombre apaisante. Appréciez la merveilleuse sensation d'acceptation, de lâcher-prise.

Posez une intention pour votre nuit de sommeil, comme : « Je dors profondément en paix » ou encore « Ce soir, je vole dans mes rêves », « J'aime mon sommeil et je chéris mes rêves » ou bien « Mon sommeil est la guérison divine ». Puis relâchez votre intention par une longue expiration.

Si vous souhaitez faire évoluer votre rituel à un niveau cosmique, intégrez-y la pratique de l'*Om* (chapitre 6). Ce livre regorge de techniques créatives, sentez-vous libre de les combiner à votre guise. L'exercice suivant propose un rituel simple pour poser une intention avant une bonne nuit de sommeil.

Exercice 9

Transformer sa nuit de sommeil en mini-vacances

Fixer une intention pour atteindre un sommeil réparateur et des rêves passionnants est une merveilleuse manière d'assurer une bonne nuit de sommeil. Créez un rituel pour accueillir votre sommeil. N'hésitez pas à modifier cet exercice afin de le rendre plus personnel. Au fil du livre, vous trouverez d'autres exercices et rituels que vous pourrez facilement intégrer à cette structure de base pour créer votre propre voyage vers un sommeil paisible.

1. Prenez un bon bain chaud aux chandelles.
2. Mettez de la musique calme dans votre chambre fraîche et cosy. Évitez l'utilisation des écrans au moins trente minutes avant de dormir.
3. Asseyez-vous dans votre lit et méditez trois minutes avant de vous endormir, les yeux fermés. Inspirez « je suis... » et expirez « en paix ». Sentez votre ventre s'assouplir et se détendre à chaque respiration.
4. Vous êtes sur le point de partir en mini-vacances pour faire l'expérience d'une thérapie nocturne. Souriez en imaginant à quel point cette pause réparatrice vous sera bénéfique. Visualisez le décor qui vous transportera dans ce monde merveilleux, que ce soit une plage ensoleillée ou une magnifique prairie fleurie.
5. Répétez cette affirmation trois fois : « Ce soir, je dors merveilleusement bien et je fais de beaux rêves. » Souriez en répétant votre affirmation. Croyez en vous et apprêtez-vous à passer une nuit incroyablement reposante.

Dans le prochain chapitre, nous nous pencherons sur l'expérience la plus captivante et la plus puissante du sommeil : le rêve.

CHAPITRE 3
LE POUVOIR DES RÊVES

Voyez les rêves comme un océan d'expériences dans lequel plonger à corps perdu chaque nuit. Revenez-en avec de minuscules coquillages au creux des mains, des petites algues dans vos cheveux. Nous avons tendance à vivre notre expérience océanique comme si elle était la seule réalité existante. Parfois, nous rencontrons des créatures monstrueuses ou assistons à des événements bouleversants. D'autres fois, nous vivons de merveilleuses aventures, un hippocampe se lie d'amitié avec nous ou nous découvrons une perle rare. Notre océan intérieur est vivant. Il nous offre d'innombrables cadeaux. Que nous explorions une épave rouillée ou que nous rencontrions un marsouin en voie de disparition, les rêves enrichissent notre vie éveillée. Ils débordent d'une énergie vibrante et vivante. Ils ont un battement de cœur, celui de notre âme. Nous émergeons des rêves avec des trésors inattendus, tels que le souvenir d'un phoque surfant sur des vagues sombres illuminées de planctons phosphorescents.

Les rêves sont des flux multisensoriels et immersifs d'images émotionnelles vives, accompagnés de sensations kinesthésiques (voler, courir, tomber). La plupart peuvent être considérés comme des films intérieurs dont nous sommes à la fois les acteur·rice·s, les réalisateur·rice·s et les spectateur·rice·s. Ils se transforment parfois en histoires élaborées et erratiques et peuvent sembler profondément étranges, tout en agissant comme expérience de guérison libératrice. Certaines personnes pensent que le rêve a quelque chose d'incohérent, tout comme d'autres pensent que le sommeil est un acte de pure paresse. Dire qu'elles condamnent ainsi un tiers de leur vie à quelque chose qu'elles estiment si peu utile ! À l'âge de 30 ans, nous aurons passé une décennie entière à dormir. Et environ deux ans et demi de ces dix années sont consacrés au rêve.

Plusieurs scientifiques estiment que nous faisons en moyenne six rêves par nuit. Cela représente plus de deux mille rêves par an. Imaginez que vous ayez deux mille occasions par an d'explorer vos paysages intérieurs, de panser votre passé, d'intégrer vos souvenirs, de vivre des aventures et d'évoluer.

Si certain·e·s d'entre nous se réveillent en se souvenant d'une dizaine de rêves certains matins, d'autres ne se souviennent que d'une dizaine de rêves par semaine ou même par mois. Heureusement, il est possible d'améliorer notre capacité à nous souvenir des rêves. Au lieu de nous réveiller sans la moindre bribe onirique, nous pouvons élargir notre expérience de vie en travaillant sur la mémoire de notre vie endormie. Certaines médications empêchent la mémorisation des rêves. Si vous pensez que c'est votre cas, demandez conseil à votre médecin. Voici un excellent exercice pour vous souvenir de vos rêves.

Exercice 10

Comment se souvenir de ses rêves ?

Se souvenir d'un rêve est un début de lucidité, car nous faisons briller la lumière de la conscience sur notre inconscient.

Sur une carte postale, écrivez votre intention de bien dormir et de vous souvenir de vos rêves : « Ce soir, je dors en paix et je me souviens de mes rêves en me réveillant. » Lisez-la avant d'éteindre la lumière et dormez avec sous votre oreiller.

Tout le monde se réveille quelques instants au cours de la nuit, lorsque nous bougeons dans notre sommeil. Profitez de ces brefs moments pour vous rappeler le rêve que vous étiez en train de faire. Avant de vous rendormir, remémorez-vous l'intention de vous souvenir de vos rêves.

Ne mettez pas de réveil. Celui-ci nous catapulte brutalement dans le monde éveillé en dissipant nos rêves. Si vous avez besoin d'un réveil, trouvez une musique douce ou un réveil possédant un variateur d'intensité de lumière qui simule le lever du soleil. Réglez-le en réservant suffisamment de temps pour écrire vos rêves.

Ne bougez pas votre corps dès votre réveil. Il conserve les rêves tout comme il stocke les souvenirs. Pensez-y : « Qu'est-ce que je faisais à l'instant ? Avec qui étais-je ? Comment me sentais-je ? » Si vous ne vous souvenez que d'une couleur ou d'une forme, ne vous découragez pas, c'est déjà un très bon début. Écrivez-la.

Passez un accord avec votre personne du monde onirique : « Aide-moi à me souvenir de mes rêves et j'écrirai chaque jour dans mon journal. »

La sieste est une excellente occasion de se souvenir de ses rêves, car la chimie de notre cerveau nous met dans un état idéal : nous sommes physiquement fatigué·e·s, mais mentalement alertes, et lorsque nous entrons dans le sommeil paradoxal pendant une courte période, nous nous réveillons souvent en nous souvenant de nos rêves.

Les cycles du sommeil

Le sommeil n'est pas un état aussi passif que ce que l'on croit. Une quantité incroyable d'activités physiologiques se produit pendant cette phase. Examinons le cycle du sommeil et ce qu'il implique.

Nous passons par quatre stades de sommeil sur une période de quatre-vingt-dix minutes, plusieurs fois par nuit. Au cours de chaque cycle, nous passons d'abord par deux stades de sommeil non paradoxal léger, puis par un stade de sommeil non paradoxal profond et réparateur. Au cours de la dernière phase de chaque cycle, nous traversons une phase de sommeil à mouvements oculaires rapides (MOR).

Pendant le premier stade du sommeil, nous passons de l'état de veille au sommeil. Nous dérivons et somnolons. Nos muscles se détendent et notre respiration ralentit. Si une personne nous réveille, il se peut que nous n'ayons même pas conscience que nous dormions. Ce stade de sommeil très léger ne dure qu'une à dix minutes. Vient ensuite le deuxième stade, qui dure jusqu'à vingt-cinq minutes en première partie de nuit, mais qui s'allonge au fur et à mesure que la nuit avance. Il représente au total 45 % de notre sommeil. Notre rythme cardiaque et notre respiration ralentissent davantage et notre température corporelle baisse. Les fuseaux de sommeil apparaissent : il s'agit de puissantes ondes neuronales contribuant à améliorer la mémoire. Le réveil est plus simple et moins violent lors de cette phase de sommeil léger.

Le dernier stade du sommeil non paradoxal est la troisième phase : le sommeil profond. Il est difficile de réveiller une personne à ce stade. Notre rythme cardiaque et notre respiration sont au plus bas, nos ondes cérébrales sont en delta et notre corps effectue un travail vital : réparation des tissus, régénération des cellules, renforcement des os et des muscles, et du système immunitaire. Cette phase est dépourvue de mouvements oculaires et le corps est totalement détendu. Ce stade de sommeil profond dure de vingt à quarante minutes dans les premiers cycles de sommeil, mais se raccourcit au fil de la nuit, pour laisser plus de place au sommeil paradoxal.

Après la période de sommeil profond, nous entrons dans le sommeil paradoxal, aussi connu comme sommeil à mouvements oculaires rapides. C'est à ce moment-là que nos rêves s'intensifient. Au cours du premier cycle de la nuit, nous ne passons qu'une dizaine de minutes en sommeil paradoxal, car c'est le sommeil profond et réparateur qui prime. Mais ces phases de sommeil paradoxal s'allongent au fur et à mesure que la nuit avance, jusqu'à obtenir une soixantaine de minutes de sommeil paradoxal riche en rêves à la fin de la nuit. C'est pourquoi notre mémoire onirique est souvent bien meilleure le matin au réveil.

Dans le ventre de leur mère, les bébés passent le plus clair de leur temps à rêver. J'aime cette idée que les bébés s'imaginent dans le monde extérieur alors qu'ils·elles grandissent *in utero*. Les nouveau-nés passent 50 % de leurs heures de repos en sommeil paradoxal, tandis que les prématurés y passent jusqu'à 80 % de leur temps[1]. Cela reflète le rôle crucial que joue le rêve dans le développement optimal du cerveau et de la cognition. En considérant tout ce que les enfants apprennent chaque jour en matière d'aptitudes motrices, d'interactions sociales, de langage et de fonctionnement du monde, il n'est pas surprenant qu'ils·elles aient beaucoup de choses à assimiler pendant leur sommeil. Au fur et à mesure de leur croissance et à l'approche de l'adolescence, la quantité de sommeil paradoxal diminue et, à l'âge adulte, ils·elles n'y consacrent plus que 20 à 25 % de leur temps de sommeil. La phase de rêve est associée à la durée de vie. Une étude réalisée en 2020 a montré que les personnes âgées bénéficiant de plus de sommeil paradoxal vivent généralement plus longtemps[2]. L'étude a révélé une hausse de taux de mortalité de 13 % pour chaque réduction de 5 % du sommeil paradoxal, affirmant ainsi que ce dernier est le stade le plus important à la survie.

Le sommeil à mouvements oculaires rapides est un ensemble fascinant de paradoxes et de sensations dans lequel nous nous apprêtons à plonger.

Les montagnes russes du sommeil paradoxal

Imaginez un homme paisiblement endormi : sa respiration et son rythme cardiaque sont calmes et réguliers, ses ondes cérébrales sont lentes. Il est en phase de sommeil profond. Mais au fur et à mesure qu'il entre dans le sommeil paradoxal, plusieurs changements se produisent. Sa respiration s'accélère, tout comme son rythme cardiaque. Certaines parties de son cerveau sont 30 % plus actives qu'à l'état de veille. Son cortex visuel s'illumine au moment où il commence à

1. Grigg-Damberger et Wolfe, « Infants Sleep for Brain ».

2. Leary, Watson, *et al.* « Association of Rapid Eye Movement Sleep with Mortality in Middle-Aged and Older Adults ».

rêver. Les zones rationnelles de son cerveau s'éteignent en grande partie et l'amygdale, accélérateur émotif, se met en marche.

Le dormeur traverse son monde onirique en combattant des dragons, en voyageant dans le temps ou en réalisant des actes aussi simples que de chercher désespérément des toilettes. Pendant ce temps, son corps endormi est en grande partie paralysé, c'est une protection biologique pour l'empêcher de tomber de son lit et de s'extirper de ses rêves. Après tout, cela n'aurait pas été utile à l'évolution humaine si nos ancêtres, dormant dans les arbres, tombaient régulièrement des hautes branches pendant leur sommeil. Sans la protection de la paralysie musculaire, ce dormeur pourrait se lever et tenter de tuer l'armoire de sa chambre ou faire pipi dans un tiroir.

Comme si tout cela n'était pas suffisant, le dormeur a également une érection. Ainsi, à l'heure actuelle, il est paralysé, mais sexuellement excité. Il est couché dans son lit, mais, en même temps, il danse sur le dos d'un éléphant ou joue de la guitare avec Sting. Il semble inconscient, mais son cerveau fonctionne plus fort que jamais.

Nous traversons toutes les nuits cet état intense et complexe lorsque nous rêvons.

Le professeur Matthew Walker affirme que nous sommes « manifestement psychotiques » pendant le sommeil paradoxal. Il explique que, lorsque nous rêvons, nous voyons des choses qui n'existent pas. Si cela se produisait pendant l'état de veille, nous parlerions d'hallucinations. Dans les rêves, nous inventons des mondes totalement irréels selon les normes de l'état de veille. Le concept du temps et de l'espace devient confus, nous serions complètement désorienté·e·s dans le monde éveillé. Nous avons des émotions très fluctuantes et à peine réveillé·e·s, nous oublions ce que nous venons de vivre, nous souffrons d'une sorte d'amnésie[1].

Si nous ressentions l'un de ces symptômes en plein monde éveillé, nous aurions recours à un soutien médical. Pourtant, lorsque nous rêvons, ces phénomènes sont normaux. Nous voyageons

1. Walker, « Matthew Walker Teaches the Science of Better Sleep », cours vidéo en master class, leçon 10 : « The Absurd Act of Dreaming ».

dans le temps jusqu'à la maison de notre enfance ou nous retrouvons nos proches décédé·e·s. Nous éprouvons la terreur d'être poursuivi·e·s par un tigre à dents de sabre ou l'exaltation de nous transformer en aigle. Le temps de ces aventures, rien ne nous ferait croire à un rêve.

Nous frôlons la folie lorsque nous rêvons, mais rien de grave à cela. Bien au contraire ! Des études scientifiques et psychologiques montrent que le rêve est extrêmement bénéfique, car il nous offre une thérapie nocturne, des idées créatives et une plus grande longévité[1]. Les rêves sont des miroirs reflétant nos ressentis face à une situation. Ils sont porteurs de messages précieux, dévoilent la sagesse de notre état d'esprit et de notre situation de vie actuelle, nous aident à assimiler des informations difficiles et nous suggèrent des solutions créatives aux problèmes rencontrés dans le monde éveillé.

Pendant le sommeil paradoxal, nous créons de nouvelles associations et expérimentons les résultats possibles en testant les informations dont nous disposons déjà. C'est pourquoi il est dit que la nuit porte conseil : dans l'état de rêve ultra-créatif, nous pensons différemment. L'esprit qui rêve est comme une machine à transformer produisant continuellement des images, des émotions et des histoires. Nous trouvons une solution originale et nous nous réveillons en pleine forme.

La dimension colossale de l'intelligence

Tout au long de ce livre, je parlerai de l'intelligence inconsciente, de l'intelligence du sommeil et de l'intelligence onirique, ou de votre génie intérieur. Ces termes sont largement explicites, mais examinons-les brièvement :

- *L'intelligence inconsciente :* l'inconscient ne fait pas seulement surface la nuit, lorsque nous dormons. À l'instar des étoiles dans

1. Walker, *Pourquoi nous dormons.*

le ciel, qui semblent disparaître à la lumière du jour, mais qui sont toujours là, notre inconscient est toujours présent, dans le monde éveillé comme endormi. Il possède une intelligence profonde et informe nos choix, nos réactions et nos pensées, en pleine conscience ou non. À l'état d'éveil, nous pouvons accéder à la créativité et à la sagesse de notre inconscient chaque fois que nous calmons l'invasion de nos pensées. À l'état de sommeil, nous nous immergeons totalement dans notre inconscient. Vous pouvez considérer votre intelligence inconsciente comme un royaume sans frontières.

- *L'intelligence du sommeil :* elle est activée dans toutes les phases de sommeil que nous traversons, allant du rêve lucide aux expériences extracorporelles. Elle englobe le délice du sommeil profond, tout comme notre génie intérieur. Mais elle comprend également la guérison cellulaire, la régulation du métabolisme et de l'appétit, l'organisation de la mémoire à long terme et toutes les autres formes de guérison physique et régénératrice se produisant naturellement dans notre corps lorsque nous dormons paisiblement. Si votre intelligence inconsciente peut être visualisée comme un royaume, imaginez l'intelligence du sommeil comme une maison grandiose au cœur de ce royaume, avec un spa, un cinéma, de sublimes fontaines dans des jardins majestueux.
- *L'intelligence onirique :* tout le monde possède un génie en soi, avec l'imagination créative d'un·e enfant surdoué·e et la sagesse des ancien·ne·s. C'est dans la phase de rêves ou dans l'hypnagogie présommeil que votre génie intérieur s'épanouit. Il invente des histoires dignes de films sur votre vie et sur le monde. Il génère des associations créatives et des vérités émotionnelles. Il puise dans vos souvenirs personnels et votre psychologie et les mêle à la mythologie, aux archétypes et aux symboles de l'inconscient collectif. Votre génie intérieur est l'incarnation de votre intelligence onirique, représentant tous les cadeaux que nos rêves nous offrent. Votre génie intérieur réside dans la spacieuse demeure de l'intelligence du sommeil, dans le royaume de l'intelligence inconsciente. Et quelle chance !

L'appel des cauchemars, un cri de guérison

Bien qu'ils n'en aient pas toujours l'air, tous les rêves sont là pour nous aider et nous mener sur le chemin de la guérison. Les cauchemars sont des rêves troublants, parfois effrayants, qui se terminent souvent au moment où la peur devient insoutenable. Les cauchemars crient haut et fort pour attirer notre attention sur un point spécifique. Ils sont les drapeaux rouges nous indiquant les points à travailler dans le monde éveillé. Les personnes souffrant de stress post-traumatique font des cauchemars récurrents sur leur traumatisme. Dans ces situations, le·a rêveur·euse est engagé·e dans un cercle vicieux et les rêves permettent de rescénariser l'histoire pour aider à débloquer l'énergie et aller de l'avant vers des rêves plus apaisés. La troisième partie de ce livre est dédiée aux solutions contre les cauchemars. Si vos rêves vous perturbent, gardez à l'esprit que ce n'est que passager et que vous détenez le pouvoir de les transformer.

La conscience du rêve lucide

Les rêves sont parfois si convaincants qu'ils nous portent dans leur univers séduisant à tel point que nous sommes souvent incapables de différencier le monde endormi de celui éveillé. Parfois, notre conscience s'anime suffisamment pour susciter le doute : « Suis-je en train de rêver ? » Souvent, même à ce moment-là, nous concluons à tort que nous sommes bel et bien éveillé·e·s.

Mais il arrive que nous comprenions qu'il s'agit bien d'un rêve. Une prise de conscience soudaine nous frappe, en même temps que nous saisissons l'improbabilité du monde dans lequel nous nous trouvons, celui des rêves. C'est ce qu'on appelle le rêve lucide.

C'est à ce moment de prise de conscience de cet état onirique que nous pouvons choisir de suivre le flux du rêve sans pour autant essayer de le contrôler. Il est également possible de choisir de guider et de façonner les événements en utilisant le pouvoir de nos pensées, de nos attentes et de nos intentions. Nous pouvons voler dans les cieux, renouer avec des proches disparu·e·s, ou encore respirer sous l'eau. Notre vie endormie peut devenir des vacances de rêve.

Les rêves sont des environnements sensibles à la pensée : si nous avons peur, le rêve prendra une tournure effrayante. Si notre attitude est paisible, le rêve changera en conséquence, reflétant notre attitude intérieure. Le rêve lucide nous enseigne avec une grande sagesse que nos pensées créent notre réalité. Cette leçon s'applique également au monde éveillé. Le rêve lucide aiguise et élargit merveilleusement notre conscience. La dernière partie de ce livre explore l'univers des rêves lucides et le potentiel du sommeil.

La première étape pour fonder une bonne relation avec votre esprit rêveur, ainsi que pour aiguiser la lucidité dans vos rêves, est de tenir un journal des rêves.

Exercice 11

Succomber au charme du journal des rêves

Les rêves sont comme des fleurs, mais au lieu de s'épanouir avec du soleil et de l'eau, ils prospèrent grâce à notre curiosité. Montrez-leur l'intérêt que vous leur portez et observez leur épanouissement. Vous pouvez écrire vos rêves dans votre journal de sommeil ou bien leur dédier un carnet à part entière. Votre journal des rêves est le support dénué de jugement de votre inconscient libre et sauvage. Confiez-lui qui vous êtes dans le monde onirique, ce journal est précieusement intime. Cela pourrait être le carnet le plus important et le plus magique que vous ayez jamais écrit.

Choisissez un journal qui vous inspire, un cahier qui verra vos ratures, qui gardera fièrement vos croquis de rêves et vos états de semi-lucidité entre deux mondes. Si vous préférez, vous pouvez opter pour un journal des rêves audio. Certains s'activent au son de votre voix, de sorte que vous n'avez qu'à vous sortir de votre rêve et le lui confier. Un journal des rêves peut également être une boîte remplie de notes autocollantes sur lesquelles vous griffonnez des fragments de vos rêves. Expérimentez jusqu'à trouver la forme qui vous convient le mieux. Vous pouvez essayer les idées suivantes pour créer un lien d'autant plus fort avec votre journal des rêves.

- Écrivez dans votre journal des rêves dès votre réveil. C'est le meilleur moment pour le faire, car votre esprit sort à peine de la conscience du rêve.
- Donnez à chaque rêve un titre qui résume l'action ou le décor principal. Cela permet de s'en souvenir instantanément.
- Écrivez au présent : « Le colibri se dirige vers moi en zigzaguant dans le ciel aux couleurs pastel... » Cela permet de conserver l'énergie du rêve et vous aide à y replonger plus facilement.
- Dessinez l'ambiance principale de votre rêve, que ce soit un paysage, une personne, un animal, ou le lieu le plus fort en énergie ou en émotion pour vous. Vous pouvez parfaitement avoir plusieurs ambiances principales.
- Notez les associations ou les idées qui vous viennent à l'esprit et laissez de la place pour en ajouter d'autres. Souvent, il est plus simple de comprendre un rêve lorsqu'on en décèle le sens. Soulignez les phrases ou les images qui vous touchent le plus.
- Si vous ne vous souvenez pas de vos rêves, laissez votre stylo parcourir la feuille en commençant par : « Je me sens... » La phase de réveil après un sommeil onirique est l'un des états de conscience les plus créatifs. Des associations originales, des idées, des solutions et des souvenirs affluant en masse. Écrivez-les et laissez remonter à la surface les fragments de rêves qui vous reviennent en mémoire.
- Consultez votre journal des rêves avant de dormir, ou tout du moins, plutôt régulièrement. Recherchez les thèmes, les symboles, les images, les personnages, les lieux ou les souvenirs récurrents. Étudiez un peu vos rêves pour mieux les comprendre (voir l'exercice suivant sur l'incubation des rêves). Ce merveilleux processus dévoile souvent le sens et la profondeur des rêves.

- Si vous faites des cauchemars, vous trouverez dans la troisième partie de ce livre des conseils et des techniques pour contrer les mauvais rêves, les angoisses nocturnes et l'insomnie. Munissez-vous de votre journal des rêves afin de noter les thèmes et le moment de vos cauchemars. Vous découvrirez peut-être bientôt que vous avez également des rêves neutres et parfois agréables à y noter.
- Succombez au charme de votre journal des rêves. Laissez-vous porter par votre inspiration, faites-vous confiance autant que vous lui faites confiance. Sentez cette connexion intime, confiez vos rêves les plus fous à votre journal et écrivez tout ce qui vous vient à l'esprit. Vos idées, vos espoirs et vos désirs les plus insensés ont leur place ici.

Rêver guérit toutes les blessures

Rêver est essentiel pour notre santé émotionnelle et mentale. Le spécialiste du sommeil et psychologue clinicien Dr Rubin Naiman, du Centre de médecine intégrative de l'Université d'Arizona, affirme que de nombreux problèmes liés à la perte de sommeil sont en fait le résultat d'un manque de sommeil paradoxal riche en rêves. Naiman qualifie cette perte de rêves comme un risque de santé publique méconnu contribuant à la dépression, à la perte de mémoire et de la conscience[1]. Les exercices de ce livre vous aideront à inviter davantage le sommeil paradoxal dans votre vie.

Le sommeil paradoxal est une forme de thérapie nocturne. Le monde des rêves met en scène nos expériences de vie et les dramatise, libérant les émotions fortes ou douloureuses afin qu'elles puissent être assimilées. En même temps, nous intégrons les leçons tirées de nos expériences et nous gagnons un peu en sagesse. C'est la thérapie par le rêve. Que nous nous souvenions ou non de nos rêves, ils seront toujours une aide précieuse.

1. Naiman, « Dreamless : The Silent Epidemic of REM Sleep Loss ».

Cependant, un travail sur la mémorisation des rêves nous ouvre les portes à une thérapie par le rêve plus profonde et efficace.

Le rêve fait partie intégrante et indissociable du sommeil. Trop souvent considérés comme le résultat de l'allumage aléatoire de neurones dans le cerveau, les rêves ont en réalité une fonction psychologique profonde. Des études menées par le Dr Rosalind Cartwright, pionnière de la recherche sur le sommeil, ont montré que, lorsque des personnes souffrant de dépression et d'anxiété rêvaient de leurs problèmes de santé, la guérison s'accélérait, tandis que celles qui ne rêvaient jamais de leurs problèmes avaient un taux de récupération plus faible. Cartwright a découvert que le rêve à contenu spécifique permettait une guérison clinique complète et une aide émotionnelle dans les cas de traumatismes personnels dévastateurs, tels que les trahisons[1].

Vous vous dites peut-être : « Et si je ne rêve jamais de mes traumatismes émotionnels ? » Sachez que nous pouvons participer activement à notre guérison en invitant nos rêves à se concentrer sur un sujet ou un problème particulier. Cette technique est un art ancestral connu comme l'incubation des rêves. L'exercice suivant offre quelques conseils pour exploiter votre intelligence onirique en y invitant un sujet spécifique.

Exercice 12

L'art ancestral de l'incubation des rêves

Incuber un rêve signifie simplement demander ou inviter un rêve. Cette pratique ancestrale remonte à des milliers d'années. Dans la Grèce antique, des temples d'incubation des rêves étaient construits en l'honneur d'Asklepios, le dieu grec de la médecine, et des pèlerin·e·s venaient de pays lointains pour dormir dans ces sanctuaires et réclamer au dieu un rêve guérisseur. Ils·Elles demandaient parfois à rêver d'être baigné·e·s d'une lumière divine

1. Cartwright, *The Twenty-Four Hour Mind.*

de guérison, d'ingérer un élixir magique, ou encore que le dieu coupe leur membre malade et le remplace par un nouveau.

La volonté est un élément clé de l'incubation d'un rêve sur le sujet de votre choix. Cet exercice est axé sur l'intention. La première chose à faire est donc de choisir le sujet de votre rêve. Avez-vous un problème de santé ou de relation que vous aimeriez résoudre, ou une personne qui vous manque et que vous aimeriez revoir ? Nous pouvons incuber des rêves sur n'importe quel sujet et, dans quelques chapitres, vous pourrez vous servir de cette méthode pour incuber des rêves érotiques (chapitre 10) et des rêves résolvant vos problèmes (chapitre 14).

Une fois que vous avez décidé du sujet de votre rêve, rédigez une question ou une affirmation claire et concise, telle que « Comment gérer la situation avec mon ex-mari ? » ou « Je veux guérir mes migraines ». L'inconscient du rêve réagit beaucoup mieux aux intentions claires et brèves exprimées sous une forme positive. De ce fait, évitez les formulations telles que « Je ne sais pas comment gérer mes finances catastrophiques ». Remplacez-les plutôt par « Comment puis-je attirer plus d'argent ? ».

Élaborer un rituel autour du sujet permet de mieux cibler notre intention. Écrivez votre affirmation ou votre question sur une feuille de papier et lisez-la avant de dormir. Placez-la sous votre oreiller ou tenez-la dans votre main pendant la nuit pour garder l'énergie de votre intention toute la nuit. Je donne aux participant·e·s de mes retraites autour du rêve lucide une pierre précieuse qu'ils·elles imprègnent de leur intention de lucidité. Je les invite ensuite à la tenir dans leur main toute la nuit pour bien ancrer l'intention. Il est fréquent que l'énoncé de cet exercice déclenche quelques rires chez les participant·e·s, pensant que cela leur serait impossible. Mais le lendemain, contre toute attente, nombreuses sont les personnes qui y sont parvenues, dont certaines qui auront réussi à faire le rêve lucide qu'elles recherchaient.

Vous pouvez effectuer d'autres rituels simples pour parvenir à l'incubation de vos rêves. Mon préféré est de m'allonger dans mon lit, de fermer les yeux et d'appeler dans ma tête : « Esprit rêveur, s'il te plaît, envoie-moi un rêve sur... ! » Cette intention s'impose comme un cri sourd, un appel fort, rempli de désir et d'énergie qui pénètre les couches de brouillard entre l'esprit éveillé et celui rêveur. Enfin, je libère mon intention sur une expiration. J'ai confiance dans le fait que ma demande a été reçue et que le rêve viendra.

N'hésitez pas à personnaliser votre pratique de l'incubation des rêves. Les images sont une aide précieuse, alors si vous voulez rêver de loups, placez une photo de l'animal à côté de votre lit et observez-la avant de vous endormir. Vous pouvez également intégrer des méditations ou des prières à vos rituels d'incubation des rêves. Imaginez que vous recevez le rêve que vous souhaitez : laissez-le se dérouler dans votre esprit de manière réaliste et multisensorielle.

Puis, libérez votre intention et laissez la nuit faire son travail. Gardez votre journal à portée de main et notez tous les rêves, bribes ou émotions résiduelles que vous ressentez dès votre réveil. Il est possible que l'incubation des rêves ne donne pas de résultats immédiats. Aussi, surveillez vos rêves au cours des jours suivants et répétez votre rituel chaque soir. Les rêves peuvent parler sous forme d'énigmes. Cherchez des métaphores qui pourraient être en rapport avec votre demande.

Essayez cet exercice simple pour découvrir la signification de vos rêves.

Exercice 13

Sept questions pour comprendre ses rêves

Les rêves nous révèlent notre état intérieur, ils sont le miroir de notre âme. Faire un pas vers ce reflet nous offre une perspective sur qui nous sommes vraiment et pourquoi nous sommes ici. Nous entrevoyons notre potentiel et notre pouvoir infinis. Mais les rêves peuvent être chargés de symboles parfois difficiles à décrypter. Pour mieux les comprendre, fermez les yeux, faites apparaître votre rêve dans l'œil de votre esprit avec autant de détails que possible, puis posez les questions suivantes. Si vous en ressentez l'envie, écrivez dans votre journal du sommeil les réponses qui vous sont apportées.

1. « Qui suis-je dans ce rêve ? » (Moi dans le présent, moi enfant, moi en animal, incarné·e en quelqu'un·e d'autre, un·e observateur·rice ?)
2. « Quelles émotions font surface ? » Identifiez les émotions principales.
3. « Ces émotions résonnent-elles avec une situation de ma vie passée ou présente ? » Cette question forge un pont entre votre monde onirique et celui éveillé.
4. Retenez l'image la plus vive de votre rêve et explorez les associations possibles. Est-elle liée à un souvenir, à quelque chose que vous avez lu, à la situation d'un·e proche ?
5. Tout en gardant les yeux fermés, imaginez que vous êtes l'une des personnes, l'un des objets ou des paysages de votre rêve. Mentalement, devenez cette montagne paisible, ce collier aux rubis étincelants ou ce moine en lévitation. Que ressentez-vous ? Percevez-vous un changement d'énergie et de perspective ? Posez-vous des questions telles que « Quelles émotions refont surface en incarnant cet·te enfant perdu·e dans mon rêve ? » ou encore « Quel est mon but en tant que torrent déchaîné ? ». Écrivez vos réponses dans votre journal du sommeil.
6. Si ce rêve était un film avec une morale ou un message, quel serait-il ? Vos rêves sont votre salle de cinéma personnelle créée spécialement pour vous par votre esprit rêveur. Quel est le message derrière ce film ?
7. Si vous pouviez retourner dans votre film et changer quelque chose, que changeriez-vous et que ressentiriez-vous ? Nous plongerons dans les tréfonds de cet exercice puissant dans le chapitre 12 dédié aux cauchemars.

Le langage universel des rêves

Chaque personne sur cette planète rêve. Nous avons commencé à rêver dans le ventre de notre mère et nous rêverons chaque nuit jusqu'à notre mort. Nous rêvons par nécessité, mais également pour évoluer et nous éveiller en tant qu'espèce.

Le langage universel des rêves transcende toutes les barrières humaines. Peu importe nos croyances religieuses, notre héritage culturel, la couleur de notre peau, notre genre, notre orientation sexuelle, notre situation financière, notre âge ou notre langue maternelle, nous rêvons tous et toutes chaque nuit. Les rêves, partout dans le monde, reflètent des thèmes universels et des histoires et émotions archétypales.

Lorsque nous rêvons, nous puisons dans notre conscience humaine innée et créative. Nous puisons dans l'obscurité, le lieu liminal où les mythes naissent et les aventures humaines épiques prennent vie. De cette façon, le rêve assume une fonction immensément puissante, nous reliant à nos semblables par l'intermédiaire de symboles, de métaphores et d'émotions. Nous avons tous et toutes accès chaque nuit à cette intelligence onirique. Accueillir nos rêves et apprendre leur langage équivaut à introduire l'intelligence créative onirique dans tous les aspects de notre vie éveillée, de notre profession à nos relations.

Tous les rêves ne sont pas purement symboliques. Certains proviennent du corps et peuvent contenir des messages sur notre santé. Les rêves précognitifs offrent un aperçu sur l'avenir. Les rêves de visite nous relient à des êtres chers décédés. Les rêves transpersonnels transcendent notre vie personnelle pour refléter l'état du monde ou nous mettre en relation avec le divin. Nous pouvons lancer un appel à nos rêves, les invitant à nous offrir leurs cadeaux de sagesse et de paix ou à nous faire vivre les aventures les plus folles.

L'exercice suivant peut facilement s'intégrer à votre rituel avant d'aller dormir.

Exercice 14

Mantra des rêves

Vous pouvez créer votre propre mantra pour appeler à vous les rêves les plus merveilleux. Un mantra est simplement une petite phrase qui évoque votre désir. Trouvez un mot ou une phrase que vous aimez, qui évoque l'émerveillement et la joie que vous recherchez dans vos rêves. Cela peut être quelque chose comme « océan cosmique », « montagne d'or » ou « vol du dragon ». Cela peut être un sentiment, un lieu ou un animal. Si vous faites des cauchemars ou que vous ne vous souvenez pas encore de vos rêves, créez une phrase qui résume votre rêve idéal.

Chaque fois que vous prononcez votre mantra des rêves, respirez lentement et laissez un sourire se dessiner sur vos lèvres. Ressentez votre mantra. Visualisez-le. Invitez son énergie dans votre corps. Dans votre lit, répétez votre mantra et visualisez clairement les images et les émotions recherchées. Tout en vous endormant, permettez à votre mantra de vous donner des ailes pour vous envoler vers de merveilleux paysages oniriques.

Votre esprit rêveur sera votre meilleur ami si vous le lui permettez – votre ami le plus sage, celui qui sera toujours là pour vous, surtout dans les heures les plus sombres de la nuit, lorsque vous craignez la solitude. Faites-lui confiance. Il vous apportera toutes les connaissances et les outils les plus puissants pour vous porter vers un monde onirique apaisé. Tous les rêves, même les pires cauchemars, sont là pour nous aider et nous guérir. Pour la plupart, les rêves sont des films intérieurs. Les acteur·rice·s sont là pour éclairer le monde de notre psyché. Ils·Elles veulent nous montrer ce que nous pensons de nous-mêmes et de notre situation, et mettent en lumière notre potentiel sous son plus beau jour. Nous sommes les héros·oïnes de nos rêves, à l'instar de notre vie éveillée.

Les rêves peuvent également transcender notre film intérieur personnel pour révéler la sagesse collective, les dimensions archétypales et des aperçus de futurs possibles. Accueillir le voyage vers nos rêves avec un cœur grand ouvert nous transforme en puissant·e·s aventurier·ère·s.

Nous dormons pour régénérer notre esprit, notre corps et notre âme. En tant qu'espèce, nous dormons parce que nous avons besoin de rêver. Les rêves sont l'évolution en mouvement. Ils sont des environnements multisensoriels, immersifs, adaptatifs et sensibles à la pensée qui génèrent de la créativité à l'état pur. Vous n'êtes jamais qu'à un rêve d'accéder à votre génie intérieur. Accueillez votre intelligence onirique dans votre vie. Les rêves élèvent les humains à des niveaux fabuleux d'innovation, d'imagination et d'adaptation. L'intelligence artificielle ne peut ni dormir, ni rêver, ni faire des rêves lucides, ni vivre des expériences extracorporelles. Un programme d'IA peut générer des images, imiter des émotions, fabriquer un récit onirique, mais il ne peut pas faire l'expérience de son propre rêve comme nous pouvons le faire. Le rêve est l'un des miracles de l'être humain. Nous avons la merveilleuse capacité de tomber amoureux·euse, d'éprouver de la peur, de dormir et de rêver.

Maintenant que nous avons entrevu les merveilles du monde des rêves, partons explorer le pouvoir vital de la respiration et travaillons sur le corps pour atteindre un sommeil plus réparateur.

CHAPITRE 4

TRAVAIL SUR LE CORPS ET LA RESPIRATION

Associer le travail sur le corps à un travail respiratoire pour apaiser l'esprit est l'une de mes passions depuis le début des années 1990, lorsque le yoga est entré dans ma vie alors que je voyageais en Inde. Je suis professeure de yoga et je trouve que le sommeil, les étirements du yoga et le travail respiratoire sont aussi indissociables que le soleil, la lune et les étoiles.

« Le moyen le plus rapide d'apaiser l'esprit est la respiration. »

Je me souviens avoir dit cela sur scène lors de la conférence *Gateways of the Mind* en 2013 à Londres, avant de lever les bras au-dessus de ma tête et d'entraîner l'auditoire dans un exercice combinant la respiration et le mouvement. Je parlais du rêve lucide, de la mort et de la créativité. Pour la partie pratique de ma séance, j'ai fait entrer le public dans une transe légère et je l'ai invité à penser à un rêve avant un exercice d'écriture lucide[1], un type d'écriture automatique infusé avec l'énergie de leur rêve.

Faisons une petite expérience. Portez votre attention sur votre respiration. Est-elle superficielle ou profonde ? Abdominale ou thoracique ? Quelle est votre posture ? Je parie que, dès que vous aurez porté votre attention sur votre respiration, vous respirerez plus lentement, plus profondément dans le ventre, et vous redresserez votre colonne vertébrale. Tous ces changements se

---

1. Johnson, *Llewellyn's Complete Book of Lucid Dreaming*, 135-40.

produisent naturellement dès lors que notre concentration est centrée sur notre respiration. *Pranayama* désigne le travail de respiration en sanskrit. *Prana* signifie « force vitale » et *yama* se traduit par « contrôle ». Le travail sur la respiration est un travail sur le corps, car une respiration profonde et consciente engage le corps dans sa totalité. Si vous n'avez pas l'habitude de travailler sur la respiration, je vous invite à la synchroniser à des mouvements de votre corps afin de maintenir un état de concentration sans le moindre effort et de conserver une respiration naturelle.

Le pouvoir de la respiration est immense. Avez-vous déjà remarqué la vitesse à laquelle le corps et l'esprit réagissent en écoutant votre respiration et en jouant à la ralentir ? L'un comme l'autre s'apaisera instantanément. Les pensées ralentissent, les soucis se dissipent, la paix s'installe. Dans ce chapitre, je vous propose quelques-uns de mes exercices de respiration et de mes postures de yoga préférées (des postures très simples, comme la posture du cadavre, que vous allez adorer, j'en suis sûre) pour un sommeil paisible et réparateur.

Le pouvoir de la respiration

Vous disposez d'un bouton magique sur lequel vous pouvez appuyer en un instant… ou une respiration. En respirant profondément, vous envoyez à votre cerveau le message qu'il est temps de ralentir, de se calmer, de se détendre. Comme la respiration est vitale pour notre survie, les messages provenant des poumons sont prioritaires dans le cerveau. Si nous avons du mal à respirer, le cerveau réagit instantanément et envoie notre corps en état d'alerte, libérant de l'adrénaline pour que nous ayons l'énergie de combattre et de nous sauver de la menace. L'inverse est également vrai : lorsque nous respirons lentement, le cerveau reçoit le message qu'il peut se détendre en toute sécurité. Il répond en activant le système nerveux parasympathique et ralentit notre rythme cardiaque, nous donnant ce sentiment de calme.

Nous avons besoin de calme pour nous endormir. Grâce à quelques techniques simples de respiration qui activent le système nerveux parasympathique, nous pouvons apaiser considérablement notre sommeil. Des études médicales confirment l'importance du lien entre le travail respiratoire et le sommeil : la respiration profonde réinitialise le système nerveux autonome du corps, qui contrôle les fonctions corporelles inconscientes, telles que la respiration, les fonctions cérébrales, la sécrétion d'hormones, la digestion, le rythme cardiaque, la réponse immunitaire et le sommeil[1].

Combiné au travail sur la respiration, nous pouvons introduire un travail corporel doux et facile pour favoriser le calme et le bien-être. Le yoga, le qi gong, le taï-chi ou toute autre pratique physique similaire sont excellents pour développer la clarté mentale et améliorer notre conscience du corps. Elle enclenche également une augmentation de compassion et d'amour-propre. Prenez un moment pour penser à votre corps. C'est un miracle vivant, respirant, composé de systèmes complexes et interconnectés, de sang et de membres étonnants, qui vous transporte tout au long de ce chemin tumultueux qu'est la vie. Connectez-vous à l'énergie (*prana* ou *chi*) qui circule dans votre corps pour vous aligner avec vous-même. Vous réussirez à calmer votre corps plus facilement et, par la même occasion, à apaiser votre esprit.

Mes trente ans de yoga, combinant le travail du corps et celui respiratoire, m'ont aidée à développer ma conscience corporelle, mon attention et ma concentration ainsi qu'une certaine capacité à rester calme face à tout type d'événement, à comprendre le fonctionnement de l'esprit et à trouver un équilibre à la fois mental et physique. Mais nous n'avons pas besoin de dizaines d'années d'expérience pour trouver le calme. Il suffit de quelques instants d'ancrage.

Voici une posture de yoga très simple à réaliser pour vous aider à trouver le calme. Elle peut être pratiquée à tout moment,

1. Jerath *et al.*, « Physiology of Long Pranayamic Breathing ».

chaque fois que vous sentez l'anxiété monter ou que vous n'arrivez pas à calmer votre esprit.

Exercice 15

Posture de la montagne (*Tadasana*)

La posture de la montagne (*tadasana*) permet d'aider notre esprit à retrouver une certaine clarté, afin d'inviter le calme et la paix en nous. Cet exercice ne prend pas plus de deux minutes, ce qui permet de le réaliser à tout moment, même lorsque nous ne pensons pas en avoir le temps. Si vous avez des problèmes de mobilité, vous pouvez réaliser cette posture assis·e.

Tenez-vous droit·e, les pieds légèrement écartés et les bras détendus le long du corps. Vous pouvez garder les yeux ouverts ou les fermer. Inspirez profondément dans votre ventre. Imaginez que vous respirez la clarté et le calme. Expirez tous les soucis, toutes les émotions stressantes et les pensées limitantes. En inspirant à nouveau, sentez votre ancrage et votre concentration. Percevez le sol sous vos pieds. Relâchez les tensions tout en expirant complètement.

Continuez à respirer calmement et profondément. Imaginez un beau rayon de lumière descendre du ciel et traverser votre tête, votre corps et vos pieds. Ressentez la paix et le bonheur que cette lumière vous apporte.

Sentez-la illuminer ce moment précieux de votre vie pendant que vous respirez, ici et maintenant.

L'exercice suivant commence en posture de la montagne, mais se termine en montagne dynamique.

Exercice 16

Méditation marchée

Voici un merveilleux exercice pour apaiser le corps et l'esprit grâce à cette méditation en mouvement. Connue sous le nom de méditation marchée *(kinhin)* dans la tradition bouddhiste zen japonaise, cette méditation de pleine conscience en mouvement peut s'avérer très efficace pour nous amener dans un espace de calme dans l'instant présent. Une étude de 2014 a prouvé que la méditation marchée bouddhiste est une aide précieuse pour lutter contre la dépression[1].

Si possible, entourez-vous de nature, car l'air frais est plus sain et le fait d'être à l'extérieur à la lumière du jour contribue à équilibrer le rythme circadien, l'horloge interne de vingt-quatre heures qui réagit aux changements de lumière et régule notre sommeil. Si vous n'êtes pas en mesure de marcher dans la nature, vous pouvez vous exercer dans votre salon ou dans un couloir. L'idéal est de réaliser cet exercice pieds nus.

Commencez par la posture de la montagne : tenez-vous debout, la colonne vertébrale droite, mais détendue. Prenez un moment pour vous recentrer en respirant profondément. Baissez le regard et faites lentement un pas en avant. Posez doucement votre pied du talon à la pointe avant d'en faire de même avec l'autre pied. Inspirez et expirez lentement au rythme de vos pas : inspirez tout en décollant votre pied du sol, puis expirez en posant tranquillement votre pied par terre.

Rien ne presse : prenez conscience de chaque pas, du roulement du pied vers l'avant, de votre équilibre. En ralentissant de la sorte, vous remarquerez des changements dans votre corps. Non seulement votre rythme cardiaque ralentit, mais votre vision s'affine. Au lieu d'enregistrer brièvement un éparpillement de feuilles, vous remarquerez les gouttes d'eau sur ces feuilles et les

1. Prakhinkit *et al.*, « Effects of Buddhism Walking Meditation on Depression ».

scintillements de lumière sur chaque gouttelette. Vous ne verrez pas seulement un mégot de cigarette, mais aussi la façon dont les brins de tabac sortent de l'extrémité comme des pattes d'araignée et vous vous souviendrez des longues pattes de celle de la terrasse de votre enfance, en apesanteur comme des graines de pissenlit.

Concentrez-vous sur votre respiration pendant que vos pieds vous transportent lentement. Constatez combien vos sens s'éveillent. Les sons s'intensifient. Remarquez la fraîcheur de l'air qui circule dans vos narines. Continuez pendant une dizaine de minutes, et observez votre équilibre s'améliorer à mesure que vous vous habituez à marcher lentement, comme un·e funambule, en sentant vraiment la plante de vos pieds et vos orteils entrer en contact avec le sol. Des images et des sensations fascinantes apparaissent pendant les méditations marchées, les taches iridescentes de l'huile dans une flaque d'eau, le clapotis de la pluie dans les arbres, la moitié d'une coquille d'œuf mouchetée cachée sous un buisson. Ralentir notre corps et notre respiration nous permet de porter une attention décuplée sur notre environnement. Nous nous reconnectons à la nature et notre esprit s'apaise. Nous ressentons la puissance de l'art ancestral de la relaxation.

Plus nous profitons de moments de détente pendant la journée, plus il est facile de dormir la nuit. L'exercice suivant démarre également en posture de la montagne à laquelle sont ajoutés des mouvements de bras et une respiration chronométrée.

Exercice 17

Respiration 6-6

Cet exercice est un merveilleux travail de respiration à réaliser avant d'aller se coucher, bien que vous puissiez le faire à tout moment de la journée. Vous pouvez fermer les yeux, mais si vous préférez les garder ouverts, placez-vous devant quelque chose d'apaisant. Cela peut être votre autel sacré du sommeil (nous en créerons un au chapitre 9), un tableau paisible ou un mur vierge.

Mettez-vous en posture de la montagne : les pieds légèrement écartés, les bras le long du corps, paumes ouvertes. Inspirez pendant six secondes tout en levant les bras vers l'extérieur en décrivant un grand cercle avant de ramener les paumes l'une contre l'autre.

En expirant jusqu'à six, ramenez lentement vos paumes jointes vers votre cœur en position de prière, appelée *mudra anjali* en sanskrit. Baissez vos bras jusqu'à la position de départ et répétez cette séquence pendant plusieurs minutes, sans marquer de pause.

Une fois le rythme de ce travail respiratoire fluide, vous pouvez introduire un mantra ou une intention autour de votre nuit de sommeil. Essayez de créer des phrases de six syllabes afin de l'accorder au rythme de votre respiration comme « Je dors paisiblement ». Inspirez votre mantra à chaque inspiration. Relâchez consciemment toute résistance ou tension à chaque expiration : « Je relâche la tension. »

Après deux à cinq minutes de ce travail respiratoire, détendez-vous, les bras le long du corps, fermez les yeux et prenez le temps de ressentir votre corps. Remarquez les picotements de chaleur dans vos épaules et vos bras, le tourbillon d'énergie dans vos paumes, la sensation de détente dans votre ventre, le sourire serein sur vos lèvres. Félicitations, vous êtes prêt·e pour une nuit de sommeil paisible !

Si vous souhaitez intégrer ces exercices de respiration dans votre routine avant d'aller dormir, vous pouvez essayer sans les mouvements des bras une fois que vous êtes dans votre lit. Inspirez pendant six secondes, mais expirez un peu plus longtemps. Le fait d'encourager une expiration plus longue permet une détente complète avant l'endormissement.

Il faut parfois un certain temps pour s'habituer aux exercices de respiration chronométrés. Au début, il est fréquent de perdre le compte des secondes et de se décourager rapidement, ou encore de divaguer vers nos pensées et totalement oublier de compter. Considérez cela comme un jeu avant de vous coucher, et non comme une tâche obligatoire. Permettez à vos mouvements fluides et à votre respiration de réguler votre stress sans que vous ayez besoin d'y penser. Faites preuve d'indulgence avec vous-même.

L'exercice suivant peut également demander un peu de pratique, mais ses bénéfices sont rapides. Tâtonner et se tromper les premières fois est tout à fait normal, mais cela n'empêchera pas la respiration alternée de nous transporter vers un état plus léger, plus clair et plus calme après seulement quelques séries.

Exercice 18

Respiration alternée

Il est recommandé de respirer par le nez plutôt que par la bouche. L'intérieur du nez est conçu pour filtrer les corps étrangers et les bactéries nocives, et il nous aide également à respirer plus lentement. Voici une pratique de respiration yogique appelée *anuloma viloma*, ou respiration alternée. Cette pratique harmonise les hémisphères gauche et droit du cerveau, nous ramène à un équilibre émotionnel sain et nous apaise. C'est un bon exercice de jour pour réduire l'anxiété et les pensées agitées. Plus nous accueillons de moments de calme dans notre journée, moins nous accumulerons de tension et de stress à l'heure du coucher et plus il nous sera facile de trouver un sommeil paisible et de qualité.

1. Asseyez-vous bien droit·e, si possible en tailleur ou sur une chaise. Détendez la main gauche sur le genou, paume vers le haut, et formez un cercle avec le pouce et l'index gauche, en étendant les autres doigts (*gyan mudra*).
2. Levez la main droite et repliez l'index et le majeur. Vous avez ainsi le pouce d'un côté de la main et l'auriculaire et l'annulaire de l'autre. Ils vous serviront alternativement à fermer la narine droite avec le pouce et la narine gauche avec l'annulaire.
3. Inspirez normalement, puis fermez la narine droite avec le pouce droit et expirez par la narine gauche.
4. Inspirez par la narine gauche et fermez-la avec l'annulaire.

5. Relâchez le pouce sur votre narine droite et expirez par la narine droite.
6. Inspirez par la narine droite, fermez-la avec le pouce, relâchez l'annulaire de l'autre côté et expirez par la narine gauche.

Voilà une série de respirations alternées. En entrant dans le rythme, fermez les yeux et sentez la respiration animer d'abord un côté de votre corps, puis l'autre. Faites une dizaine de séries, puis détendez-vous et constatez l'apaisement de votre corps et de votre esprit.

Le prochain exercice de travail respiratoire et corporel est une pratique assez courante en cours de yoga. Lorsque j'étais enfant, lors des fêtes d'anniversaire, le jeu préféré des adultes consistait à demander à tou·te·s les enfants surexcité·e·s de s'allonger par terre et de rester aussi immobiles que possible. Le·a dernier·ère enfant à bouger remportait la partie. La version yogique de ce jeu s'appelle la posture du cadavre. Aussi connue comme *savasana*, c'est le moment de relaxation finale à la fin d'une pratique de yoga, où l'on s'allonge, respire calmement et s'immobilise.

Exercice 19

Posture du cadavre (*Savasana*)

Savasana, telle qu'elle est pratiquée dans les cours de yoga occidentaux, ne dure généralement pas plus de dix minutes et implique un bref scan du corps. En matière d'amélioration de la qualité du sommeil, *savasana* est un exercice court et utile pour nous détendre pendant la journée, et cet exercice d'immobilité peut nous entraîner à trouver le calme avant d'aller dormir.

Allongez-vous sur le dos sur un tapis de yoga, les bras et les jambes confortablement étendus. Les hanches se détendent davantage lorsque les jambes sont légèrement écartées, les orteils pointant vers l'extérieur. Certaines personnes aiment avoir les bras éloignés du corps et les paumes des mains tournées vers le haut.

Si la position allongée sur le dos vous est inconfortable, placez un coussin sous vos genoux pour aligner la colonne vertébrale. Fermez les yeux et respirez lentement et profondément, en laissant votre corps s'enfoncer dans le tapis de yoga. Laissez aller vos pensées ou observez-les simplement sans les intercepter.

Effectuez un scan de votre corps en vous relaxant progressivement. Portez votre attention sur votre pied gauche et détendez-le consciemment en fléchissant d'abord les orteils et la plante, puis en les relâchant. Faites-en de même avec tout le reste de votre corps. Prenez votre temps. N'oubliez pas votre mâchoire, vos yeux et votre langue. Respirez naturellement et calmement.

Après ce scan corporel, remarquez la façon dont votre souffle se déplace dans votre corps lorsque vous inspirez et combien le calme se répand en vous à chaque expiration. Reposez-vous dans l'immobilité.

Le moment venu, prenez quelques inspirations profondes et relâchez-les. Puis bougez les doigts et les orteils, en vous réveillant progressivement. Roulez la tête d'un côté à l'autre et étirez-vous. Bâillez et savourez ces mouvements. Serrez vos genoux contre votre poitrine et roulez d'un côté à l'autre pour masser votre colonne vertébrale. Lorsque vous êtes prêt·e, ouvrez les yeux et asseyez-vous. Inspirez, étirez vos bras vers le ciel et joignez vos paumes. Expirez en ramenant vos paumes jointes sur votre poitrine en *anjali mudra*. Souriez à vous-même et au reste de l'Univers.

Vous pouvez aussi faire *savasana* au lit, bien sûr. C'est un merveilleux exercice si vous avez du mal à vous endormir ou si vous vous réveillez la nuit et que vous peinez à retrouver le calme. Après ce scan corporel, vous pouvez ajouter une affirmation comme « Je remercie le sommeil paisible qui m'est offert » ou « Cette nuit, je dors profondément ». Vous pouvez également imaginer qu'à chaque respiration, vous flottez dans l'air et vous vous laissez porter par le sommeil.

Lorsque nous manquons de repos ou que nous ressentons de l'anxiété, même un simple travail de respiration peut demander un effort. Voici un exercice réconfortant où vous n'avez pas besoin de respirer consciemment. Laissez simplement votre respiration s'adapter toute seule.

Exercice 20

Méditation des battements du cœur

C'est un miracle d'être en vie sous cette forme humaine. Prenez le temps de réfléchir à votre conscience humaine unique et à ce qui la différencie de celle du papillon ou de l'éléphant. Pensez à la complexité presque magique de nos systèmes corporels. Imaginez le sang qui coule dans vos veines et les neurones de votre cerveau incroyablement intelligents. Considérez la créativité illimitée de votre esprit et votre capacité à ressentir de l'amour, à souffrir d'un chagrin et à éprouver de l'émerveillement et du bonheur. Vous êtes un miracle à part entière, un élément vital du cosmos. Vous et votre corps méritez un moment de calme ensemble.

Allongez-vous dans votre lit chaud et douillet. Laissez-vous envelopper par le calme. Placez votre main sur votre cœur et écoutez ses battements. Si vous préférez, vous pouvez toucher un point de pulsation sur votre poignet ou votre cou. Plutôt que d'essayer de contrôler votre respiration, laissez-la s'adapter à votre calme. Abandonnez-vous au flux inconscient de la respiration. Laissez votre corps respirer pour vous. Reposez-vous tranquillement, en ressentant le rythme des battements de votre cœur, en vous connectant à votre sang, à votre vitalité et à votre vivacité. Vous êtes essentiel·le à l'Univers, il y a un but précis dans votre présence ici. Vous pouvez vous connecter simplement à l'énergie de la source en écoutant attentivement les battements de votre cœur, votre forme humaine.

Profitez de ce moment privilégié, ce moment de sérénité dans votre lit douillet. Laissez-vous porter par ce retour à la conscience utérine, un espace sûr et bienveillant, sans préoccupations. Laissez le sommeil vous emporter en toute sécurité dans ses bras aimants.

Notre esprit et notre corps ne sont pas deux entités individuelles ; ils sont magnifiquement et intimement liés. Ralentir notre respiration fait réagir notre corps instantanément. Nous pouvons induire des sentiments de relaxation, de calme et même de béatitude simplement par la respiration consciente. Le travail de respiration ne nous aide pas seulement à rester calmes et équilibré·e·s tout au long de la journée, mais il nous aide également à nous endormir plus facilement, à améliorer la qualité de notre sommeil et à nous réveiller avec une énergie nouvelle.

Il est à présent temps de révolutionner notre relation avec le sommeil en répondant au questionnaire du sommeil.

CHAPITRE 5
QUESTIONNAIRE DU SOMMEIL

Bienvenue au chapitre clé de ce livre : le questionnaire du sommeil. À l'origine, je pose généralement ces questions aux personnes que j'accompagne individuellement dans leur voyage vers un sommeil réparateur, afin de développer des techniques de rêve lucide adaptées, d'appréhender plus sereinement les cauchemars et d'entamer leur thérapie par le rêve. J'aime avoir une idée précise du type de dormeur·euse avec qui je travaille afin de pouvoir les orienter rapidement vers les techniques les plus adaptées à leur demande. Ce questionnaire du sommeil combine des questions sur la lucidité du *Guide du rêve lucide* et d'autres provenant de mon livre *The Art of Transforming Nightmares*, orienté vers les cauchemars, en mettant l'accent sur la qualité du sommeil et le bien-être nocturne.

Dormir est universel et essentiel, mais notre relation avec le sommeil est très personnelle et chacun·e d'entre nous s'engage légèrement différemment dans sa nuit de repos. Il est fréquent de ne connaître que les types de dormeur·euse·s classiques, comme les alouettes matinales ou les hiboux nocturnes, qui indiquent si vous êtes plus du matin ou du soir. Ce livre va bien au-delà de ces catégories de base pour vous aider à déterminer avec beaucoup plus de précision le type de dormeur·euse et de rêveur·euse que vous êtes. Il n'y a pas de solution universelle, mais une solution par personne lorsqu'il est question de troubles du sommeil, tels que l'insomnie ou les cauchemars, ou encore pour ouvrir la voie à un sommeil serein. Mieux nous nous connaissons et plus il est facile de choisir les techniques les plus efficaces et les plus adaptées pour améliorer la qualité de notre sommeil et notre bien-être nocturne en général.

Ce questionnaire du sommeil vous permettra d'identifier le type de dormeur·euse et de rêveur·euse que vous êtes. Ainsi, vous comprendrez mieux l'ensemble de votre sommeil et de vos rêves, mais vous aurez également beaucoup plus de chances de réussir à vous libérer de toute expérience de sommeil pénible, que ce soit des cauchemars récurrents ou la solitude de l'insomnie chronique. Vous ouvrirez ainsi la porte à des expériences de sommeil serein, à des rêves paisibles pleins de sagesse et aux aventures spirituelles.

Les programmes de sommeil qui suivent le questionnaire ont pour vocation de vous orienter vers les techniques les plus susceptibles de vous apporter des résultats rapides, en fonction du type de dormeur·euse et de rêveur·euse que vous êtes.

Réservez vingt à trente minutes pour répondre tranquillement à ce questionnaire et écrire vos réponses dans votre journal du sommeil. Si vous n'aimez pas écrire, vous pouvez enregistrer vos réponses sur votre téléphone ou demander à un·e ami·e de vous poser les questions. Le questionnaire est divisé en plusieurs parties pour faciliter la navigation. N'hésitez pas à sauter une partie si vous ne vous y identifiez pas. Les réponses proposées dans les questions ne sont que des suggestions pour vous aider à bien comprendre ce qui vous est demandé. Il n'est pas nécessaire de choisir l'une d'entre elles, répondez avec le plus d'authenticité possible. N'ayez crainte, il n'y a pas de bonne ou mauvaise réponse.

Profondeur et qualité du sommeil

- Combien de temps prenez-vous à vous endormir ?
- Combien d'heures par nuit dormez-vous environ ?
- Dormez-vous profondément ? Est-il difficile de vous réveiller le matin ?
- Votre sommeil est-il léger ? Vous réveillez-vous au moindre bruit ?
- Votre sommeil est-il régulièrement interrompu, par exemple, par votre bébé ou votre enfant en bas âge, par les ronflements

de votre conjoint·e, par des bouffées de chaleur, des voisin·e·s bruyant·e·s, le trafic incessant dans votre rue ?

- Vous réveillez-vous souvent la nuit, même sans raison particulière, et vous sentez-vous agité·e ? Avez-vous l'impression d'avoir à peine dormi ?
- Que ressentez-vous lorsque vous vous réveillez la nuit ? Êtes-vous aux prises de l'anxiété, d'une panique montante, du stress, de la peur ? Vous sentez-vous angoissé·e ou plutôt serein·e ?
- Comment vous sentez-vous physiquement lorsque vous vous réveillez la nuit ? Manquez-vous d'air ou suffoquez-vous ? (C'est l'un des symptômes de l'apnée du sommeil, pensez à consulter un·e médecin.) Avez-vous la sensation d'être pris·e au piège, incapable de bouger, comme si un poids vous écrasait dans votre lit ? (Ceci est une paralysie du sommeil, vous ne craignez rien.) Transpirez-vous abondamment ? Avez-vous mal quelque part ? Ou bien vous sentez-vous calme et serein·e ?
- Êtes-vous le type de personne qui aime rester au lit le matin, à s'endormir et se réveiller à de multiples reprises, plongeant et sortant de vos rêves fréquemment ?
- Vous réveillez-vous généralement fatigué·e, plein·e d'énergie, l'esprit clair, triste, joyeux·euse ? Trouvez les termes qui vous correspondent.
- Le manque de sommeil a-t-il un impact négatif sur votre humeur, votre santé, votre travail ou votre énergie ?
- Sur une échelle de 1 à 10, quelle est votre satisfaction sur la qualité de votre sommeil actuellement (1 = très satisfait·e, 10 = pas du tout satisfait·e) ?

Votre vie onirique et vous

- Voyez-vous des images, sentez-vous des sensations particulières ou entendez-vous des bruits au moment où vous vous endormez (hypnagogie) ?
- De combien de rêves vous souvenez-vous le matin ?

- Vous souvenez-vous de vos rêves lors des périodes d'éveil pendant la nuit ?
- Vos rêves sont-ils généralement joyeux, phobiques, rêvez-vous d'être poursuivi·e ou attaqué·e, avez-vous l'impression de vivre un film d'action ?
- Faites-vous des rêves lucides ou conscients ? Vos rêves sont-ils flous ?
- Rêvez-vous d'animaux ?
- Vos rêves reproduisent-ils des scènes banales ?
- Sont-ils paisibles et légers ?
- Trouvez les termes qui définissent le mieux vos rêves.
- Vos rêves ont-ils une place dans votre vie ? Si non, quelle en est la raison ?
- Pensez-vous que ce qui se passe dans vos rêves peut affecter votre vie éveillée (votre humeur, votre corps, vos émotions) ?
- Croyez-vous que les rêves ont une signification (symbolique, psychologique, spirituelle) ?
- Avez-vous déjà rencontré un guide ou un animal totem dans vos rêves ?
- Si vous le pouviez, que changeriez-vous dans votre vie endormie ?
- Voyez-vous des images qui semblent apparaître dans votre chambre lorsque vous vous réveillez (hypnopompie) ?
- Sur une échelle de 1 à 10, évaluez votre satisfaction de votre vie endormie (1 = très satisfait·e, 10 = pas du tout satisfait·e).

Thématiques récurrentes

- Vos rêves ou vos cauchemars ont-ils des environnements récurrents ? Par exemple, vous retrouvez-vous fréquemment dans la maison de votre enfance ou au bord d'une rivière sombre ? Listez les environnements récurrents dans vos rêves et vos cauchemars.
- Si vous faites des cauchemars, y a-t-il une émotion ou un état d'esprit récurrent, comme une phobie, un deuil, du désespoir, de la culpabilité ou de la rage ?

- Y a-t-il des scènes ou des thématiques récurrentes dans vos rêves ou vos cauchemars, telles que des scènes de poursuite ou d'attaque, des retrouvailles joyeuses avec des ami·e·s d'enfance, la présence d'un danger, la capacité à voler entre les nuages, le fait de rater votre train ou des retrouvailles amoureuses ?

Rêves d'enfance

- Vous souvenez-vous d'un rêve ou d'un cauchemar, en particulier dans votre enfance ?
- Votre famille était-elle sensible à vos rêves ? Comment vos parents réagissaient-ils face à vos rêves et à vos cauchemars lorsque vous étiez enfant ?
- Avez-vous vécu des expériences liées à la conscience lorsque vous étiez enfant, comme du somnambulisme, des expériences de hors-corps, des terreurs nocturnes, des paralysies du sommeil, des rêves lucides, avoir rêvé la même chose qu'une autre personne, avoir vécu l'expérience de l'expansion de votre conscience, apprendre une nouvelle dans vos rêves, faire des rêves prémonitoires ?

Cauchemars

- À quelle fréquence faites-vous des cauchemars : (a) seulement pendant l'enfance, plus en tant qu'adulte ; (b) rarement ; (c) au moins six fois par an ; (d) tous les mois ; (e) toutes les semaines ; (f) tous les jours ?
- Quelle est l'intensité de votre anxiété dans vos cauchemars : (a) assez faible ; (b) élevée ; (c) insoutenable ? Avez-vous peur de vous endormir à cause de vos cauchemars ?
- Voyez-vous des images effrayantes ? Êtes-vous conscient·e pendant vos cauchemars, mais incapable de demander à votre corps de se réveiller ?

- Avez-vous déjà eu des cauchemars se transformant spontanément en expérience spirituelle lumineuse ?

Insomnies et troubles du sommeil

- Êtes-vous victime d'insomnies (définies comme périodes assez longues de fatigue ou d'incapacité à s'endormir) ?
- Votre cerveau est-il en hyperactivité et conscient lors des périodes d'éveil nocturne ? Passe-t-il en boucle des images ou des scénarios préoccupants ?
- L'insomnie affecte-t-elle la qualité de votre vie au quotidien ?
- Êtes-vous somnambule, parlez-vous ou êtes-vous agité·e dans votre sommeil ? (Les coups de pied dans le sommeil sont un symptôme du syndrome des jambes sans repos, et la mise en scène de rêves violents est un symptôme du trouble du comportement en sommeil paradoxal, pensez à en parler à votre médecin.)
- Avez-vous déjà eu des terreurs nocturnes où vous criez et leur souvenir s'efface au réveil ? (Elles sont inoffensives.)
- Vous endormez-vous involontairement plusieurs fois par jour ? (Ceci est un symptôme de la narcolepsie, consultez un·e médecin.)
- Vous réveillez-vous en sursaut la nuit en ayant l'impression de vous étouffer ou de manquer d'air ? (Ceci est un symptôme de l'apnée du sommeil, pensez à en parler à votre médecin.)
- Les périodes d'éveil pendant la nuit provoquent-elles de l'irritabilité ou de l'anxiété chez vous ? Ou bien les vivez-vous comme des périodes créatives ?

Dépression et anxiété

- Avez-vous déjà subi des périodes d'anxiété ou de dépression ? Si oui, en quoi cela affectait-il votre sommeil ?

- Vous arrive-t-il de pleurer ou de vous sentir déprimé·e et préoccupé·e dans vos rêves, ou vous réveillez-vous soudainement au beau milieu de la nuit, pris·e d'une crise d'anxiété ?
- Êtes-vous actuellement sous médication contre la dépression ou l'anxiété ? (Les médicaments peuvent avoir des effets assez puissants sur les rêves, les annihilant ou les activant.)
- Sur une échelle de 1 à 10, évaluez votre niveau de peur ou d'angoisse actuellement (1 = inexistante, 10 = extrême).

Éveil sensoriel

- Êtes-vous réceptif·ve aux expériences sensorielles apaisantes, telles que des bains parfumés, une lumière ambiante à la chandelle, des massages, de la musique ?
- Quelle est votre relation à votre énergie sexuelle ? Pensez à vos préférences sexuelles, à vos fantasmes, à votre vie sexuelle actuelle et à vos rêves érotiques.

Santé physique

- Sur une échelle de 1 à 10, évaluez votre santé physique (1 = excellente, 10 = maladie grave ou douleurs constantes).
- Ressentez-vous des douleurs physiques ou êtes-vous atteint·e d'une maladie chronique ?
- Ressentez-vous des douleurs au réveil ou des états d'inconfort pendant la nuit ? Des bouffées de chaleur ou autres symptômes de la ménopause ou de l'andropause, tels que la sécheresse oculaire, vous réveillent-ils la nuit, ou affectent-ils la qualité de votre sommeil ?
- Prenez-vous des médicaments qui pourraient interférer avec votre sommeil ? (Consultez votre médecin avant de changer de médication.)
- Décrivez votre attitude face à vos problèmes de santé ou à vos douleurs physiques. Par exemple, êtes-vous en lutte constante ?

Votre santé est-elle un poids pour vous et votre entourage ? En tirez-vous une leçon ? Considérez-vous plusieurs méthodes de guérison ? Mettre des mots sur votre relation à votre santé peut être extrêmement bénéfique.

Rêves lucides et pleine conscience

- Les rêves lucides sont des rêves dans lesquels nous sommes conscient·e·s d'être endormi·e·s. Nous comprenons soudain que c'est un rêve. Notre conscience est parfaitement éveillée tandis que notre corps est totalement endormi.
- Quel est votre niveau de conscience dans vos rêves : (a) rêves lucides réguliers et lucidité stable et persistante ; (b) rêves lucides occasionnels, difficulté à maintenir la lucidité ; (c) assez conscient·e, mais pas complètement lucide ; (d) très peu de lucidité ; (e) pas du tout de lucidité ?
- Pensez-vous que le rêve lucide est facile, difficile, dangereux, transformateur ? Répondez avec vos propres mots.
- Avez-vous déjà vécu un cauchemar lucide, où de terribles événements ont lieu sous vos yeux et vous savez que vous êtes dans un rêve, mais vous ne parvenez pas à les contrôler ?
- Faites-vous des rêves lucides spontanément ?
- À quelle fréquence faites-vous des rêves lucides ?
- Souhaitez-vous faire des rêves lucides ?
- Quels sont vos objectifs en gagnant en lucidité dans vos rêves ?
- À quelle fréquence vous sentez-vous réellement éveillé·e et conscient·e ? À quelle fréquence vous sentez-vous vivant·e et béni·e par ce merveilleux cadeau dans votre vie éveillée ?

Expériences conscientes

- Avez-vous parfois la sensation d'être bloqué·e dans votre corps et incapable de vous lever (paralysie du sommeil) ? Si oui, à quelle fréquence ?

- Pendant votre sommeil, vous retrouvez-vous parfois à flotter dans un vaste espace noir (le vide lucide), ou dans une lumière blanche ou encore dans un espace dénué d'images, d'une couleur quelconque (lumière lucide) ?
- Avez-vous parfois l'impression de sortir de votre corps, accompagné·e de vibrations fortes ou simplement la sensation de flotter au-dessus de votre corps physique (expérience extracorporelle ou de hors-corps) ?
- Comment réagissez-vous aux paralysies du sommeil, au vide lucide ou aux expériences extracorporelles ? Paniquez-vous ou restez-vous calme ?

Les problèmes liés au sommeil

- Les perturbations du sommeil, telles que les insomnies ou les cauchemars, affectent-elles votre vie éveillée ? (a) Non, je dors bien ; (b) elles m'affectent rarement ; (c) occasionnellement ; (d) elles impactent fréquemment ma vie négativement ; (e) elles ont un terrible impact constant sur ma vie.
- Pensez-vous qu'il y ait un élément déclencheur récurrent pour vos problèmes liés au sommeil, tels que le stress, la fatigue excessive, l'alcool, la caféine ou des changements de vie ?
- Pensez-vous qu'il y ait un élément déclencheur clé à l'origine de vos problèmes liés au sommeil ? Par exemple, les paralysies du sommeil ou les cauchemars ont-ils commencé pendant une période de stress émotionnel intense, la perte d'un être cher ou toute autre expérience traumatisante dans votre passé ? Il se peut qu'il n'y en ait pas.
- Êtes-vous soutenu·e, actuellement ou par le passé, dans les perturbations que vous éprouvez liées au sommeil ? Y a-t-il une personne sur qui compter pour vous épauler dans ce combat ?
- Êtes-vous confiant·e quant à la résolution de vos problèmes liés au sommeil ?

Imagination et pensée visuelle

- Votre imagination est-elle : (a) sauvage et libre comme l'air ; (b) créative ; (c) moyenne ? À moins que vous ne vous considériez absolument pas comme une personne créative ?
- Lors des méditations guidées ou des voyages auditifs, visualisez-vous ce que l'on vous décrit ou l'expérience demeure-t-elle au stade auditif ?
- Si vous fermez les yeux et visualisez une pomme, l'imaginez-vous clairement ?
- Êtes-vous un·e rêveur·euse éveillé·e ?
- Vous considérez-vous comme une personne créative ou artistique ?

Félicitations, vous venez de terminer le questionnaire du sommeil ! Vos réponses vous permettront une meilleure compréhension du type de dormeur·euse et de rêveur·euse que vous êtes actuellement. Prenez le temps de réfléchir à la richesse et à l'unicité de vos expériences nocturnes. Le sommeil est un filon de votre conscience au potentiel infini.

Vos réponses au questionnaire, tout à fait personnelles, vous aideront à choisir le programme de sommeil le plus adapté : leurs ensembles de techniques vous permettront d'accéder rapidement à un sommeil plus heureux et plus sain.

Vous trouverez ci-dessous douze types de dormeur·euse·s/rêveur·euse·s différents.

Vous vous identifierez à plus d'un type de dormeur·euse/rêveur·euse. De ce fait, vous vous retrouverez probablement dans plusieurs catégories. Mais pour l'instant, il est préférable d'en choisir seulement deux.

Parcourez la liste suivante et choisissez deux ou trois types de dormeur·euse et rêveur·euse parmi les douze types suivants.

12 types de dormeur·euse/rêveur·euse

1. Le koala endormi
2. Le hibou insomniaque
3. Le dauphin lucide
4. Le·a dormeur·euse sensuel·le
5. Le·a souffrant·e de cauchemars
6. Le·a dormeur·euse créatif·ve
7. Le·a dormeur·euse interrompu·e
8. L'amoureux·euse des siestes
9. Le·a dormeur·euse motivé·e par la santé
10. Le·a dormeur·euse au sommeil léger
11. Le·a dormeur·euse anxieux·euse ou dépressif·ve
12. Le·a dormeur·euse spirituel·le

Notez votre propre combinaison correspondant à vos types de dormeur·euse et de rêveur·euse. Après avoir répondu au questionnaire du sommeil, vous devriez pouvoir vous définir comme « un hibou insomniaque et un·e amoureux·euse de la sieste au sommeil léger » ; ou encore « un·e dormeur·euse qui a des problèmes de santé et qui souffre de cauchemars ». Ne vous inquiétez pas si votre combinaison vous semble décourageante. Ce n'est qu'un moment de votre vie – vos réponses à ce questionnaire évolueront et changeront à mesure que vous mettrez en pratique les exercices décrits dans ce livre et que votre vie nocturne trouvera la paix qu'elle mérite.

Chaque type de dormeur·euse/rêveur·euse est présenté sous la forme d'un programme de sommeil, avec mes recommandations sur les meilleures techniques pour chacun d'eux. J'ai indiqué des exercices spécifiques adaptés à chaque type afin que vous puissiez toujours vous référer à ce chapitre au fur et à mesure que vous progressez vers un sommeil serein.

Maintenant que vous connaissez votre type de dormeur·euse et de rêveur·euse, vous pouvez passer directement au programme qui vous correspond. Parmi l'ensemble d'exercices recommandés, voyez ceux qui entrent en résonance avec vous.

Ensuite, mettez en pratique au moins un ou deux exercices dès ce soir.

Programme de sommeil n° 1 : Le koala endormi

Les koalas sont les animaux dormant le plus d'heures par jour, allant jusqu'à vingt-deux heures de sommeil quotidien. Si vous aimez dormir plus que tout et aimeriez passer plus de temps au lit, ou que vous avez du mal à vous réveiller le matin et éprouvez de la fatigue pendant la journée, voici quelques exercices pour améliorer le manque de sommeil chronique.

- Si votre corps crie haut et fort « Pourquoi suis-je aussi fatigué ? », essayez l'exercice 31 : Yoga nidra – l'équilibre entre les mondes (chapitre 8). Il est dit qu'une heure de yoga nidra est aussi réparatrice que quatre heures de sommeil. Pour de meilleurs résultats, réalisez cet exercice de relaxation une vingtaine de minutes par jour.
- L'exercice 1 : Tenir un journal du sommeil (chapitre 1) vous aidera à analyser la qualité de votre sommeil et à identifier la fréquence de vos réveils nocturnes.
- Exercice 2 : Programme en 5 étapes pour une bonne nuit de sommeil (chapitre 1). Ce rituel étudié par la science devrait vous aider à vous réveiller avec plus d'énergie.
- L'exercice 57 : Postures de yoga réparatrices à faire au lit (chapitre 15) peut aussi se réaliser sur un canapé ou sur votre tapis de yoga pendant la journée si vous parvenez à libérer cinq minutes de votre temps.
- Parfois, les rêves trop mouvementés peuvent nous fatiguer. L'exercice 17 : Respiration 6-6 (chapitre 4) suivi de l'exercice 6 : Méditation présommeil (chapitre 1) peuvent aider à apaiser notre esprit et à restaurer un sommeil réparateur.
- Pour revitaliser et redynamiser votre corps fatigué si vous avez des baisses d'énergie pendant la journée, je vous invite à réaliser l'exercice 58 : Boule d'énergie guérisseuse (chapitre 15).

Cette pratique est une manière directe de mobiliser votre énergie vitale.

- L'exercice 8 : Rituel du bain aux chandelles (chapitre 2) est une merveilleuse façon d'atteindre un état serein et paisible avant d'aller dormir. Si vous n'avez pas de baignoire, pas de soucis, une douche fera tout aussi bien l'affaire. Associez-le à l'exercice 23 : *Om* dans le bain (chapitre 6) pour une combinaison cosmique.
- Si vous prenez des médicaments ou des hormones, vérifiez-en les contre-indications et prenez en compte leurs effets sur la qualité de votre sommeil. Consultez votre médecin avant d'effectuer tout changement.
- Si vous vous réveillez toujours fatigué·e alors que vous avez dormi toute la nuit, cela peut parfois être un symptôme d'apnée obstructive du sommeil, où la respiration est constamment interrompue et empêche d'entrer dans un sommeil profond et réparateur. Un·e médecin spécialiste du sommeil pourra vous aider et vous proposer un traitement si nécessaire.
- Si vous vous endormez involontairement plusieurs fois par jour ou si vous êtes constamment fatigué·e, consultez un·e médecin spécialiste du sommeil, car ce sont des symptômes de narcolepsie. La fatigue chronique peut être le signe de nombreux problèmes de santé. Prenez soin de vous dès aujourd'hui. Vous méritez d'être en bonne santé, heureux·euse et plein·e d'énergie !

Programme de sommeil n° 2 : Le hibou insomniaque

La plupart des hiboux sont nocturnes et aiment explorer l'obscurité de la nuit. Parfois, une idée brillante nous réveille au beau milieu de la nuit, éblouissant nos pensées et nous empêchant de retrouver le sommeil. Si vous mettez du temps à vous endormir, ou si vous vous réveillez pendant la nuit et n'arrivez pas à vous rendormir, essayez les exercices suivants.

- L'exercice 41 : Conseils pour se défaire de l'insomnie (chapitre 11) dresse la liste de ce qu'il faut favoriser et éviter pour arriver à dormir sereinement toute la nuit. Associez-le à l'exercice 6 : Méditation présommeil (chapitre 1) pour tranquilliser votre cerveau avant d'aller dormir.
- Vérifiez les contre-indications des médicaments, des hormones et des stimulants que vous ingérez. Certaines personnes sont extrêmement sensibles à la caféine et ne peuvent pas boire une tasse de thé ou de café à midi sans que leur sommeil s'en voie affecté.
- L'exercice 1 : Tenir un journal du sommeil (chapitre 1) vous aidera à identifier les facteurs alimentaires ou environnementaux qui pourraient influencer la qualité de votre sommeil. Consultez toujours votre médecin avant de changer votre médication. Jetez un coup d'œil à l'exercice 42 : Bien manger pour bien dormir (chapitre 11) pour adopter une bonne alimentation favorisant un sommeil paisible.
- L'exercice 2 : Programme en 5 étapes pour une bonne nuit de sommeil (chapitre 1) présente une routine scientifiquement étudiée pour favoriser un sommeil de qualité. Réalisez-le pendant au moins deux semaines pour en voir les résultats.
- Si vous vous réveillez en pleine nuit et que vous prenez longtemps à vous rendormir, essayez l'exercice 40 : Technique de libération de l'insomnie (chapitre 11) ou l'exercice 43 : Flottement pour vaincre l'insomnie (chapitre 11). Vous trouverez également utiles les exercices 20 : Méditation des battements du cœur (chapitre 4) et 44 : Massage facial et tapotements EFT (chapitre 11) pour combiner le bien-être au relâchement des émotions. Penchez-vous sur le chapitre 10 concernant les bienfaits des orgasmes pour un sommeil plus paisible.
- Si vous vous réveillez anxieux·euse, essayez quelques exercices de respiration. Il peut être intéressant de sortir du lit et de vous asseoir dans le noir pour vous concentrer uniquement sur l'apaisement de vos pensées lancinantes. L'exercice 18 : Respiration alternée (chapitre 4) vous apportera calme et sérénité.

- L'exercice 22 : Respiration de l'abeille (chapitre 6) est une merveilleuse façon de contrer l'insomnie, car ce travail respiratoire permet de créer une vibration apaisante dans le corps.
- Si vous voulez transformer vos réveils nocturnes en périodes créatives, changez de pièce afin que votre cerveau n'associe pas la chambre à l'activité éveillée. Essayez l'exercice 54 : Écriture lucide (chapitre 14) ou le 55 : Poème onirique (chapitre 14), ou encore, dessinez ou écoutez de la musique calme avant de retourner vous coucher quand vous sentirez le sommeil revenir.
- Si vous rencontrez des problèmes à l'heure de vous endormir, l'exercice 57 : Postures de yoga réparatrices à faire au lit (chapitre 15) est une merveilleuse façon apaisante de retrouver la paix dans votre corps et votre esprit.

Programme de sommeil n° 3 : Le dauphin lucide

Les dauphins ont un cerveau étonnant : un hémisphère dort et rêve, tandis que l'autre reste éveillé et alerte. Les humains n'ont pas la capacité de le faire de manière aussi drastique, mais la lucidité dans nos rêves nous rapproche de cette extraordinaire faculté. Si vous êtes un·e rêveur·euse lucide naturel·le, ou si votre intention est de gagner en lucidité, essayez les exercices suivants pour stimuler votre conscience et vous aider à expérimenter le moment magique d'éveil de la lucidité pendant le sommeil.

- Si vous souhaitez améliorer votre mémoire des rêves et renforcer votre connexion avec votre esprit endormi, essayez l'exercice 10 : Comment se souvenir de ses rêves ? (chapitre 3), et explorez la puissante passerelle hypnagogique avec l'exercice 27 : Hypnagogie lucide (chapitre 7) et le 28 : Créer une intention hypnagogique puissante (chapitre 7).
- Incubez un rêve lucide en utilisant la technique décrite dans l'exercice 12 : L'art ancestral de l'incubation des rêves (chapitre 3).

- L'exercice 31 : Yoga nidra – l'équilibre entre les mondes (chapitre 8) est un excellent exercice de lucidité permettant d'entrer directement dans un rêve lucide à partir de cet état.
- Référez-vous au chapitre 16 sur le rêve lucide afin d'y trouver quelques conseils et techniques pour vous aider à vous réveiller dans vos rêves. Vous pouvez également jouer avec l'exercice 46 : Solutions lucides imagées aux cauchemars (chapitre 12) pour gagner en lucidité.
- L'exercice 22 : Respiration de l'abeille (chapitre 6) peut être réalisé avec un mantra de lucidité tel que « Ce soir, je suis lucide dans mes rêves », afin que tout votre corps vibre avec une intention lucide. Il en va de même pour l'exercice 23 : *Om* dans le bain (chapitre 6).
- Demandez à vos animaux totems et à vos guides de vous aider à faire des rêves plus lucides. Voir l'exercice 32 : Rencontrer son animal totem (chapitre 9) et le 33 : Rencontrer son guide (chapitre 9).
- Pour les personnes souhaitant faire passer le rêve lucide à des dimensions supérieures, l'exercice 39 : Canaliser l'énergie sexuelle vers une élévation spirituelle (chapitre 10) active l'énergie de la kundalini et l'exercice 64 : Inviter la lumière lucide (chapitre 17) permet de vivre des expériences d'unicité.

Programme de sommeil n° 4 : Le·a dormeur·euse sensuel·le

Si vous réagissez bien à la musique, aux massages ou aux expériences multisensorielles, telles que les bains parfumés, essayez certains de ces exercices délicieusement relaxants pour vous aider à flotter sensuellement dans le sommeil.

- Essayez l'exercice 25 : Méditation sonore (chapitre 6), le 26 : Rêves sonores (chapitre 6), et le 24 : Portails de sommeil musicaux (chapitre 6) pour introduire des sons et des chants dans votre monde endormi.

- L'exercice 35 : Créer un autel sacré du sommeil (chapitre 9) peut être une création multisensorielle, avec de l'huile de lavande, des bougies LED ou des guirlandes lumineuses et des images ou objets paisibles et propices au sommeil.
- Consultez le chapitre sur la magie du son, qui explore la guérison par le son et le pouvoir vibratoire de l'*Om* avec l'exercice 22 : Respiration de l'abeille (chapitre 6) et le 23 : *Om* dans le bain (chapitre 6).
- Pour approfondir le lien entre votre sensualité et le sommeil, essayez l'exercice 37 : Imaginer son énergie sexuelle en animal (chapitre 10) et l'exercice 38 : Incuber un rêve érotique (chapitre 10).
- Pour vous détendre avant de vous endormir, essayez l'exercice 8 : Rituel du bain aux chandelles (chapitre 2), faisant voyager à travers les sens, suivi de l'exercice 44 : Massage facial et tapotements EFT (chapitre 11), ainsi que l'exercice 20 : Méditation des battements du cœur (chapitre 4).
- Créez un nid douillet dans votre maison pour faire place aux siestes. Voir l'exercice 29 : Une sieste en or (chapitre 8) et l'exercice 30 : Créer un nid en yoga nidra (chapitre 8).
- Laissez-vous tenter par de délicieux en-cas favorisant le sommeil avec l'exercice 42 : Bien manger pour bien dormir (chapitre 11).
- Adoptez le travail respiratoire comme méditation apaisante avant d'aller dormir avec l'exercice 17 : Respiration 6-6 (chapitre 4) et la pratique 18 : Respiration alternée (chapitre 4). Ces techniques purificatrices permettent d'accueillir un sommeil vraiment réparateur.

Programme de sommeil n° 5 : Le·a souffrant·e de cauchemars

Que vous fassiez des cauchemars récurrents, des rêves angoissants ou stressants, il est important de savoir que vous pouvez changer votre vie onirique pour le meilleur. Mieux encore, vous pouvez exploiter le puissant potentiel créatif et guérisseur de ces rêves en travaillant dessus. Si vos cauchemars vous affaiblissent et vous traumatisent, consultez un·e thérapeute qualifié·e qui vous aidera à résoudre les problèmes sous-jacents avec un accompagnement personnalisé.

- Gardez une trace de vos cauchemars, de leurs thèmes, du moment où ils se produisent et de votre humeur, ainsi que tout lien avec les événements quotidiens, les facteurs de stress ou le régime alimentaire, afin de pouvoir repérer des schémas. Trouvez quelques conseils dans l'exercice 11 : Succomber au charme du journal des rêves (chapitre 3) et dans l'exercice 1 : Tenir un journal du sommeil (chapitre 1).
- Libérez-vous de vos peurs et détendez-vous avant de vous coucher grâce à l'exercice 5 : Journal des inquiétudes (chapitre 1), à l'exercice 6 : Méditation présommeil (chapitre 1) et à un travail de respiration tel que l'exercice 17 : Respiration 6-6 (chapitre 4). L'exercice 4 : Changer sa manière de penser (chapitre 1) vous aidera à calmer les pensées négatives ou les peurs liées au sommeil. L'exercice 7 : Le sommeil est un merveilleux animal (chapitre 2) peut vous aider à reconsidérer le sommeil et à adopter une approche bénéfique de votre nuit, tout comme l'exercice 9 : Transformer sa nuit de sommeil en mini-vacances (chapitre 2).
- Pour travailler sur vos cauchemars de manière à les apaiser et à jouer avec des solutions créatives, essayez l'exercice 46 : Solution lucide imagée aux cauchemars (chapitre 12).
- Déchiffrez le langage symbolique des rêves pour aller au cœur de vos cauchemars avec l'exercice 13 : Sept questions pour comprendre ses rêves (chapitre 3).
- Les chapitres 12 et 13 de ce livre sont consacrés aux cauchemars et aux expériences effrayantes du sommeil. Jetez-y un coup d'œil et apprenez-en plus sur vous-même grâce à l'exercice 45 : Qui sommes-nous dans nos cauchemars ? (chapitre 12).
- Si vous souffrez de paralysie du sommeil (vous vous sentez pris·e au piège et êtes dans l'incapacité de bouger) ou de terreurs nocturnes (lorsque vous vous agitez et criez), essayez l'exercice 48 : Bouée de sauvetage pour les paralysies du sommeil (chapitre 13)

et l'exercice 49 : Conseils pour réduire les terreurs nocturnes (chapitre 13).

- Prenez le contrôle de vos rêves en vous entourant de guides et d'animaux totems grâce à l'exercice 33 : Rencontrer son guide (chapitre 9) et l'exercice 32 : Rencontrer son animal totem (chapitre 9). Ensuite, essayez l'exercice 34 : Honorer ses guides et ses animaux totems (chapitre 9).
- Il existe une merveilleuse protection à utiliser à n'importe quel moment, à n'importe quel endroit – y compris dans un rêve – que vous retrouverez dans l'exercice 50 : Œuf de lumière (chapitre 13).

Programme de sommeil n° 6 : Le·a dormeur·euse créatif·ve

Si vous êtes d'un naturel imaginatif ou artistique, le programme suivant offre de magnifiques moyens créatifs de se connecter au monde du sommeil et des rêves.

- L'exercice 47 : Jouer avec les réponses créatives des cauchemars (chapitre 12) peut être adapté à n'importe quel rêve que vous aimeriez comprendre plus profondément ou explorer à des fins créatives, comme une idée d'histoire.
- Amusez-vous à compiler de la musique pour vous endormir, comme dans l'exercice 61 : Créer une playlist de lucidité (chapitre 16).
- Les personnes imaginatives ont tendance à visualiser facilement. Si vous souhaitez explorer des états de conscience fascinants, essayez l'exercice 51 : Comment obtenir une expérience extracorporelle ? (chapitre 13).
- Rencontrez vos animaux totems et vos guides grâce à l'exercice 33 : Rencontrer son guide (chapitre 9) et l'exercice 32 : Rencontrer son animal totem (chapitre 9) ou concentrez-vous sur le sommeil avec l'exercice 7 : Le sommeil est un merveilleux animal (chapitre 2).

- Votre journal des rêves est peut-être le livre le plus important que vous ayez jamais écrit. Mélangez la microfiction, l'écriture lucide et les poèmes avec le monde fantastique des rêves, et vous obtiendrez une création unique. Essayez l'exercice 54 : Écriture lucide (chapitre 14) et le 55 : Poème onirique (chapitre 14).
- Vous trouverez peut-être l'exercice 63 : Bilan de vie (chapitre 17) particulièrement utile si vous avez beaucoup d'imagination.
- Votre esprit rêveur est un génie créatif. L'exercice 52 : Incuber un rêve créatif (chapitre 14) peut vous mener directement au cœur de votre créativité, tout comme le rêve lucide, traité au chapitre 16.

Programme de sommeil n° 7 : Le·a dormeur·euse interrompu·e

Il existe des tonnes de raisons pour lesquelles le sommeil peut être interrompu, que ce soit un bébé qui pleure ou un·e enfant qui fait un mauvais rêve, le bruit de la rue, l'envie de faire pipi ou une bouffée de chaleur due à la ménopause ou à l'andropause. Si votre sommeil est régulièrement perturbé pour quelque raison que ce soit et que vous peinez à vous rendormir, essayez les exercices suivants.

- La respiration est le moyen le plus rapide de calmer le système nerveux et de ralentir la course des pensées. Essayez l'exercice 22 : Respiration de l'abeille (chapitre 6) ou l'exercice 6 : Méditation présommeil (chapitre 1) avec le mantra « Je dors paisiblement ». Poursuivez avec la pratique 20 : Méditation des battements du cœur (chapitre 4).
- Si une perturbation vous oblige à sortir du lit, profitez-en pour faire un peu de yoga avec l'exercice 15 : Posture de la montagne (*Tadasana*) ou le 16 : Méditation marchée (chapitre 4). Même une quinzaine de secondes de paix dans une posture de yoga peut apporter du calme à l'esprit.

- Le yoga peut être pratiqué sans avoir à sortir du lit. Essayez l'exercice 57 : Postures de yoga réparatrices à faire au lit (chapitre 15) avec un massage apaisant du visage, comme dans l'exercice 44 : Massage facial et tapotements EFT (chapitre 11).
- Un chapitre entier est consacré à l'insomnie et à la manière de retrouver le sommeil. Consultez-le pour découvrir des techniques telles que l'exercice 43 : Flottement pour vaincre l'insomnie (chapitre 11) et l'exercice 40 : Technique de libération de l'insomnie (chapitre 11).
- Si vous souhaitez apprendre à faire des rêves lucides, une interruption naturelle de votre nuit de sommeil (par exemple, pour aller aux toilettes) peut s'avérer être le moment idéal pour replonger consciemment dans vos rêves. Essayez l'exercice 60 : Se réveiller, se recoucher, au chapitre 16 et le 27 : Hypnagogie lucide (chapitre 7).
- L'exercice 31 : Yoga nidra – l'équilibre entre les mondes (chapitre 8) est une pratique méditative apaisante à laquelle vous pouvez vous adonner chaque fois que votre sommeil est interrompu.

Programme de sommeil n° 8 : L'amoureux·euse des siestes

La sieste est l'un des plus grands luxes de la vie. Il n'est pas nécessaire qu'elle dure bien longtemps, une vingtaine de minutes suffisent. Commencez la sieste au plus tard à 15 h afin qu'elle ne vous empêche pas de vous endormir à l'heure habituelle le soir même. Pour profiter de tous ses bienfaits et de ses moments de bonheur, essayez les exercices suivants.

- Combinez votre sieste avec un voyage fascinant à travers l'imaginaire et les sensations présommeil en utilisant l'exercice 27 : Hypnagogie lucide (chapitre 7), et penchez-vous sur l'exercice 29 : Une sieste en or (chapitre 8) pour une merveilleuse entrée en matière.

- Twistez votre sieste avec l'exercice 25 : Méditation sonore (chapitre 6) pour vous plonger dans les bienfaits de la sieste. Vous pouvez aussi essayer l'exercice 61 : Créer une playlist de lucidité (chapitre 16), soit pour inviter un rêve lucide à votre sommeil, soit simplement pour servir de fond sonore pendant la sieste.
- La sieste est le moment idéal pour une forme de méditation ancestrale décrite dans l'exercice 31 : Yoga nidra – l'équilibre entre les mondes (chapitre 8). Combiné à la pratique 30 : Créer un nid de yoga nidra (chapitre 8), vous aurez tous les ingrédients pour une parenthèse magique.
- Pour pimenter votre sieste, vous pouvez expérimenter l'exercice 38 : Incuber un rêve érotique (chapitre 10). Vous pouvez modifier cette pratique pour inviter n'importe quel type de rêve, comme voler dans les cieux, rencontrer un animal de compagnie bien-aimé décédé ou un rêve de guérison.
- Si vous êtes déjà un·e habitué·e de l'exercice 11 : Succomber au charme du journal des rêves (chapitre 3), vous pouvez noter vos rêves dans votre journal après la sieste ou essayer l'exercice 54 : Écriture lucide (chapitre 14) pour des moments de réflexion personnelle et de créativité. La sagesse jaillit pendant la sieste.

Programme de sommeil n° 9 : Le·a dormeur·euse motivé·e par la santé

Les douleurs chroniques et d'autres problèmes de santé peuvent rendre presque impossible le fait de dormir toute la nuit d'une traite. Or, lorsque nous manquons de temps pour baigner dans l'élixir de guérison du sommeil profond, notre corps a du mal à se rétablir. C'est un cercle vicieux. Essayez l'un de ces exercices dès ce soir. Le meilleur moment pour commencer à guérir, c'est maintenant. Puis essayez les autres pratiques à votre guise pour voir lesquelles résonnent en vous, mais engagez-vous à en faire au moins une chaque soir. Le chapitre 11 axé sur l'insomnie propose des techniques utiles pour se rendormir si des douleurs ou d'autres symptômes vous réveillent la nuit.

Si vous prenez des médicaments, vérifiez les contre-indications pour vous assurer qu'ils ne perturbent pas votre sommeil. Il arrive que la prise de ces médicaments plus tôt dans la journée puisse aider à ne pas altérer la qualité de votre sommeil. Consultez votre médecin avant de changer votre traitement.

- L'exercice 58 : Boule d'énergie guérisseuse (chapitre 15) peut impacter merveilleusement le sommeil en la réalisant avant de vous coucher. Vous pouvez toutefois la réaliser à tout moment de la journée.
- Le travail de respiration aide le corps et l'esprit à se calmer et à se rééquilibrer. Ma pratique préférée pour un sommeil réparateur est l'exercice 22 : Respiration de l'abeille (chapitre 6). Combinez-le avec un mantra de guérison.
- Les rêves et les cauchemars peuvent nous aider à comprendre un problème de santé et proposer des solutions. Essayez l'exercice 56 : Identifier les potentielles maladies grâce au rêve (chapitre 15) et l'exercice 13 : Sept questions pour comprendre ses rêves (chapitre 3).
- Libérez les émotions et les tensions tout en restant bien au chaud sous les couvertures avec l'exercice 44 : Massage facial et tapotements EFT (chapitre 11) et l'exercice 57 : Postures de yoga réparatrices à faire au lit (chapitre 15). Terminez votre rituel avec l'exercice 31 : Yoga nidra – l'équilibre entre les mondes (chapitre 8).
- Introduisez la guérison par le son dans votre processus de bien-être avec l'exercice 25 : Méditation sonore (chapitre 6) et le 21 : Lier un son à une intention (chapitre 6). Vous pouvez les combiner à l'exercice 35 : Créer un autel sacré du sommeil (chapitre 9), en mettant l'accent sur les objets et les images de guérison. Incorporer des rituels de bien-être dans votre routine avant d'aller dormir est un excellent moyen de commencer votre voyage vers le sommeil.
- Soutenez votre niveau naturel de somnolence avec des collations du soir riches en mélatonine, l'hormone du sommeil.

L'exercice 42 : Bien manger pour bien dormir (chapitre 11) présente les aliments qui facilitent le sommeil.

- L'énergie sexuelle est une force primaire. Lorsqu'elle est équilibrée, elle favorise la santé. L'exercice 37 : Imaginer son énergie sexuelle en animal (chapitre 10) peut vous aider à vous accorder à l'énergie vitale de la kundalini. L'exercice 36 : Reprogrammer les croyances sexuelles inconscientes (chapitre 10) et l'exercice 4 : Changer sa manière de penser (chapitre 1) pourraient également vous intéresser.
- Vous trouverez toujours une main tendue dans vos rêves, qu'elle soit sous forme d'un guide ou d'un animal. Penchez-vous sur l'exercice 33 : Rencontrer son guide (chapitre 9) et le 32 : Rencontrer son animal totem (chapitre 9).

Programme de sommeil n° 10 : Le·a dormeur·euse au sommeil léger

Avoir un sommeil léger présente des avantages. Vous vous souviendrez peut-être plus facilement de vos rêves que les personnes qui dorment très profondément et vous aurez plus de facilité à faire des rêves lucides. Mais avoir le sommeil léger peut aussi signifier que vous êtes très sensible au bruit, à la lumière et au changement de position de votre conjoint·e. Vous avez peut-être également du mal à vous rendormir après un réveil nocturne. La bonne nouvelle, c'est que quelques petits changements suffisent généralement à améliorer la qualité de votre sommeil, à réduire le nombre de réveils et à faciliter le retour au sommeil. Essayez ces exercices, et portez un masque de sommeil ou des bouchons d'oreille si votre chambre est trop lumineuse ou trop bruyante.

- Tout d'abord, aménagez votre chambre à coucher pour un sommeil réparateur grâce à l'exercice 3 : Aménager sa chambre (chapitre 1) et l'exercice 35 : Créer un autel sacré du sommeil (chapitre 9).

- C'est en ressentant une bonne fatigue, comme après une activité sportive, et en l'accompagnant avec un bain apaisant avant le coucher que nous nous offrons les meilleures chances de dormir paisiblement. Essayez l'exercice 8 : Rituel du bain aux chandelles (chapitre 2) et l'exercice 9 : Transformer sa nuit de sommeil en mini-vacances (chapitre 2).
- Pour retrouver le sommeil après un réveil nocturne, référez-vous au chapitre sur l'insomnie, en particulier l'exercice 40 : Technique de libération de l'insomnie (chapitre 11), l'exercice 18 : Respiration alternée (chapitre 4) ainsi que l'exercice 19 : Posture du cadavre (*Savasana*) du chapitre 4.
- L'exercice 14 : Mantra des rêves (chapitre 3) est une technique courte, mais efficace pour réduire le flux mental invasif des pensées en concentrant l'esprit sur les bienfaits du sommeil.
- L'exercice 57 : Postures de yoga réparatrices à faire au lit (chapitre 15) peut être combiné avec l'exercice 44 : Massage facial et tapotements EFT (chapitre 11) pour vous aider à vous détendre et à vous endormir.
- Si vous souhaitez apprendre à faire des rêves lucides ou inviter plus de lucidité dans vos rêves, essayez l'exercice 27 : Hypnagogie lucide (chapitre 7) lorsque vous vous réveillez la nuit, combiné à l'exercice 28 : Créer une intention hypnagogique puissante (chapitre 7). Vous pouvez également essayer l'exercice 60 : Se réveiller, se recoucher, au chapitre 16, sans pour autant sortir du lit.

Programme de sommeil n° 11 : Le·a dormeur·euse anxieux·euse ou dépressif·ve

Le sommeil peut être tout sauf réparateur pour les personnes souffrant de dépression ou d'anxiété. Quel épuisement de se battre pour s'endormir, de se réveiller la nuit dans une angoisse sans nom ou de rester éveillé pendant des heures ! Si vous faites des cauchemars ou si vous passez vos nuits à angoisser, consultez votre médecin et vérifiez les contre-indications de votre médication, car certains peuvent provoquer des cauchemars. Il est toujours temps d'améliorer la qualité de votre sommeil. Vous pouvez agir dès ce soir. Pourquoi ne pas tenter l'expérience ? Voici quelques exercices qui vous aideront à découvrir ce qui vous convient le mieux :

- Pour identifier et transformer vos préoccupations liées au sommeil, essayez l'exercice 4 : Changer sa manière de penser (chapitre 1) et l'exercice 7 : Le sommeil est un merveilleux animal (chapitre 2). Prenez l'habitude de noter vos rêves pour mieux les comprendre en réalisant l'exercice 11 : Succomber au charme du journal des rêves (chapitre 3).
- Avant de dormir, faites un exercice d'ancrage et sentez-vous en sécurité et protégé·e en le combinant à la pratique 35 : Créer un autel sacré du sommeil (chapitre 9) et à l'exercice 50 : Œuf de lumière (chapitre 13). Ensuite, terminez votre rituel avec l'exercice 6 : Méditation présommeil (chapitre 1).
- Favorisez une descente en douceur vers le sommeil avec une collation du soir riche en mélatonine, l'hormone du sommeil, en suivant les conseils de l'exercice 42 : Bien manger pour bien dormir (chapitre 11).
- Les sons du gong soulagent les maux de la dépression et harmonisent l'énergie du corps. Le chapitre sur la magie du son propose des techniques faciles de guérison par le son, comme l'exercice 25 : Méditation sonore (chapitre 6).
- Pour rendre le sommeil plus agréable et réduire toute tendance à ruminer vos soucis, vous pouvez essayer l'exercice 38 : Incuber un rêve érotique (chapitre 10). Cette technique peut s'adapter au rêve de votre choix, que ce soit un voyage dans le temps ou une balade à dos de dauphin. Une aventure onirique est peut-être ce qu'il vous faut !
- Accueillez les pouvoirs protecteurs des rêves avec l'exercice 32 : Rencontrer son animal totem (chapitre 9) et le 33 : Rencontrer son guide (chapitre 9).
- Nous sommes les créateur·rice·s de notre propre histoire mentale, et nous avons toujours le choix de nos réactions face aux

épreuves de la vie. L'exercice 47 : Jouer avec les réponses créatives des cauchemars (chapitre 12) nous rappelle la souplesse dont nous pouvons faire preuve dans nos réactions face aux événements sur notre chemin.

- Si vous vous réveillez la nuit avec la tête pleine de soucis, pensez à essayer l'exercice 50 : Œuf de Lumière (chapitre 13), en prenant des respirations lentes et profondes et en amenant de puissantes forces de guérison dans votre œuf sous forme de personnes, d'animaux ou de guides tendres et aimants.
- Envoyez-vous de l'amour chaque fois que vous voyez votre reflet dans un miroir. Vous êtes unique, précieux·euse et doué·e. Vous méritez le bonheur. Il y a une raison pour laquelle vous êtes ici, en train de vivre cette vie. Prenez soin de vous et offrez-vous un moment de détente chaque fois que vous le pouvez, comme l'exercice 44 : Massage facial et tapotements EFT (chapitre 11), ou l'exercice 58 : Boule d'énergie guérisseuse (chapitre 15), qui apporte des images de rêve de guérison dans chacune de nos cellules et est incroyablement bénéfique pour l'esprit, le corps et l'âme.

Programme de sommeil n° 12 : Le·a dormeur·euse spirituel·le

Le sommeil est une pratique spirituelle – ou peut l'être, en nous ouvrant à une initiation à ses mystères les plus profonds. Si vous désirez évoluer spirituellement et découvrir la nature ultime du monde endormi, les exercices suivants sauront vous orienter dans la bonne direction.

- L'une des pratiques les plus amusantes et efficaces que j'ai découvertes par hasard il y a plusieurs années est l'exercice 23 : *Om* dans le bain (chapitre 6). Ces vibrations aquatiques peuvent vous emmener dans un espace d'émerveillement et d'unité interconnectée sans égal. Cet exercice est idéal avant d'aller se coucher, pour un moment de relaxation et inviter les rêves lucides.

- L'exercice 58 : Boule d'énergie guérisseuse (chapitre 15) est une pratique spirituelle à intégrer à votre routine avant de vous coucher ou tôt le matin. Elle permet d'entrer en contact avec le *prana*, ou force vitale.
- Si la kundalini vous intéresse, essayez l'exercice 39 : Canaliser l'énergie sexuelle vers une élévation spirituelle (chapitre 10).
- Pour un petit morceau de paradis au quotidien, accueillez la méditation ancestrale de l'exercice 31 : Yoga nidra – l'équilibre entre les mondes (chapitre 8), que ce soit dans le cadre d'une sieste diurne ou en guise de prélude au sommeil nocturne.
- Pour ouvrir le portail vers le monde époustouflant du rêve lucide et des expériences extracorporelles, essayez l'exercice 59 : Sept conseils pour faire un rêve lucide (chapitre 16) ainsi que les autres exercices du même chapitre. Vous pouvez également complémenter votre routine avec l'exercice 27 : Hypnagogie lucide (chapitre 7) et l'exercice 51 : Comment obtenir une expérience extracorporelle ? (chapitre 13).
- Pour libérer les peurs ou les blocages qui vous retiennent, engagez-vous dans la pratique 63 : Bilan de vie (chapitre 17) pour porter un regard lucide sur la façon dont vous vivez votre vie et sur ce qui doit être modifié. Vous pourrez alors affiner vos capacités au changement positif avec l'exercice 21 : Lier un son à une intention (chapitre 6).
- Pour vous embrasser dans votre entièreté et comprendre la danse de la vie et de la mort, essayez l'exercice 62 : Rejoindre ses ancêtres ou ses défunts dans ses rêves (chapitre 17), et plongez dans votre nature divine avec la pratique 64 : Inviter la lumière lucide (chapitre 17).

Ce livre comporte une annexe contenant un modèle de programme de sommeil inédit, que vous pouvez remplir avec votre propre routine sur mesure. Vous pouvez le remplir rapidement et facilement en choisissant des exercices correspondant au type de dormeur·euse/rêveur·euse que vous êtes et en les combinant dans un programme qui reflète vos besoins.

Votre programme personnel de sommeil peut et doit être modifié et complété à tout moment au fil de vos progrès. Ne vous forcez jamais à poursuivre une technique qui vous ennuie. Privilégiez plutôt celles qui vous inspirent. Expérimentez avec un esprit ouvert pour découvrir la combinaison d'exercices qui vous convient le mieux à ce stade de votre vie.

Dans la deuxième partie de ce livre, nous nous pencherons sur les merveilleux portails du sommeil. Nous explorerons le son, la sexualité, les siestes, les animaux totems et la zone liminale de l'hypnagogie, et vous découvrirez de nouvelles façons d'approfondir votre relation avec le sommeil.

PARTIE II

LES PORTAILS DU SOMMEIL

CHAPITRE 6
LA MAGIE DU SON

Tout est vibration. Lorsque nous rêvions dans le ventre de notre mère, nous vibrions déjà. En passant de la taille d'un noyau de cerise à celle d'une cacahuète, et de la taille d'une prune à celle d'un poivron, nous baignions dans la vibration. Nous ressentions les battements du cœur de notre mère comme une vibration pure, créant des ondulations dans le liquide amniotique et pulsant à travers nous au fil de notre croissance. Puis nos oreilles se sont développées, c'est alors que nous avons commencé à entendre, plus qu'à ressentir, les *battements du cœur*. Les vibrations sonores étaient la bande-son naturelle de notre existence *in utero*.

En un sens, nous vivons sur une planète sonore. Le Big Bang s'est accompagné d'un bruit cosmique, et certaines traditions spirituelles pensent que le son est lié à la création de l'Univers. Dans l'Inde ancienne, les Védas sont les plus anciennes écritures de l'hindouisme. Le son fondamental de la création y est décrit comme le bourdonnement de l'énergie vibrante. *Aum*, ou *Om*, est considéré comme le son sacré, l'essence de la conscience cosmique, la vibration à partir de laquelle l'Univers et toute la vie ont été créés[1].

1. Goldman et Goldman, *The Humming Effect*, 82-83.

Les sons cosmiques de la relaxation

Le champ magnétique terrestre pulse à une fréquence de 7,83 hertz. Cette fréquence naturelle est appelée résonance de Schumann. Parfois connues sous le nom de « champs magnétiques terrestres », ces résonances correspondent aux cinq états des ondes cérébrales humaines : alpha, bêta, delta, thêta et gamma. Il est possible de synchroniser les ondes cérébrales pour les faire correspondre à différentes fréquences. Les sons relaxants, tels que les résonances de Schumann ou des battements binauraux, le chant *Om* ou le fredonnement peuvent calmer et harmoniser nos ondes cérébrales. Jouer avec ces ondes est une excellente méthode pour s'endormir plus facilement ou pour apaiser l'esprit lorsqu'il nous maintient en éveil la nuit par un flot de pensées, de préoccupations et de remises en question incessantes. Voilà un problème plus que récurrent : un sondage réalisé en 2022 a montré que 81 % des États-Unien·ne·s déclarent qu'un esprit agité ou des préoccupations les ont déjà empêché·e·s de dormir correctement[1].

La plupart des grandes religions utilisent le son comme un moyen d'entrer en contact avec le divin et comme une voie vers la paix intérieure et la réflexion. Les églises et les temples du monde entier sont remplis de musique et de chants. Dans la philosophie hindoue, les vibrations sonores sont liées à différentes parties du corps ainsi qu'aux divers états de conscience. Dans la tradition bouddhiste tibétaine, la musique est un véhicule de transformation intérieure, avec des chants de transe sacrés, des gongs et le tintement de cloches.

Une certaine pratique consiste à produire un son ou un fredonnement et à utiliser ces résonances pour harmoniser notre énergie. Aujourd'hui, les bains sonores incorporant des instruments et la voix ont le vent en poupe, car nous prenons de plus en plus conscience du potentiel de guérison du son. Dans les voyages

1. Gallup Inc., *Casper-Gallup State of Sleep in America 2022 Report.*

guidés de rêves lucides et les méditations de yoga nidra que je crée avec un musicien, nous ajoutons des gongs et des bols tibétains pour la guérison sonore et pour transporter l'auditeur·rice à travers un portail sonore vers un rêve lucide vivant (voir www.DeepLucidDreaming.com/classes).

Guérir par le son

Le son est une pure vibration. Toute matière vibre, y compris nos organes, nos os, et les tissus. Tout a une vibration. David Gibson, fondateur du Globe Sound Healing Institute à San Francisco, pense que les émotions vibrent à des niveaux différents et que les émotions bloquées ou inexprimées peuvent conduire à des problèmes de santé ou à des cauchemars. Les sons harmonieux apaisent les émotions mouvementées et peuvent ramener le corps à une fréquence saine[1].

Les différents rythmes affectent les ondes cérébrales et le rythme cardiaque. Le corps humain est composé de 60 % d'eau[2]. Pensez à la façon dont un verre d'eau ondule lorsqu'il rencontre un son fort ou une vibration. Les sons, les vibrations et les résonances ont le même effet sur notre corps et nos ondes cérébrales. Certains sons nous aident à nous détendre et à nous harmoniser.

La guérison par le son consiste à utiliser les vibrations sonores pour équilibrer le corps, l'âme et l'esprit. Les bienfaits thérapeutiques du son sont connus depuis des millénaires et la science moderne le confirme avec des recherches sur la façon dont les ultrasons peuvent aider à réduire les tumeurs et à dissoudre les calculs rénaux[3].

1. Gibson, *The Complete Guide to Sound Healing.*
2. Sissons, « What Is the Average Percentage of Water in the Human Body ? ».
3. Gibson, *The Complete Guide to Sound Healing.*

Les sons harmonieux amorcent un repos profond et aident notre système nerveux à se rééquilibrer. Ce dernier libère des endorphines et de l'oxyde nitrique, un neurotransmetteur fondamental pour la santé. Mais il réduit également les douleurs chroniques et le stress et nous libère émotionnellement. Il abaisse la tension artérielle et améliore notre sommeil. Nous immerger dans un son harmonieux[1] active la production de mélatonine, l'hormone du sommeil, et prépare ainsi notre corps à un sommeil profond et réparateur.

Le son comme portail vers le sommeil

Le son est une énergie étonnamment puissante pour guérir l'esprit, le corps et l'âme. C'est aussi un portail vers un sommeil réparateur. Ce chapitre ne se contente pas d'énumérer les mérites de la musique pour se détendre le soir. Nous explorerons également des pratiques sonores sacrées et des techniques harmoniques ancestrales pour exploiter l'incroyable pouvoir de guérison du son et nous laisser porter par un sommeil paisible. Tout d'abord, examinons l'exercice simple, mais efficace consistant à lier un son à une intention.

Exercice 21

Lier un son à une intention

Le son est sensible à la pensée. En ce sens, ce dernier est un peu comme le monde endormi – nous pensons à quelque chose et le rêve réagit. Nous pouvons influencer le son par nos pensées, nos émotions, nos intentions, nos attentes, nos désirs et nos croyances. Nous pouvons donc lier le son à une intention de guérison.

Tout d'abord, créez un mantra court et positif, tel que « Je guéris mon corps à tous les niveaux », « Je baigne chaque cellule

1. Goldman et Goldman, *The Humming Effect*.

de mon corps dans une lumière guérisseuse » ou « J'embrasse un sommeil réparateur ». Visualisez une image de guérison pour accompagner votre mantra, comme une boule de lumière dorée guérisseuse ou une image de vous en pleine santé.

Ensuite, écoutez un son harmonieux, tel qu'un gong, une résonance de Schumann ou une musique relaxante. Tandis que vous répétez votre mantra et que vous visualisez mentalement votre image de guérison, imaginez que le son véhicule cette intention et la conduit à son terme. Visualisez la partie de votre corps comme votre hanche douloureuse, ou votre tête pour le désespoir qui envahit votre esprit, ou même votre corps tout entier si vous désirez accueillir un sommeil paisible et réparateur.

Vous êtes peut-être impatient·e à l'idée d'essayer cette technique de guérison en écoutant de la musique relaxante, mais d'abord, penchons-nous sur ce drôle d'instrument.

Un instrument hors du commun

Imaginez un instrument pas tout à fait comme les autres. Semblable à un tambour, il bat et il est couvert de peau. Mais il ressemble également à une cornemuse, qui se remplit d'air et le relâche. Pourtant, il est principalement constitué d'eau. Il possède un appareil vibratoire intégré. Il peut produire des sons aussi aigus que graves. Arrivez-vous à visualiser cet instrument hors du commun ?

Si vous n'y arrivez pas, regardez-vous dans un miroir. Ne ressemblerait-il pas à cette machine incroyable qu'est le corps humain ? Notre cœur bat toute une vie, maintenant nos entrailles aqueuses en perpétuelle vibration. Nous sommes un instrument de musique en chair et en os, une cornemuse remplie d'eau avec le son le plus étonnant qui soit : notre voix. Même si nous ne savons pas nécessairement chanter juste, nous pouvons tou·te·s être des guérisseur·euse·s sonores. Toute personne dont la boîte vocale fonctionne peut fredonner.

Mais quel est le rapport avec le sommeil ?

Fredonner pour s'endormir

Fredonner peut nous permettre de transformer notre corps en un portail sonore vibrant qui nous aide à plonger dans le sommeil et plus précisément dans un repos harmonieux, bienfaisant et réparateur. Il est dit que le fredonnement augmente la production de mélatonine, l'hormone du sommeil[1]. Lorsque nous fredonnons en harmonie avec notre respiration, notre tension artérielle diminue, notre rythme cardiaque ralentit, nous libérons des endorphines et notre système nerveux s'équilibre, favorisant un état de relaxation plus profonde.

Avez-vous déjà essayé de vous transformer en bain sonore humain en utilisant votre propre instrument vibratoire ? C'est très simple. Fredonnez sur l'expiration en vous endormant. Cela harmonise l'énergie et favorise un sommeil paisible. Cette technique existe depuis des milliers d'années, découvrez-la dans l'exercice suivant.

Exercice 22

Respiration de l'abeille

Cette technique ancestrale associe le son et les vibrations à l'énergie vitale de la respiration. La pratiquer pendant quelques minutes avant de se coucher permet d'offrir au corps ses effets harmonisants et tranquillisants favorisant un sommeil paisible. Cet exercice, *Bhramari Pranayama* en sanskrit, a été développé pour la première fois par des yogis indiens[2].

Allongez-vous dans votre lit, la lumière éteinte. Respirez profondément et fredonnez en expirant. C'est tout, rien de bien complexe dans cette pratique. Cela consiste simplement à fredonner en expirant. Explorez les tonalités pour trouver le ton le plus confortable pour vous. Pour la plupart des gens, c'est un ton légèrement plus grave que leur voix parlée.

1. Goldman et Goldman, *The Humming Effect*.
2. Goldman et Goldman, *The Humming Effect*, 83-85.

Remarquez où résonne la vibration de votre fredonnement. Vous la sentirez dans votre gorge, car c'est là que se trouve la boîte vocale, mais voyez si vous pouvez en percevoir le rayon. Jusqu'où s'étend-elle ? Jouez un peu, expérimentez. Voyez si vous pouvez déplacer cette vibration autour de votre corps. Essayez de fredonner une note aiguë en expirant. Vous la sentirez probablement vibrer derrière votre nez ou sur votre front. Maintenant, fredonnez une note légèrement plus grave, en la sentant dans votre gorge. Essayez ensuite une note encore plus basse. Pouvez-vous la sentir dans votre poitrine et dans le plexus solaire ? Essayez maintenant une note vraiment grave. Peut-être que la vibration se trouve à présent dans votre ventre ou à la base de votre colonne vertébrale. Découvrez comment votre corps réagit à votre propre bourdonnement, comme l'abeille butinant de fleur en fleur. Tout le monde est différent. Enfin, essayez les quatre sons sur une seule expiration, de l'aigu au grave, et remarquez la façon dont la vibration se déplace vers les différentes parties de votre corps.

Adoptez maintenant un rythme doux : inspirez profondément, puis fredonnez sur l'expiration. Notez les résistances ou les émotions qui se manifestent lorsque vous fredonnez, comme la colère, le soulagement, la tristesse, la joie ou la frustration. Ne vous jugez pas ; observez simplement. En continuant à fredonner, votre énergie s'harmonisera naturellement et ces sentiments ou résistances disparaîtront. Au fil de ce travail de respiration de l'abeille, vous sentirez vos expirations s'allonger. Cela montre que la méditation s'approfondit. Au fur et à mesure que votre rythme cardiaque ralentit et que votre tension artérielle diminue, vos ondes cérébrales se détendent en un magnifique rythme alpha.

C'est le moment d'ajouter une intention à votre fredonnement. Cela peut aller de « sommeil réparateur et beaux rêves » à « courage », « relations harmonieuses » ou « guérison ». Associez vos mots à une image qui représente votre intention. Laissez la vibration de votre fredonnement porter cette intention à travers votre corps et votre esprit. Le moment venu, arrêtez de fredonner et souriez, en sentant la chaleur des vibrations dans votre corps.

Vous venez de le transformer en portail sonore et vous pouvez maintenant vous détendre et dormir paisiblement.

Le pouvoir vibratoire de l'*Om*

Dans l'ancien sanskrit, le son que nous connaissons en Occident sous le nom de *Om* s'écrit et se prononce *Aum*. Il se compose de trois syllabes, chacune vibrant dans une partie du corps différente. Le son *Aa* résonne dans le nombril et est lié à l'état de veille, le *Uu* vibre dans la poitrine et le cœur et correspond à l'état de rêve, et le *Mm* vibre dans la gorge et se rapporte au sommeil profond. La pause à la fin de chaque chant d'*Aum* reflète la conscience infinie.

N'est-il pas fascinant que les principaux états de conscience que nous expérimentons chaque jour soient réunis dans ce son sacré ? Au cours de chaque cycle de 24 heures, nous sommes éveillé·e·s, nous rêvons, nous entrons dans un sommeil profond et nous faisons naturellement l'expérience de la conscience infinie dans ce que j'appelle l'intervalle entre les rêves[1]. C'est ce moment de flottement dans une lumière bienfaisante pendant notre nuit de sommeil.

L'état de lumière rayonnante est sans forme et sans rupture, de sorte que nous oublions généralement que nous en avons fait l'expérience. Néanmoins, cette conscience profonde et infinie fait partie intégrante de nous et est présente à tout moment, de jour comme de nuit. Nous accédons normalement à la conscience infinie sous la forme de ce que j'appelle la lumière lucide[2] *via* le sommeil, les états de yoga nidra, la méditation profonde ou le rêve lucide.

Il est donc plutôt logique d'intégrer l'*Aum* dans notre pratique du sommeil sacré afin d'unifier ces états de conscience et d'établir cette vibration de sommeil réparateur.

1. Johnson, *Llewellyn's Complete Book of Lucid Dreaming*, 333.
2. Johnson, *Llewellyn's Complete Book of Lucid Dreaming*, 335-37.

Exercice 23

Om dans le bain

Il est temps de prendre un bain sonore, littéralement. Élevez votre rituel de bain à un niveau cosmique en y introduisant la vibration sonore universelle *Om*. Si vous n'avez pas de baignoire, vous pouvez essayer dans la douche ou même dans une piscine. Si vous avez des problèmes de mobilité, vous pouvez réaliser ce rituel en position assise, confortablement installé·e dans votre lit et couvrir vos oreilles tout en chantant *Om*. Cela amplifie le son à l'intérieur de votre tête, ce qui donne un effet semblable à celui de chanter *Om* sous l'eau.

Faites-vous couler un bain chaud. Pendant qu'il se remplit, préparez votre esprit à la puissance guérisseuse du son. Le corps humain est composé d'environ 60 % d'eau. Lorsque nous créons des vibrations sonores dans le bain, nous créons de fortes résonances qui affectent notre corps, nos cellules et nos ondes cérébrales. Cela nous aide à harmoniser notre énergie et à guérir. C'est aussi un excellent moyen de se détendre. Une fois dans le bain, approchez votre visage le plus près possible du niveau de l'eau, sans qu'elle ne coule dans votre bouche. Si vous éprouvez une légère gêne, rappelez-vous que le son que vous produisez n'a pas d'importance, c'est la vibration du fredonnement qui compte.

Inspirez profondément, puis ouvrez la bouche et chantez *Aum* en expirant. Le son *A* vient du fond de la gorge, le *U* remplit la cavité buccale, et les lèvres se ferment doucement sur le *M* pour créer la vibration du fredonnement. Essayez plusieurs fois, en remarquant la forme du son dans votre bouche et en sentant la résonance de cette vibration dans l'eau du bain. Au fur et à mesure que vous avancez dans cette pratique, fermez les yeux et prêtez attention aux sensations dans votre corps. Vous remarquerez peut-être les vibrations du son dans une partie du corps en particulier. Méditez sur le son *Aum* et sur la pause à la fin, remarquez combien ils sont liés aux quatre principaux états de conscience, de l'état de veille à l'état de rêve, en passant par le sommeil profond et la conscience infinie. Sentez comment l'*Om* apporte une plus grande clarté à votre conscience et une plus grande sérénité à votre corps physique alors que vous flottez paisiblement dans l'eau.

Liez votre *Om* à une intention. Vous pouvez souhaiter une nuit de sommeil paisible, un souvenir des rêves les plus marquants ou une guérison. Condensez votre intention en un seul mot ou en une courte phrase, comme « sommeil paisible » ou « guérison ». Accompagnez-la d'une image qui représente votre intention, comme un·e enfant qui dort paisiblement ou une personne qui rayonne d'une lumière guérisseuse. Tout en continuant votre pratique, imaginez votre intention vibrer dans votre corps en même temps que le son. Prolongez la création de ce bain sonore bénéfique aussi longtemps que vous le souhaitez. Parfois, une seule minute suffit. D'autres fois, cinq ou dix minutes sont nécessaires. Écoutez vos sons intérieurs. Laissez-vous porter dans un état méditatif profond.

Amusez-vous ! Ce n'est pas un exercice sérieux. Jouez avec différentes tonalités et différents volumes, ou écoutez le silence de temps en temps et prêtez attention à ce qu'il produit en vous. Créez des ondulations avec vos doigts ou soufflez des bulles sous l'eau. N'hésitez pas à laisser libre cours à votre inspiration et à transformer votre *Om* en chant ! Chanter est tout ce qu'il y a de plus purificateur et stimulant.

Le soir, avant de vous endormir, éteignez la lumière et fermez les yeux. Si vous le souhaitez, couvrez doucement vos oreilles afin d'intensifier le son. Chantez *Aum* à haute voix pendant une minute ou deux, en rappelant à votre corps les sensations que vous avez ressenties dans le bain. Sentez ce flot d'énergie harmonieuse dans chacune de vos cellules. Puis, sous l'effet de votre propre vibration, plongez dans un sommeil paisible.

Les portails d'un sommeil sonore

La musique, le chant, le rythme et les vibrations font partie intégrante de la vie. Les exercices suivants ouvrent les portails musicaux du sommeil, de la méditation et du rêve sonores.

Exercice 24

Portails de sommeil musicaux

Il existe de nombreuses façons d'introduire des sons apaisants dans votre nuit de sommeil. Amusez-vous à explorer ce qui fonctionne le mieux pour vous.

Chantez-vous une berceuse au lit ou fredonnez un air relaxant qui vous met de bonne humeur et vous prépare au sommeil.

Créez une playlist de sommeil. Choisissez des chansons aux mélodies envoûtantes ou téléchargez des rythmes binauraux ou des résonances de Schumann. L'objectif est de créer une playlist, un portail musical personnalisé pour le sommeil. Expérimentez pour voir quel type de musique vous aide le plus à vous détendre et à vous endormir. Le didgeridoo vous apaise-t-il, les sons de la nature vous endorment-ils ? Tout est permis, du moment que cela vous aide à trouver un sommeil paisible. Vous pouvez lancer votre playlist pendant que vous vous brossez les dents pour vous mettre dans l'ambiance ou la jouer une fois au lit, prêt·e à plonger dans un sommeil profond.

Écoutez des méditations guidées de yoga nidra, comme celles que je propose en anglais pour un sommeil paisible (voir www.DeepLucidDreaming.com/classes). Mes client·e·s écoutent mes voyages de rêves lucides pour s'endormir, ou la nuit, pendant les périodes d'éveil, pour se replonger dans le sommeil. Ces voyages sont des portails musicaux du sommeil.

Investissez dans de bons écouteurs. Si vous vous endormez facilement sur le dos, remplacez vos écouteurs par un casque, plus volumineux, mais infiniment plus confortable et performant. Il offre une expérience sonore immersive unique et transporte dans les profondeurs du son et de la musique.

Expérimenter avec ces techniques connues pour leurs vertus curatives est un moyen fabuleux de révolutionner votre relation avec le sommeil, comme le montre l'exercice suivant.

Exercice 25
Méditation sonore

Les résonances profondes et pures peuvent inviter une relaxation profonde. Vous pouvez produire vous-même ces sons dans le cadre d'un rituel de présommeil ou d'une méditation, en tapant sur un gong ou un bol tibétain. Si vous n'en possédez pas, recherchez en ligne des enregistrements de carillons de cristal, de gongs ou de bols chantants. Les gongs aident à soulager la dépression et à harmoniser nos énergies corporelles, de sorte qu'ils peuvent devenir le parfait atout pour atteindre un sommeil profond. Je me sers d'un gong de cinquante centimètres de diamètre lors de mes méditations quotidiennes pour aligner mon énergie et élever ma conscience. Sa vibration est un excellent calmant pour l'esprit avant de dormir.

Jouez de votre bol ou de votre gong (ou écoutez un enregistrement). Fermez les yeux et respirez calmement en laissant le son vous envelopper. Essayez de repérer le moment où vous n'entendez plus les vibrations sonores. Cela devient une courte méditation en soi, qui vous ramène pleinement dans le moment présent lorsque le son s'estompe dans le silence. Répétez aussi souvent que vous le souhaitez, chaque nouvelle onde vous plongeant plus profondément dans un état de paix.

Avant de vous coucher, allongez-vous et placez un petit bol tibétain sur votre ventre. Jouez-en et, tandis que la vibration se répand dans votre corps, liez-y votre intention de faire de beaux rêves et de passer une merveilleuse nuit de sommeil paisible.

Les rêves ont leur propre paysage sonore. Lorsque nous nous accordons à ce paysage, nous approfondissons notre relation avec nous-mêmes et la nature multisensorielle du sommeil. L'exercice suivant propose des conseils pour développer les sons dans les rêves.

Exercice 26

Rêves sonores

Le sommeil, les rêves et l'état hypnagogique sont généralement améliorés par le son, bien que nous n'y prêtions pas assez attention. Cet exercice nous rappelle à l'écoute des tonalités, des sons et des vibrations de notre monde onirique.

Prêtez attention aux sons hypnagogiques. Pendant que vous vous endormez, observez les étranges images et les sensations multisensorielles de l'hypnagogie. Dans cet état cérébral hautement créatif, prêtez attention à la musique, aux vibrations de votre corps, aux fréquences, aux voix ou aux sons extérieurs. Ce sont des portails sonores individuels qui, si vous leur permettez de s'étendre, peuvent vous conduire facilement au sommeil, ou même au rêve lucide.

Prêtez attention aux rêves musicaux. Si une personne joue de la musique ou chante dans votre rêve, remarquez les paroles, le ton et la vibration que ces sons produisent dans votre cœur. Après le rêve, essayez de reproduire cette musique. Si vous n'êtes pas musicien·ne dans l'âme, fredonnez-la ou trouvez quelque chose en ligne qui vous la rappelle. C'est une façon d'honorer la musique de votre rêve et de vous offrir un autre portail sonore pour vous endormir : si la musique vous inspirait, évoquez-en le souvenir au moment de vous endormir et laissez son énergie vous transporter.

Chanter dans un rêve. Avez-vous déjà essayé ? Dans le monde endormi, nous pouvons tous et toutes avoir une magnifique voix. Toutes les voix sont possibles – vous pouvez chanter de l'opéra comme les chants mongols sans plus d'effort. J'ai déjà chanté avec puissance et frénésie dans des rêves avec une voix éblouissante. La voix onirique ne connaît pas de limites. Elle émet des vibrations pouvant complètement transformer l'énergie du rêve. Chanter dans un rêve lucide crée souvent des images incroyables, comme des boules de lumière dorées ou une pluie d'étoiles.

Prêtez attention aux instruments dans vos rêves. Lesquels apparaissent dans votre monde onirique ? Lorsque j'ai commencé à écrire ce livre, j'ai rêvé que je montais un escalier en colimaçon qui était en fait un énorme piano. Je pouvais jouer sur les touches en sautant sur les marches et voir le mécanisme des marteaux et des cordes se déplacer avec les notes. Les instruments dans les rêves peuvent apparaître sous des formes totalement improbables, comme dans mon rêve de piano-escalier, où nous imaginons des instruments qui n'existent pas (encore). Dans un autre rêve lucide que j'ai fait à la même époque, j'étais assise à l'intérieur d'un gong en forme de goutte d'or. Lorsque l'on tapait dessus, des vibrations m'enveloppaient de tous les côtés, m'élevant dans un état d'euphorie.

Agissez dans la vie éveillée pour honorer les instruments dont vous rêvez. Cela peut être une petite action, comme monter un escalier en tapant sur la rampe pour recréer la sensation du piano et de l'escalier, ou dessiner l'instrument dont vous avez rêvé. Si vous rêvez de saxophone, écoutez des morceaux avec l'instrument en question. En prenant des mesures pour honorer la musique de nos rêves, nous en intégrons l'énergie dans notre vie éveillée.

Dans ce chapitre, nous avons exploré le son comme un portail vibratoire à travers lequel nous pouvons facilement flotter vers un repos divin. Le son et les vibrations peuvent grandement améliorer le rituel sacré du sommeil et vous relier à votre intelligence inconsciente pour un sommeil plus paisible et guérisseur. Je vous invite à adopter un sommeil sain et à profiter de l'harmonie, de la joie et des vertus guérisseuses qu'il apporte. Prenons maintenant une profonde respiration et plongeons dans l'excitant portail hypnagogique, le voyage ensauvagé que nous faisons chaque fois que nous nous endormons.

CHAPITRE 7

LE PORTAIL ENSAUVAGÉ DE L'HYPNAGOGIE

Quel est le point commun entre les sensations et les images suivantes ? Une noix géante, aussi plissée et complexe qu'un cerveau humain. L'impression de tomber du bord d'une falaise. Des cliquetis, comme si une personne claquait des doigts à côté de votre oreille. Des lumières dorées et brumeuses qui tournent au ralenti. Un clown dansant sur une fleur jaune. Des formes géométriques qui avancent et reculent. Des voix lointaines. La sensation de flotter comme une plume dans la brise.

Si une personne venait à rapporter ces images et sensations à un·e médecin sans préciser le moment exact où elles se sont produites, il ne serait pas étonnant de voir le·a médecin diagnostiquer des hallucinations, des dissociations, et même des psychoses. Mais si le moment est précisé comme étant celui où la personne s'endort, alors le·a médecin serait immédiatement capable de distinguer l'état hypnagogique.

Hypnagogie vient des mots grecs *hypnos*, qui signifie « sommeil », et *agogos*, qui signifie « conduire » : « conduire au sommeil ». L'hypnagogie peut être simplement définie comme une expérience sensorielle avant le sommeil. Nous fermons les yeux et le rideau se lève sur une nouvelle nuit de repos. Notre théâtre du sommeil commence par un spectacle étrange et surréaliste.

Prêtez attention à ce qui se passe réellement pendant que vous vous endormez, lors de ces minutes étranges et merveilleuses entre le monde de l'éveil et celui des rêves. Dans l'état hypnagogique, lorsque notre esprit succombe au sommeil, tout est possible. Il existe des millions d'images hypnagogiques et tout autant de sensations somatiques différentes. Votre hypnagogie ne sera jamais exactement comme celle de quelqu'un·e d'autre.

Le plus incroyable, c'est que nous faisons tous et toutes l'expérience de l'hypnagogie chaque fois que nous nous endormons. Mais la plupart du temps, nous ne le remarquons pas, car nous ne sommes tout simplement plus lucides. Pourtant, l'hypnagogie mérite d'être remarquée. Elle met en lumière la nature de l'esprit : en perpétuel mouvement, sensible à la pensée et infiniment créatif. Se lier d'amitié avec l'état hypnagogique nous permet de découvrir un merveilleux tremplin vers la guérison intentionnelle, les expériences spirituelles et un sommeil paisible. S'offre à nous l'opportunité de nous connecter à notre génie intérieur et d'accéder aux richesses de l'intelligence onirique.

Dans ce chapitre, nous verrons l'hypnagogie comme le point de départ d'un voyage sacré rempli de cadeaux, le voyage vers le sommeil.

Les six états de l'hypnagogie

Avant tout, mettons en lumière les merveilles que peut inviter l'état hypnagogique. C'est un état extrêmement instable, en constante évolution. Le simple fait d'observer attentivement l'hypnagogie devient une pratique profonde de la pleine conscience. En amenant notre conscience à cet état, de puissantes passerelles s'ouvrent vers la créativité, la guérison et les expériences spirituelles.

L'hypnagogie est l'un de mes états de conscience préférés, et je l'explore en toute lucidité chaque fois que je le peux, que ce soit au moment de la sieste ou la nuit avant de m'endormir. Observer l'hypnagogie permet de comprendre précisément comment se construisent les rêves. Des lumières vacillantes aux images aléatoires en passant par les scènes émotionnelles multisensorielles vibrantes et séduisantes, nous sommes là à chaque étape du processus. C'est de la pure magie.

Au fil de mes années d'expérience, j'ai identifié six étapes de l'hypnagogie visuelle[1]. En observant calmement ces étapes, nous pouvons parvenir à rester conscient·e·s et lucides, tout au long du processus d'endormissement, nous permettant ainsi d'entrer directement dans un rêve lucide.

1. *Hypnagogie sans forme :* semblable à un tableau lumineux sous les paupières.
2. *Formes de lumières initiales :* telles que des étincelles ou des globes lumineux.
3. *Images statiques bidimensionnelles :* d'étranges images brèves, des flashs de formes géométriques et de visages improbables.
4. *Morphose bidimensionnelle :* les images se fondent entre elles et passent constamment de la 2D à la 3D et vice-versa. Les secousses hypniques, qui consistent à se réveiller soudainement avec une secousse physique, peuvent survenir lorsque le corps se détend dans cette phase.
5. *Apparition des images tridimensionnelles en mouvement :* c'est comme regarder un film surréaliste que nous pouvons influencer par la pensée. Certaines personnes rapportent également entendre de la musique, des voix ou de forts bourdonnements. Elles peuvent éprouver des sensations de flottement ou de chute. Le corps physique n'est généralement plus perçu et le processus d'endormissement est déjà bien avancé.
6. *Toutes les images tridimensionnelles sont en mouvement :* dès que ces scènes en trois dimensions englobent la perception du·de la rêveur·euse et se stabilisent, le rêve (lucide) peut commencer.

Ces six étapes de l'hypnagogie visuelle peuvent varier d'une personne à l'autre. Parfois, nous manquons les premières étapes

1. Johnson, *Llewellyn's Complete Book of Lucid Dreaming*, 48-50.

et ne prenons conscience de la situation qu'à l'un des stades ultérieurs. D'autres fois, nous avons l'impression de ne dépasser que rarement les deux premières étapes avant de perdre notre lucidité et de nous endormir. Parfois, nous passons d'un état à l'autre ou nous nous réveillons en sursaut. La patience et la stabilité de l'esprit sont les clés de l'observation hypnagogique. Les images qui apparaissent à ce stade du sommeil sont nos propres créations uniques et originales. Certaines personnes peuvent ressentir une hypnagogie auditive (sons, voix, bourdonnements) plus que des images visuelles. D'autres peuvent ressentir des odeurs ou des sensations physiques, telles que chuter, vibrer, tourner ou s'envoler. Partez à l'aventure dans votre propre voyage hypnagogique.

L'hypnagogie a un jumeau, l'état transitoire que nous traversons plusieurs fois par nuit : l'hypnopompie. Du grec *pompē*, qui signifie « envoyer au loin », l'hypnopompie se produit lorsque nous nous réveillons. Ces expériences sensorielles après le sommeil peuvent inclure des images en trois dimensions flottant dans la pièce, ce qui peut sembler inquiétant de prime abord, car elles sont très réalistes. Mais ces images disparaissent en un instant dès lors que nous nous réveillons petit à petit. L'hypnopompie est un état cérébral très créatif dans lequel nos capacités associatives sont très fortes. Tout comme l'hypnagogie, l'hypnopompie est l'un des meilleurs moments de conscience pour poser des intentions ou résoudre des problèmes. Celle-ci nous permet de nous engager pleinement dans l'hypercréativité de notre intelligence onirique. Dans ce chapitre, nous nous concentrerons sur les sensations hypnagogiques que nous éprouvons en nous endormant, mais l'exercice d'intentions ici proposé peut également être utilisé en état hypnopompique, en phase de réveil.

Il n'existe pas de voyage hypnagogique typique, mais je vous propose ici un exemple de ce qui peut se passer si nous restons conscient·e·s dans cet état merveilleux entre l'éveil et le sommeil.

Un voyage hypnagogique vers le sommeil

Allongez-vous et détendez-vous dans votre lit douillet. Laissez vos paupières se fermer. Au fur et à mesure que vos ondes cérébrales passent des ondes bêta, vives et alertes, aux ondes alpha, plus lentes, prenez conscience d'une lumière sans forme. Cela peut ressembler à des nuages ou à des vagues de couleurs pures. Détendez-vous dans cet espace et prêtez attention aux étoiles scintillantes qui commencent à apparaître. Elles se rapprochent de vous, puis s'éloignent, avant de se transformer en une sphère lumineuse violette. Vous pouvez la faire grossir ou la rapetisser grâce au pouvoir de la pensée. Soudain, elle se transforme en fractales et en formes géométriques qui brillent puis disparaissent.

Au fur et à mesure que vos ondes cérébrales ralentissent et deviennent un mélange créatif d'ondes alpha et thêta, vos visions deviennent de plus en plus oniriques. Des images statiques fleurissent devant vous, bidimensionnelles et fugaces : un visage improbable, instantanément remplacé par une grenouille bleue, puis un écran de minuscules chiffres, une tour de métal complexe, un scarabée, un désert ocre. Vous avez à peine le temps d'enregistrer ces apparitions qui défilent devant votre conscience ensommeillée.

Soudain, les images ne sont plus statiques. Elles commencent à bouger, pendant quelques secondes seulement. Un cerf-volant en forme de dragon flotte dans le ciel, tirant sur sa corde. Il disparaît et une jeune fille vêtue d'une grande robe danse sur un bateau. De temps en temps, tout disparaît et vous vous réveillez en sursaut pendant une fraction de seconde, puis vous retombez dans cet état de témoin, émerveillé·e par le contenu de votre esprit en transition vers le sommeil. Le papier peint se détache d'un mur en bandes fluorescentes. Vous vous sentez flotter et un fort bourdonnement prend le dessus.

Tout devient noir, puis les visions reprennent, se transformant en courtes scènes. Vous avez l'impression de regarder des extraits aléatoires d'un film surréaliste. Un chien tire un élastique géant hors du sol. Un homme court vers lui en tenant un calice d'or. Puis une baleine entièrement constituée d'étoiles s'élève lentement dans le ciel avec en un vrombissement, et vous vous sentez voler pour la rejoindre. L'espace d'un instant, vous faites partie de cette nouvelle scène, puis elle se transforme en une scène citadine vue depuis les yeux d'une souris.

Vous prenez conscience que vous assistez à la construction d'un rêve. Essayez d'influencer les images en émettant des pensées directrices comme « Le ciel devient vert ». Et, comme par magie, il devient immédiatement vert gazon. « Une sirène apparaît. » Est-elle là ? Vous voyez un point s'approcher, vivant et puissant. Au fur et à mesure qu'il grossit, vous apercevez une minuscule sirène aux cheveux rouges et à la queue bleue, enveloppée dans ce qui ressemble à une perle d'eau.

Puis tout disparaît à nouveau, et vous vous retrouvez dans une pièce blanche au papier peint à motifs floraux. La scène est stable. Vous regardez autour de vous et vous voyez une porte dorée. Vous vous dirigez vers elle et, lorsque vous l'ouvrez, vous tombez sur un merveilleux paysage : des cascades et de grands arbres, le parfum des fleurs tropicales, le cri des aras, des singes se balançant d'une branche à l'autre. Vous comprenez que c'est un rêve. Vous avez réussi à rester conscient·e pendant toutes les étapes de la construction hypnagogique du rêve. Vous êtes maintenant en train de faire un rêve lucide dans votre version du paradis.

Observation calme

Les images hypnagogiques sont comme des animaux sauvages. Imaginez que vous regardez dans votre jardin et que vous y apercevez un oiseau à queue arc-en-ciel. Il vous émerveille, mais vous savez que vous devez rester immobile et en silence. Même vos pensées doivent être tranquilles pour ne pas l'effrayer. Vous devez faire preuve de calme pour que ce précieux oiseau se sente en sécurité et vous honore de sa présence un peu plus longtemps. C'est cet état d'esprit précis que vous devez rechercher lorsque vous observez les images et les sensations hypnagogiques. Elles sont fugaces et disparaissent facilement. En résistant à la tentation de les juger, de les analyser, de vous en réjouir ou de vous y perdre, elles resteront un peu plus longtemps et commenceront à bouger et à changer, formant des mini-scènes de rêve.

L'hypnagogie est sensible à la pensée. Cela signifie qu'elle réagit à nos pensées, à nos intentions, à nos croyances, à nos émotions, à nos attentes et à nos désirs. Parfois, certaines personnes expérimentent des scènes effrayantes dans cet état. Nous plongerons dans l'univers des mauvais rêves et des cauchemars aux chapitres 12 et 13. Pour l'instant, souvenez-vous de la règle d'or : plus vous générez de la peur dans l'état hypnagogique, plus les scènes, les sensations et les sons deviendront effrayants dans vos rêves. Vous êtes dans un environnement où vos pensées et vos émotions façonnent ce qui vous entoure. Vous êtes une force créatrice pure. En sachant cela, restez calme et gardez l'esprit ouvert. Aiguisez votre curiosité et explorez de manière cartésienne. Essayez de conserver votre conscience pendant le processus fascinant de l'endormissement. Vous trouverez dans l'exercice suivant quelques clés pour y parvenir.

Exercice 27

Hypnagogie lucide

Vous pouvez essayer cette technique chaque fois que vous êtes sur le point de vous endormir. Il peut être plus facile d'apercevoir des images hypnagogiques pendant une sieste ou au petit matin, après les cycles de sommeil les plus profonds. À ces moments-là, le cerveau est plus alerte et il est donc plus facile de rester en conscience.

- Allongez-vous et détendez-vous en fermant les yeux. Respirez. Au cours des prochaines minutes, remarquez les tourbillons de lumière, les images, les sensations, les sons ou les couleurs. Observez-les simplement. Ne jugez pas ce qui se présente à vous et ne vous laissez pas entraîner, vous perdriez votre état lucide.

- Au fur et à mesure que l'expérience s'approfondit, vous pouvez ressentir des sensations de chute ou de flottement. Des bruits ou des voix peuvent entrer dans votre conscience, ou vous pouvez même avoir le sentiment d'être touché·e par quelqu'un·e. Il se peut que vous cessiez de sentir votre corps physique. Toutes ces sensations font partie de l'endormissement, elles sont des repères fiables sur notre chemin vers le sommeil.
- Jouez avec vos pensées directrices, telles que « Un éléphant apparaît » ou « Je vois une lune violette ». Voyez ce qui se passe. Vous pouvez également introduire une intention de guérison ou poser une question.
- Il se peut qu'au moment où l'hypnagogie se met en place et forme des scènes, vous vous réveilliez en sursaut ou reveniez à un stade antérieur. C'est tout à fait normal. Détendez-vous et laissez-vous porter.
- Les bouddhistes affirment que l'état d'esprit dans lequel le corps s'endort influe sur le sommeil et les rêves. Vous pouvez introduire des sentiments de bonheur dans l'état hypnagogique, ou y apporter de la beauté et de la joie, ou encore cultiver un sentiment d'amour.
- Lorsqu'une scène de rêve apparaît, essayez de flotter vers elle. Vous pouvez aussi imaginer un portail lumineux et y pénétrer paisiblement. C'est une excellente façon de s'endormir et d'entrer directement dans un rêve lucide.

Que faire de l'état hypnagogique ?

Dans cet état liminal, l'esprit est grand ouvert. Vous pouvez considérer l'état hypnagogique comme un bassin d'eau. Fixer une intention, c'est comme jeter un galet dans votre bassin. Il émet des ondes, des vibrations qui pénètrent dans votre inconscient. Ces vibrations intentionnelles sont extrêmement puissantes. Elles se exemple : « tableau, tableau, tableau... » tout en évoquant un sentiment d'attente joyeuse. Restons attentif·ve·s à ce qui se passe en déposant l'intention dans cet état hypnagogique. Peut-être une image ou un son apparaîtront-ils ? Peut-être ne se passera-t-il rien. Sans jugement, gardons l'intention à l'esprit pendant que nous nous laissons porter vers le monde onirique. En posant une intention claire dans l'état hypnagogique, le rêve suivant éclaire souvent la situation ou offre une solution créative au problème évoqué.

Chaque fois que vous vous réveillez brièvement dans la nuit, repensez à ce que vous venez de ressentir, de voir ou de faire. Accueillez vos rêves et consignez-les dans votre journal. Parfois, ce n'est qu'après les rêves ou les impressions perçues que la réponse apparaît clairement.

Lors d'un de mes voyages hypnagogiques, j'ai vu l'image en trois dimensions d'une Clare détendue et béate, flottant dans une lumière dorée. J'ai pensé : « Oh, je suis en train de m'endormir. » C'est la raison d'être du sommeil : se ressourcer dans la lumière dorée. Observer paisiblement l'état hypnagogique peut nous aider à accueillir cet état revigorant. Nous pouvons activer le portail hypnagogique à chaque fois que nous nous endormons, de sorte qu'il devient un élément puissant de notre nuit de sommeil. Nous connaissons tous et toutes des mini-réveils au cours de la nuit, lorsque nous nous retournons dans notre lit, buvons une gorgée d'eau ou nous levons pour aller aux toilettes. Sur le chemin du retour au sommeil, nous pouvons faire un tour dans l'état hypnagogique, en fixant notre intention de guérison ou d'inspiration créative et en ouvrant plus largement la porte à la sagesse du sommeil.

Mais il existe un autre moment privilégié pour surfer sur l'hypnagogie que nous n'avons pas encore mentionné : la sublime et merveilleuse sieste. Le chapitre suivant explore les siestes en tant que pratique ancestrale spirituelle du yoga nidra, une forme de méditation très efficace pour se revitaliser en seulement quinze minutes par jour.

CHAPITRE 8

LES SIESTES ET L'ART ANCESTRAL DU YOGA NIDRA

Imaginez le meilleur gâteau au monde. Quel serait le vôtre ? Peut-être une génoise au chocolat garnie de crème, ou un mélange de couleurs vives, comme un gâteau aux baies et au mascarpone, ou un gâteau au gingembre et aux poires. Maintenant, imaginez le plaisir sensoriel que vous procurerait la dégustation d'un tel gâteau. C'est ce que la sieste a de meilleur : une tranche de paradis, une expérience sensorielle merveilleuse déroulant sa traîne de satiété et de bonheur.

Mais certaines personnes se disent léthargiques et fatiguées après une sieste. En effet, une sieste trop longue peut être contre-productive, nous plongeant dans un sommeil profond rendant le réveil difficile pour le cerveau. Il existe également une problématique d'horaires : une sieste trop tardive perturberait notre nuit de sommeil. Il faut donc connaître la science d'une sieste saine.

Grâce à quelques connaissances de base, profitez de ce merveilleux gâteau aussi souvent que vous le désirez et profitez des bienfaits merveilleux des siestes.

Dans ce chapitre, nous allons explorer la science de la sieste et ses bienfaits physiques, mentaux et émotionnels. Puis nous nous immergerons dans une forme de méditation ancestrale extrêmement simple. La tradition tantrique connue sous le nom de yoga nidra consiste à se détendre profondément et à flotter aux bords du sommeil. Le yoga nidra possède un tel pouvoir qu'il peut transformer votre sieste en une expérience spirituelle éclatante.

La science des siestes

La science a prouvé que la sieste augmente la créativité dans la résolution de problèmes. Robert Stickgold, psychologue de Harvard, et son équipe ont conçu un labyrinthe virtuel et ont demandé à une centaine de personnes de l'explorer[1]. La moitié d'entre elles ont ensuite fait une sieste de quatre-vingt-dix minutes avant que la totalité des participant·e·s ne recommence à explorer le labyrinthe. Les personnes ayant fait la sieste ont été plus rapides et ont mieux navigué dans le labyrinthe, parce que leur sieste les a aidées à consolider leur mémoire du labyrinthe. Mais le résultat le plus surprenant a été obtenu par les personnes ayant rêvé de leur navigation dans le labyrinthe. Elles étaient presque dix fois plus performantes que celles qui n'avaient pas rêvé du labyrinthe.

Cela montre que les siestes améliorent la mémoire et que le fait de rêver d'une tâche permet d'en améliorer considérablement les performances. Des études sur des personnes à qui l'on a demandé de faire des associations créatives directement après s'être réveillées d'un sommeil onirique montrent que nos pouvoirs associatifs sont accrus lorsque nous émergeons de nos rêves[2]. C'est un excellent moment pour résoudre des problèmes et développer la créativité.

Des inventeur·rice·s aux entrepreneur·euse·s, des pilotes aux artistes, tout le monde peut bénéficier d'une sieste. Par exemple, l'athlète Usain Bolt a fait une sieste peu de temps avant de battre le record du monde de sprint[3]. La sieste nous permet de nous réinitialiser de manière vitale afin d'améliorer nos performances

1. Wamsley *et al.*, « Dreaming of a Learning Task ».
2. Stickgold *et al.*, « Sleep-Induced Changes in Associative Memory ».
3. Lillibury, « Power of the Nap ».

– mentales, physiques et émotionnelles. Celles-ci réduisent notre tension artérielle et notre niveau d'anxiété. Elles sont bonnes pour notre système cardiovasculaire et bénéfiques pour la mémoire et l'apprentissage. Les siestes ont des bienfaits réparateurs et revitalisants, rafraîchissant notre cerveau et donnant à notre corps l'énergie dont il a besoin pour affronter le reste de la journée. Elles nous permettent de puiser dans notre intelligence du sommeil au cours de la journée pour accéder aux processus naturels de guérison. Après une bonne sieste, nous avons tendance à ressentir un meilleur équilibre émotionnel et un plus grand optimisme. Un autre avantage est qu'il est plus facile de se souvenir de ses rêves, car une sieste est beaucoup plus courte qu'une nuit de sommeil entière. Des études montrent que dix-sept minutes de sieste sont idéales pour l'apprentissage, et que certaines personnes voient une vraie évolution dans leur vie grâce à des siestes de quinze minutes seulement.

Quand faire la sieste, et pour combien de temps ?

Dans son livre *Pourquoi nous dormons*, le neuroscientifique Matthew Walker décrit comment des études portant sur des siestes de différentes durées, de quinze à quatre-vingt-dix minutes, ont montré qu'une sieste qui commence trop tard dans la journée ou qui dure trop longtemps peut nous empêcher de trouver un sommeil réparateur et nous réveiller plus facilement la nuit. Les deux questions à se poser lorsqu'on envisage de faire une sieste sont donc les suivantes « Quelle heure est-il ? » et « Combien de temps dois-je dormir ? ».

Il existe une différence entre la sieste due à un manque de sommeil nocturne et la sieste destinée à rafraîchir l'esprit, le corps et l'âme. Lorsque nous faisons la sieste pour rattraper notre nuit, nous risquons d'entrer dans un sommeil plus profond et d'avoir plus de mal à nous réveiller par la suite. Nous risquons également de ne pas pouvoir nous endormir facilement cette nuit-là ou de nous réveiller après seulement quelques heures de sommeil.

Les jours qui suivent une bonne nuit de sommeil, j'ai tendance à m'épanouir en faisant une sieste de trente minutes à l'heure du déjeuner. Généralement, je ne fais une longue sieste d'environ quatre-vingt-dix minutes que si ma nuit de sommeil a été perturbée et que j'ai une conférence à donner le soir ou une série d'accompagnements sur le rêve lucide avec des client·e·s. Il est important pour moi d'être aussi énergique et vive que possible dans ces situations, et je choisis donc une sieste plus longue pour rattraper le retard accumulé, même si je sais que j'aurai plus de mal à m'endormir ce soir-là.

Selon la science, s'offrir une sieste de vingt minutes entre 14 h et 15 h est le moyen idéal d'optimiser notre éveil et notre capacité d'apprentissage, de réduire notre tension artérielle, de trouver un meilleur équilibre émotionnel et d'augmenter nos performances mentales et notre capacité de mémorisation[1]. Une sieste courte est aussi un merveilleux moyen de se connecter à la sagesse de nos rêves et de travailler avec le pouvoir de l'intention dans l'état hypnagogique, comme approfondi dans le chapitre précédent. Chaque personne étant différente, il vous faudra explorer et expérimenter pour définir la meilleure heure et la meilleure durée de sieste pour vous.

Les réveils

Les réveils peuvent être bien plus néfastes que ce que l'on croit. Quoi de pire que d'être tiré·e d'un beau rêve par un bip incessant ? Des études montrent que le fait d'être réveillé·e brusquement provoque un stress cardiaque. Si vous ne l'avez pas encore fait, il est peut-être temps d'investir dans un réveil doux et moins abrupt. Certains modèles sont dotés d'une fonction lumineuse qui imite la lueur orange d'un lever de soleil ou peuvent être programmés avec

1. Walker, *Pourquoi nous dormons*.

des chants d'oiseaux ou des vagues de l'océan. Les applications des téléphones peuvent également jouer différents sons ou votre chanson préférée, afin que le réveil soit moins brutal et puisse même devenir un moment agréable, car la musique s'infiltre dans les méandres de vos songes.

Vous savez maintenant quel type de dormeur·euse vous êtes et avec quelle facilité vous vous réveillez. Si vous avez besoin d'un réveil puissant, ainsi soit-il. Mais le réveil sera beaucoup plus doux si vous utilisez de la musique ou de la lumière. L'exercice suivant vous invite à faire l'expérience d'une sieste en or, et le fait d'avoir un réveil agréable peut créer une vraie différence.

Exercice 29

Une sieste en or

La sieste idéale est celle qui nous permet de nous réveiller radieux·euses et revigoré·e·s, et qui n'interfère pas avec notre nuit suivante. Expérimentez avec cet exercice pour découvrir votre formule personnelle pour une sieste en or.

Si vous vous couchez habituellement vers 23 h, commencez votre sieste au plus tard à 15 h, afin que votre nuit ne soit pas impactée. Trouvez un endroit calme et sombre pour vous allonger. Cela peut être votre canapé ou votre lit. Si vous craignez de ne pas pouvoir vous réveiller facilement, allongez-vous sur un tapis de yoga afin de ne pas vous perdre dans les volutes du confort. Cela envoie à votre corps le message que vous ne vous reposerez que peu de temps.

Réglez votre réveil (doux et agréable) pour vingt à trente minutes plus tard. Au fur et à mesure de votre pratique, vous pourrez ajuster le temps de votre sieste. Si vous savez qu'il vous faut environ dix minutes pour vous endormir, réglez votre réveil à trente minutes plus tard pour vous assurer une sieste de vingt minutes.

Fermez les yeux et respirez profondément en relâchant toute tension. Laissez vos pensées ralentir et votre corps se détendre. Si vous souhaitez introduire une intention pour cette sieste, faites-le maintenant, en utilisant une affirmation ou une question claire et courte, comme nous l'avons vu dans le chapitre précédent sur l'hypnagogie. Relâchez ensuite cette intention par quelques longues expirations. Tout en continuant à vous détendre, rappelez-vous que cette sieste a pour vocation de vous apaiser et de vous revigorer. Profitez de ces précieux moments de repos bien mérité.

Le retour : lorsque les vagues de l'océan ou le chant des oiseaux de votre réveil vous tirent hors du monde onirique, prenez un moment pour vous souvenir de ce dont vous rêviez. Que ressentiez-vous, que faisiez-vous, où étiez-vous et avec qui ? Revenir d'une sieste avec un rêve est un véritable cadeau. Notez-le, ainsi que tout ce dont vous vous souvenez en rapport avec votre intention, si vous en avez défini une. Reprenez votre journée tranquillement, ne vous précipitez pas. Buvez de l'eau ou mangez un fruit et profitez de ce calme, de cette clarté d'esprit et de cette énergie nouvelle.

Si vous voulez charger encore plus l'énergie de votre sieste en pratiquant la méditation pour détendre votre corps et votre esprit tout en vous connectant au cosmos, le yoga nidra est peut-être ce qu'il vous faut. Lors d'une sieste, nous perdons notre lucidité et nous nous endormons. Dans le yoga nidra, nous restons conscient·e·s tout au long d'une période de repos profond.

Qu'est-ce que le yoga nidra ?

Le yoga nidra est la pratique du sommeil conscient. Cette pratique tantrique ancestrale est en fait une forme profonde de méditation. La première mention écrite du yoga nidra remonte à environ mille cinq cents ans. On la trouve dans les textes philosophiques de l'hindouisme, les *Upanishads*[1]. Rédigés en sanskrit, ces textes se concentrent sur l'illumination spirituelle. La déesse sud-asiatique

1. Easwaran, *The Upanishads.*

du yoga nidra et du sommeil s'appelle *Yoganidrā Shakti Devī*, un nom sanskrit signifiant « le pouvoir du sommeil[1] ». Cette puissante déesse peut endormir n'importe quel être vivant et le maintenir dans des espaces liminaux où la conscience s'équilibre entre l'éveil et le sommeil, comme le repos du yoga nidra.

Le yoga nidra est la forme de méditation la plus simple. Elle est moins exigeante que les formes traditionnelles de méditation assise, car il suffit de s'allonger et de se détendre. Tout le monde peut le faire. Notre corps sait déjà comment s'endormir, car il le fait chaque nuit. Le but du yoga nidra est de rester conscient·e pendant que le corps s'endort.

Rester conscient·e pendant l'endormissement ne semble pas très reposant de prime abord, mais c'est pourtant le cas. Votre corps reçoit le sommeil dont il a besoin tandis que votre esprit se détend merveilleusement. C'est une pratique profondément spirituelle capable d'apporter une guérison profonde. Les yogis disent que quarante-cinq minutes de yoga nidra équivalent à trois heures de sommeil, tant cette pratique est reposante et revigorante[2].

Le yoga nidra est également un excellent état pour poser des intentions ou des résolutions. En sanskrit, ces intentions sont appelées *sankalpas*. Elles s'adressent directement à l'inconscient, où se déroulent les processus de guérison et d'intégration. Nous avons déjà exploré les intentions dans le chapitre sur l'hypnagogie (chapitre 7) : l'essentiel est de créer une affirmation courte ou de poser une question simple, et de l'associer à une image chargée émotionnellement.

Dans le yoga nidra, notre corps dort tandis que notre esprit reste éveillé. Notre corps, alors profondément détendu et sans tension, accueille simultanément une conscience paisible et expansive. Cela s'apparente merveilleusement aux rêves lucides, dans lesquels nous savons que nous rêvons. Le yoga nidra associe la conscience lucide à une profonde guérison. Il nous permet

1. Dinsmore-Tuli, *Nidrā Shakti : The Power of Rest*, 97.
2. Kumar, *A Handbook of Yoga-Nidra*, 260.

d'entrer en contact non seulement avec notre inconscient, mais aussi avec l'infini.

Les bienfaits du yoga nidra

Le yoga nidra est réputé pour faire baisser la tension artérielle et le taux de cortisol, tout en ralentissant le rythme cardiaque. La relaxation profonde qu'offre ce type de yoga peut nous aider dans tous les domaines de notre vie, car elle nous plonge dans un état d'esprit stimulant. J'ai travaillé avec de nombreux·euses client·e·s souffrant d'anxiété. Les personnes s'adonnant au yoga nidra comme pratique quotidienne rapportent souvent un merveilleux changement dans leur vie. Leur niveau d'anxiété diminue, leur dépression s'atténue, et les personnes souffrant de crises d'angoisse pendant le sommeil rapportent que leur vie onirique est plus calme et que leur sommeil est plus réparateur.

Lorsque nous sommes déprimé·e·s ou anxieux·euses, la qualité de notre sommeil se dégrade, car nous nous inquiétons, nous ruminons nos problèmes pendant la journée et, par conséquent, nous faisons souvent des rêves stressants. Nous nous réveillons alors épuisé·e·s et devons passer toute la journée sans énergie, sans ressources pour affronter le monde. Privé·e·s de sommeil et anxieux·euses, nous nous enlisons dans des pensées négatives, ou nous tombons malades, car notre système immunitaire est affaibli par un manque de sommeil de qualité. Ce cercle vicieux se poursuit sans relâche. Parfois, nous finissons par souffrir d'insomnies, où nous avons du mal à nous endormir ou nous restons éveillé·e·s pendant de longues périodes au cours de la nuit. Nous n'arrivons pas à lâcher prise, nous ruminons, nous créons des scénarios horribles sur ce qui pourrait mal se passer.

Le yoga nidra rétablit l'équilibre. Il nous rend notre bonne humeur et réinstaure un équilibre sain. Il nous aide à nous détendre et nous prépare à entrer dans un sommeil paisible. Après une nuit de sommeil réparateur, nous nous réveillons revigoré·e·s, prêt·e·s à affronter la journée avec une meilleure résistance émotionnelle et un vrai équilibre intérieur. Nous brisons le cercle vicieux de l'anxiété aggravée par un sommeil de mauvaise qualité. Nous gagnons en répit. Notre attitude face à la vie change, et par conséquent, la vie elle-même s'améliore.

Outre les bienfaits évidents sur la santé d'intégrer une pratique relaxante dans notre routine quotidienne, le yoga nidra offre aussi des bénéfices spirituels. De même, il nous permet d'établir une connexion plus profonde avec nous-mêmes et avec l'Univers. Lorsque nous flottons dans les espaces liminaux entre veille et sommeil, nous pouvons atteindre un lieu sacré d'unité et recharger nos batteries. C'est comme se brancher sur l'énergie de la source. Le bouddhisme tibétain possède une branche connue sous le nom de yoga du rêve, dans laquelle le sommeil conscient est reconnu comme une pratique permettant de naviguer dans la transition vers la mort. Gagner en conscience dans la vie, comme dans le sommeil, est un pas vers l'illumination.

Ce merveilleux état de conscience est un espace sacré dans lequel récupérer, guérir et rêver. Vous pouvez définir des intentions puissantes pour créer de réels changements dans votre vie, explorer la créativité de l'hypnagogie, cultiver le rêve lucide et faire des voyages imaginaires. Vous pouvez participer activement à la guérison de problèmes de santé spécifiques, faire des expériences extracorporelles et inviter un calme profond menant à un sommeil paisible et réparateur.

Et le plus beau, c'est que la seule chose à faire est de s'allonger et de se détendre.

Exercice 30

Créer un nid en yoga nidra

Lors de vos pratiques de yoga nidra en pleine journée, assurez-vous de disposer d'un endroit calme et confortable pour vous allonger. Cela vous permettra de consacrer du temps à votre bien-être. Vous pouvez pratiquer le yoga nidra dans votre lit, sur votre canapé, dans un hamac ou sur votre tapis de yoga. Vous aurez besoin d'un espace paisible et sombre dans lequel vous ne serez pas dérangé·e.

En plus d'un endroit où vous allonger, prévoyez une couverture, un oreiller, un masque pour les yeux (s'il ne fait pas assez sombre) ou un coussin supplémentaire au cas où (vous pourriez en avoir besoin pour le caler sous vos genoux afin d'aligner votre colonne vertébrale). Le yoga nidra peut être pratiqué en silence, mais si vous souhaitez écouter une musique de fond relaxante, veillez à ce que rien ne l'interrompe. Certaines personnes préfèrent écouter des méditations guidées spécialement conçues pour le yoga nidra. Favorisez un casque de bonne qualité pour une expérience sonore immersive plus intense.

Si vous vous endormez instantanément pendant le yoga nidra au lieu de rester en conscience, et que cela vous frustre, expérimentez différents moments de la journée jusqu'à trouver celui qui vous convient le mieux. Essayez de pratiquer plus tôt le matin, vers 11 h au lieu de 14 h. Installez-vous sur un tapis de yoga plutôt que sur un lit confortable, ou modifiez l'éclairage si l'obscurité vous propulse directement dans les bras de Morphée. La position traditionnelle pour le yoga nidra consiste à s'allonger sur le dos, si la posture vous est confortable. Cependant, certaines personnes le pratiquent assises dans un fauteuil, afin de pouvoir s'assoupir et de se détendre sans perdre totalement leur lucidité.

Gardez un stylo et du papier à portée de main pour pouvoir noter vos sensations en revenant à vous. Tenez un journal de yoga nidra et notez ce qui se passe dans votre monde intérieur.

L'exercice suivant est conçu comme un guide à travers les étapes d'une méditation de yoga nidra réussie[1].

1. Extrait est tiré d'un texte dans mon livre *The Art of Transforming Nightmares*.

Exercice 31

Yoga nidra – l'équilibre entre les mondes

En yoga nidra, le corps dort et se repose dans une relaxation profonde, tandis que l'esprit reste conscient sans effort. Cette merveilleuse forme de méditation à l'état alerte et profondément relaxé nous aide à trouver un équilibre entre les mondes de la veille et du sommeil. Le yoga nidra peut se pratiquer à tout moment, du jour ou de la nuit ; il est là pour vous chaque fois que vous en avez besoin.

Vous pouvez pratiquer le yoga nidra pendant une dizaine de minutes seulement si le temps vous manque, mais certaines personnes préfèrent une pratique de trente minutes à une heure complète. Bien entendu, pour les cas où le yoga nidra est réalisé au milieu de la nuit pour contrer l'insomnie, la question de temporalité ne se pose pas. J'ai créé des méditations guidées de yoga nidra de différentes durées que vous pouvez retrouver sur mon site web www.DeepLucidDreaming.com/classes (toutes mes méditations sont en anglais). Ces dernières sont conçues pour aider à manifester vos désirs, inviter les rêves lucides, apaiser l'insomnie, rencontrer vos guides et plonger dans un sommeil paisible et réparateur[1]. Certaines personnes préfèrent être guidées par une voix, mais vous pouvez également pratiquer le yoga nidra en silence.

1. Allongez-vous confortablement sur le dos. Si vous avez tendance à vous endormir rapidement, étendez-vous sur un tapis de yoga plutôt que dans un lit. Fermez les yeux.
2. Détendez-vous en respirant régulièrement et profondément. Sentez votre corps s'alourdir. Si vous le souhaitez, vous pouvez effectuer un scan corporel en portant votre attention sur les différentes parties de votre corps et en les détendant consciemment. À chaque expiration, relâchez toute tension et ralentissez le flux de vos pensées.

1. Johnson, « Yoga Nidra for Lucid Dreaming, Healing, and Blissful Sleep ».

3. Observez votre esprit commencer à dériver légèrement. Prenez conscience des formes lumineuses qui avancent et reculent ou des formes géométriques. Des images et des visions improbables ou des visages étranges vont commencer à apparaître. Restez en conscience ; observez ces images comme si c'était un film surréaliste, sans vous y attacher. Il se peut que vous ayez l'impression de flotter ou de tomber, ou que vous entendiez des bruits ou des voix. Ces images et ces sensations font partie de l'état hypnagogique : détendez-vous et observez avec détachement. Remarquez que la conscience de votre corps se modifie. Une fois que vous atteindrez une détente absolue, vous perdrez probablement la capacité de sentir votre corps.
4. Le moment où vous ne sentez plus où commence et où finit votre corps est un seuil d'or : vous flottez à la limite du sommeil, alors restez vigilant·e et ne vous laissez pas aspirer par les images oniriques séduisantes. Restez présent·e dans cet état limite ; restez lucide et conscient·e.
5. Restez dans cet état de flottement aussi longtemps que vous le souhaitez. C'est le moment idéal pour inviter la guérison ou la connaissance à vous, ou demander à voir le but de votre vie ou la nature de l'Univers. Vous pouvez invoquer le visage d'un être cher décédé et prononcer des mots d'amour ou de pardon. Vous pouvez également préférer ne rien faire ou demeurer dans cet état doré, mais simplement flotter, en appréciant cette sensation de légèreté. Décidez de passer consciemment à l'état de rêve en conservant votre lucidité tout au long du processus d'endormissement, et invitez un rêve lucide.
6. Le moment venu, sortez de votre voyage en prenant quelques respirations profondes et en portant votre attention sur votre corps. Remuez vos doigts et vos orteils, tournez la tête d'un côté à l'autre, ouvrez les yeux et souriez. Si l'inspiration vient à vous, écrivez votre expérience.

Le pouvoir régénérateur du yoga nidra

Les pilotes de ligne pratiquent la sieste proactive. En d'autres termes, ils·elles ne font pas la sieste pour récupérer le sommeil perdu, mais pour se recharger en énergie avant un vol long-courrier. Il a été démontré que ce type de sieste réduit le nombre de microsommeils (lorsqu'une personne s'assoupit pendant une ou deux secondes sans s'en rendre compte) chez les pilotes à la fin d'un long vol[1].

Nous pouvons utiliser le yoga nidra de la même manière. Que nous soyons particulièrement fatigué·e·s ou non, le fait de s'allonger pendant quinze à quarante minutes de paix profonde revitalise à tous les niveaux. Le yoga nidra n'est pas seulement bénéfique lorsque vous n'avez pas assez dormi la nuit précédente, il est aussi une excellente pratique pour rafraîchir le cerveau avant de poursuivre votre journée. C'est ce que je fais lorsque j'écris mes livres ou lors d'activités d'enseignement intensives, telles que les retraites de rêve lucide où je suis la seule enseignante. Je prévois volontairement une longue pause déjeuner dans mon programme afin d'avoir le temps de m'allonger et de flotter dans le rayonnement du yoga nidra. Ensuite, je me sens merveilleusement rafraîchie et prête à enseigner les ateliers de l'après-midi, pleinement présente, alerte et de bonne humeur.

Les participant·e·s à mes retraites remarquent parfois mon énergie et ma joie de vivre débordantes. Ils·Elles observent que je ne bois pas de café, de thé noir ou d'autres stimulants. Lorsque j'enseigne à un groupe, je n'ai jamais l'occasion de faire une grasse matinée. Ils·Elles me demandent souvent d'où je puise mon énergie.

Mon secret ? C'est ma sieste de yoga nidra !

Moins nous dormons, plus notre santé physique et mentale est affaiblie. Le manque de sommeil entraîne des taux plus élevés de diabète, de cancer, d'accidents vasculaires cérébraux, d'infarctus, d'anxiété et de dépression. Le manque de sommeil rend la

1. Rosekind *et al.*, « Crew Factors in Flight Operations IX ».

concentration extrêmement difficile et augmente notre vulnérabilité émotionnelle. Une sieste ou une pratique de yoga nidra sont des ressources précieuses pour nous aider à retrouver l'équilibre. Même si vous n'êtes pas épuisé·e ou en manque de sommeil, une sieste ou une méditation de yoga nidra est un fabuleux moyen de tirer le meilleur parti de votre journée. Comme nous le verrons dans le chapitre suivant, une pratique de yoga nidra guidée peut apporter des cadeaux étonnants sous la forme d'aventures et de rencontres avec nos animaux totems et nos guides spirituels.

CHAPITRE 9

GUIDES ET ANIMAUX TOTEMS

Imaginez-vous chevauchant le dos écailleux d'un dragon qui survole des forêts vierges, ou encore que vous vivez dans la jungle avec un majestueux tigre du Bengale, ou que vous rencontrez une femme de trois mètres de haut, faite de lumière, qui révèle les rouages du cosmos. Toutes ces expériences sont des rêves lucides que j'ai eu la chance de vivre. Dans le vaste paysage du sommeil, dans nos rêves les plus profonds, il y a des océans, des cieux et des jungles remplis d'animaux puissants. Il y a des royaumes supérieurs et des espaces urbains où marchent des guides et des anges. Souvent, nous ne les voyons pas, parce que nous n'y prêtons pas attention. Si nous rejetons nos rêves, si nous les oublions, si nous les mettons de côté pour vivre dans ce que l'on appelle le monde réel, nous passons à côté. Nous soupçonnons à quel point nous passons à côté que lorsque nous ressentons une tristesse douloureuse ou que nous avons la sensation fugace d'avoir failli voir quelque chose d'extraordinaire et de précieux, mais qui a disparu.

Dans mes ateliers sur les rêves et mes retraites de lucidité, je prends à cœur d'enseigner comment se connecter à nos guides et à nos animaux totems. Je trouve merveilleux de découvrir les diverses formes que prennent ces énergies, ainsi que les conseils, l'amour et la sagesse qu'ils nous apportent. Un guide peut apparaître sous n'importe quelle forme : un arbre millénaire orné d'un portail magique, une balle rebondissante de lumière orange, une pieuvre entièrement constituée d'étoiles, un livre d'or ancien ou une statue de Bouddha vivante.

Écrire nos rêves permet d'apprendre à repérer leurs images, leurs métaphores. C'est également ainsi que nous pouvons commencer à remarquer nos guides et nos animaux totems. Le sommeil est porteur de nombreux cadeaux. La connexion avec nos guides nous permet de bénéficier de leur grande sagesse, de leur force et de leur protection. Ils nous donnent la résistance nécessaire pour faire face aux hauts et aux bas de la vie avec sérénité et grâce. Dans ce chapitre, nous verrons comment nous connecter aux guides et aux animaux totems et comment intégrer leur sagesse, leur force et leur protection dans notre vie, dans notre monde endormi comme éveillé.

Animaux totems

Les peuples indigènes considèrent traditionnellement les animaux comme des aides spirituelles. Différentes traditions considèrent les animaux totems comme chamaniques ou les décrivent comme des alliés. Le sommeil nous offre de merveilleuses opportunités de nous connecter à différentes énergies animales. Depuis les flashs de l'hypnagogie jusqu'aux animaux totems et aux rencontres lucides profondes, grâce au sommeil, nous pouvons voyager avec nos animaux totems et intégrer leurs qualités et leurs sagesses instinctives.

Pensez aux animaux de votre vie éveillée. Peut-être vivez-vous entouré·e par eux, ou alors vous n'interagissez que rarement avec les animaux. La plupart d'entre nous ont déjà rencontré des animaux sauvages dans leur vie éveillée. Que ce soit un petit fauve dans les bois ou un serpent d'eau ondulant sur une rivière, ces rencontres peuvent être considérées comme une invitation à réfléchir aux qualités de cet animal et à recevoir sa sagesse unique.

Quels sont les animaux qui apparaissent dans vos rêves ? Prenez le temps d'y réfléchir ou consultez votre journal des rêves. Dans un rêve récent, je me suis blottie contre un animal duquel je n'avais pas rêvé depuis des décennies, un panda géant. Lorsque j'avais 3 ans, j'avais un panda en peluche que j'adorais. Son genre fluctuait joyeusement, et je le faisais comprendre aux adultes en intervertissant délibérément « il » et « elle » chaque fois que je parlais de Panda (ce qui était souvent le cas). Mon rêve m'a rappelé mon enfance à m'aventurer avec mon panda, dont je léchais le bout du nez en plastique noir pour qu'il reste brillant, car j'avais entendu dire que les animaux sains avaient la truffe mouillée.

Que les animaux totems apparaissent pour nous rappeler notre enfance, nous aider à affronter nos peurs, nous inspirer ou nous faire simplement rire, ils nous offrent toujours quelque chose. C'est à nous de plonger dans le sommeil et d'accueillir les cadeaux de nos animaux totems. J'ai un jour rencontré une femme qui avait rêvé qu'elle se battait contre un alligator dans l'eau, qu'elle tournait sur elle-même, enfermée dans un combat à mort. Au moment de se réveiller et en travaillant sur son rêve, elle manifesta dans son imagination un couteau et le plongea dans le ventre de l'alligator. À son grand étonnement, un élixir de guérison s'en dégagea. Ce n'est qu'à ce moment-là qu'elle comprit que l'alligator était apparu pour l'aider dans son voyage de guérison.

Les animaux totems peuvent être de puissants protecteurs. Je l'ai constaté à de nombreuses reprises avec des personnes souffrant de cauchemars. Même si les animaux apparaissent initialement comme des éléments agressifs ou effrayants du rêve, nous pouvons nous lier d'amitié avec eux et solliciter leur aide, afin d'obtenir des résultats étonnants. Nous verrons ce processus dans les chapitres sur les cauchemars et les mauvais rêves (chapitres 12 et 13). Pour l'instant, voyons comment comprendre la raison de la manifestation d'un animal totem particulier et ce qu'il peut nous apporter.

Exercice 32

Rencontrer son animal totem

Certaines personnes constatent que le même animal réapparaît sans cesse dans leurs rêves. D'autres rencontrent un animal différent à chaque fois. D'autres encore font l'expérience de plusieurs animaux à différents moments de leur vie. L'apparition de marsupiaux totems, des kangourous aux koalas, peut être suivie d'une série d'oiseaux totems, des aigles aux étourneaux en passant par les hiboux, au fur et à mesure que les circonstances de notre vie évoluent. La présence d'un animal totem ne doit pas être éternelle – parfois, nous n'en aurons besoin qu'une seule fois avant de créer de nouvelles connexions.

Parfois, les gens rejettent leurs animaux totems parce qu'ils ont une image idéalisée de ce qu'il pourrait être. Ils s'attendent peut-être à quelque chose de puissant, de majestueux, de courageux, et se sentent donc embarrassés lorsqu'une souris ou une fourmi apparaît. Comment une souris peut-elle venir en aide ? Il suffit de se pencher sur ses caractéristiques : elle est rapide et silencieuse, elle est curieuse et sait se cacher comme personne. Peut-être ces qualités sont-elles celles recherchées au moment du rêve ? Voici trois façons d'apprendre à connaître votre animal totem :

1. Essayez un exercice d'écriture créative pour révéler les qualités de votre animal totem. Concentrez-vous sur votre animal, puis écrivez de son point de vue : « Je suis le hérisson… Je me sens… Mes points forts sont… » ; « Ce qu'il y a de mieux dans le fait d'être un hérisson est… La pire chose est… » ; « Ce que je désire vraiment est… ». Cela vous aidera à accéder à son énergie, à comprendre son message et à intégrer certaines de ses forces dans votre vie.
2. Réfléchissez au rôle que joue votre animal dans la mythologie et les contes de fées de différentes cultures. Incarne-t-il une énergie archétypale ? Le lion a l'énergie archétypale du roi, le hibou incarne la sagesse, le renard est malin et le phénix symbolise la renaissance. Les personnes rêvant d'araignées, mais qui en sont pourtant terrifiées, auront tendance à ne pas voir leurs forces. Pourtant, une merveilleuse fable d'Afrique de l'Ouest décrit Anansi, tisserand à l'esprit vif, propriétaire des histoires du monde. Un peu de recherche culturelle sur les animaux que nous rencontrons dans nos

rêves peut nous aider à comprendre l'empreinte énergétique unique qu'ils ont laissée dans l'imaginaire collectif. Cela peut conduire à ce que nous pouvons personnellement apprendre d'eux ou la raison pour laquelle ils sont apparus dans notre rêve à ce moment précis de notre vie.

3. Fermez les yeux et détendez-vous. Imaginez votre animal totem. Ressentez son énergie et entrez en contact avec lui. Demandez-lui : « As-tu un message à me transmettre ? » Il peut répondre par des images, des mots ou d'une autre manière. Ouvrez votre esprit, et gardez un stylo et du papier à portée de main pour dessiner ou écrire ce qui vous vient à l'esprit.

Les animaux totems sont des guides à part entière. Voyons maintenant les autres formes que peuvent prendre les guides lorsqu'ils se présentent à nous dans les rêves, les méditations ou dans les espaces imaginaires.

Les guides : une source de force et de sagesse

Les guides ne sont pas nécessairement des êtres humains. Ils peuvent prendre la forme de caractéristiques géographiques, comme une rivière, ou des formes géométriques, comme un triangle flottant fait de lumière bleue. Ne vous attendez pas à ce que votre guide ressemble à l'archétype du « Guide », c'est-à-dire à un Merlin barbu ou à une femme au regard profond et omniscient, vêtue d'une grande cape sombre. Un guide peut être un bateau tout comme un tournesol. Les animaux totems peuvent également être des guides, tout comme les créatures mythologiques ou les forces élémentaires, telles que le vent.

Les personnes que nous rencontrons dans les rêves ont différents niveaux de conscience. J'ai tendance à diviser les personnages de rêves lucides en quatre catégories[1]. Dans la catégorie la

1. Johnson, *Llewellyn's Complete Book of Lucid Dreaming*, 116-18.

plus basse se trouvent les zombies sans réaction, sans originalité, un peu comme des figurant·e·s de film, simplement là pour rendre le rêve plus réaliste. Viennent ensuite les marionnettes, qui ne disent jamais rien de surprenant ; on a même parfois l'impression de leur mettre les mots dans la bouche. Elles ne font preuve d'aucune autonomie de pensée, se contentant de dire et de faire ce que l'on attend d'elles.

Au niveau supérieur, on trouve les égaux conscients : les personnes ou les animaux totems qui semblent être aussi alertes et conscients que nous. Ils sont capables de répondre à nos questions de manière surprenante et perspicace et jouent souvent le rôle de guide en nous montrant des choses que nous ne connaissions pas ou en nous offrant des informations qui nous sont précieuses. Parfois, ils apparaissent en rêve sous la forme d'êtres chers décédés. La catégorie ultime est celle des personnages de rêves lucides super-conscients. Ces derniers ont un niveau de conscience ou de connaissance très élevé et semblent en savoir bien plus que nous. Ils nous enseignent la nature de la réalité, de la conscience et du cosmos et peuvent également être considérés comme des guides de haut niveau. Leur mission semble être d'élever notre conscience et d'accélérer notre évolution.

Que votre rêve soit lucide ou non, vous pouvez utiliser ces catégories de base pour déterminer le degré de conscience de la personne, de l'animal ou de l'être de votre rêve. Parcourez votre journal des rêves et notez les guides que vous avez déjà rencontrés. Ils peuvent apparaître durant les états hypnagogiques, pendant la paralysie du sommeil, dans les rêves classiques ou lucides, les expériences extracorporelles ou l'hypnopompie. Ils apparaissent aussi souvent pendant les méditations guidées de yoga nidra. Les occasions ne manquent pas de rencontrer vos guides pendant votre nuit de sommeil ou à l'heure de la sieste.

Les guides peuvent nous aider dans tous les domaines de la vie. Lors d'un atelier que j'ai animé, un jeune homme a rencontré un guide sous forme d'arbre ancien qui lui a montré que le fait d'être conscient de l'instant présent lui donnerait la stabilité émotionnelle dont il avait besoin dans sa vie tumultueuse. Dans un autre stage, une femme a rêvé d'une danseuse qui a guéri son arthrite en dansant sur une scène faite de lumière. Après le rêve, elle s'est inscrite à des cours de danse pour rester connectée à cette danseuse et a constaté que son arthrite s'était énormément améliorée.

Le psychiatre suisse Carl Jung rencontrait également ses guides dans ses rêves. L'un d'eux, appelé Philémon, lui est apparu pour la première fois sous la forme d'un vieil homme ailé avec des cornes de taureau. Jung raconte : « Philémon et d'autres personnages de mes rêves m'ont fait comprendre qu'il y a des choses dans la psyché que je ne produis pas, mais qui se produisent elles-mêmes et ont leur propre vie[1]. »

Mon guide actuel est une fée bleue lumineuse assise au bord d'un étang dans les bois et qui partage avec moi des informations sur la nature du temps, de l'espace et des énergies ancestrales des arbres et de la Terre. D'autres guides de rêve jouent des rôles différents pour moi, ils apparaissent dans des espaces minimalistes faits de lumière blanche, et nous entretenons des conversations spirituelles et intellectuelles sur la nature de la réalité, de la vie et de la mort. Différents guides se présentent à moi pour m'offrir leurs conseils, leur réconfort ou une orientation.

Les guides peuvent remettre en question nos croyances et nous éclairer sur notre situation de vie. Si nous avons une relation compliquée avec le sommeil, ils peuvent nous aider à nous sentir en sécurité et protégé·e·s. Nous pouvons également solliciter leur aide en cas de cauchemars ou de rêves angoissants. Voyons comment invoquer nos guides et nous connecter à eux pour accueillir leur pouvoir de guérison, leurs conseils et leur sagesse.

1. Jung, *Ma vie. Souvenirs, rêves et pensées*, 183.

Exercice 33

Rencontrer son guide

Apprenez à vous connecter facilement à des sources d'amour et de protection pendant votre sommeil. Vous êtes beaucoup plus fort·e et ingénieux·euse que vous ne le pensez. Essayez cette visualisation dans un état de relaxation profonde et voyez ce qui apparaît pour vous. Votre guide peut être différent à chaque fois.

Dans un état de relaxation profonde, peut-être pendant que vous vous endormez la nuit ou lors d'une pratique de yoga nidra, créez un espace doré dans votre esprit. À l'intérieur de cet espace chaud et doré, imaginez un paysage d'un vert luxuriant qui s'ouvre devant vous, une nature vivante et vibrante. Les oiseaux chantent dans les arbres. Au fur et à mesure que vous pénétrez dans ce paysage magique, vous savez que vous êtes en sécurité et que vous ne craignez absolument rien.

Affirmez : « J'ai des guides puissants qui m'aideront à chaque fois que j'en aurai besoin. » Devant vous se trouve un cercle d'arbres anciens incarnant l'harmonie. Vous vous dirigez vers lui. En y pénétrant, vous ressentez l'énergie sublime de ce lieu. Vous avancez vers le centre du cercle, vous pressentez que votre guide est proche et qu'il se révélera bientôt à vous. Vous vous sentez parfaitement en sécurité et heureux·euse dans ce lieu féérique.

Dans un instant, lorsque vous rencontrerez votre guide, prenez le temps qu'il vous faudra pour vous connecter à son énergie, voyager avec lui, lui poser vos questions ou faire tout ce qui vous semble juste.

Appelez maintenant par la pensée : « Guide, viens à moi ! » Attirez votre guide à vous en acceptant la forme qu'il choisit. Voyez et ressentez pleinement l'énergie de votre guide ou de votre animal totem. Cela peut être une énergie protectrice, de sagesse ou tout type d'énergie bienveillante. Prenez du temps avec votre guide, recevez sa sagesse et ses dons, posez-lui vos questions ou voyagez avec lui dans votre rêve. Lorsque vous sentez que le temps passé avec votre guide touche à sa fin, prenez un moment pour le remercier et intégrer consciemment les dons et la sagesse que vous avez reçus dans votre cœur, votre esprit et votre corps.

Écrivez vos rencontres avec les guides dans votre journal des rêves afin de réaliser quels cadeaux ils vous ont apportés.

Les guides que vous rencontrez dans les rêves ou dans les états de conscience liminaires, tels que les méditations de yoga nidra ou l'état hypnagogique, sont là pour vous aider et vous protéger. Ils incarnent votre intelligence inconsciente et vous relient à l'âme du monde. Ils viendront toujours en cas de besoin. Vous avez d'incroyables ressources intérieures et vous êtes bien plus puissant·e que vous ne le pensez. Vous méritez une réalité éveillée merveilleuse, un monde endormi bienveillant et un sommeil paisible. Vous êtes soutenu·e et protégé·e à chaque pas que vous faites dans la vie.

Exercice 34

Honorer ses guides et ses animaux totems

Voici cinq manières d'honorer les guides et les animaux totems que vous rencontrez dans vos rêves et autres pratiques liées au sommeil, telles que le yoga nidra ou les états hypnagogiques.

1. Honorez dans votre vie éveillée l'énergie de vos animaux totems et de vos guides. Tout ce qui vous semble juste sera bienvenu. Par exemple, pour honorer mon panda totem, j'ai récupéré ma peluche qui se reposait tranquillement dans la salle de jeux de ma fille. Bien que Panda soit aujourd'hui un peu fatigué, poussiéreux et borgne, il a passé la nuit entière dans mes bras, tout comme quand j'étais petite.
2. Si vous recevez un bon conseil de l'un de vos guides, suivez-le. Par exemple, si votre guide vous suggère de réduire votre stress en recevant un massage, faites-en sorte d'en recevoir un (ou massez-vous au moins les pieds). Avant de suivre les conseils de vos guides, interrogez votre

intuition sur les bienfaits qu'ils auront dans votre vie et celle de votre entourage.

3. Les guides et les animaux totems sont de merveilleux portails vers le sommeil. Lors de l'une de mes retraites, une femme a rencontré un canard pendant la méditation de yoga nidra. De prime abord, elle était tout sauf impressionnée : « Comment un canard peut-il me venir en aide pour gagner en lucidité dans mes rêves ? » Mais cette nuit-là, une image hypnagogique d'un canard lui est apparue. Elle reconnut instantanément le portail vers le sommeil que cet animal totem lui offrait et réussit à avoir un rêve lucide ! Concentrez-vous sur vos guides pendant les réveils nocturnes afin de donner plus de conscience et d'énergie à vos rêves.
4. Faites appel à vos guides chaque fois que la peur vous envahit, dans le monde éveillé comme endormi. Comment ne pas se sentir en sécurité lorsque notre samurai intérieur nous accompagne ou que notre dragon veille sur nous ? Ils se transforment alors en merveilleux portails vers un sommeil paisible et réparateur.
5. Rassemblez des images, des figurines ou des dessins de vos animaux totems ou de vos guides et créez un autel proche de votre lit pour les représenter comme dans l'exercice suivant.

Laissez-vous porter par les jeux et les sagesses que vos guides ont à vous offrir. Les honorer nous permet de réaliser combien nous sommes puissant·e·s et empli·e·s de maturité.

Exercice 35

Créer un autel sacré du sommeil

Créez un autel afin d'honorer merveilleusement votre nuit de sommeil, ainsi que les guides ou les animaux totems que vous rencontrez dans vos rêves. Depuis l'âge de 5 ans, ma fille crée spontanément des autels sacrés. L'un d'entre eux, qu'elle a réalisé à l'âge de 9 ans, comportait un cercle extérieur d'animaux : un dauphin en verre soufflé, un éléphant en pierre volcanique, un escargot qu'elle a fabriqué elle-même à partir d'une brindille et d'une spirale de feutre roulé, un hibou en bois et une tortue faite de minuscules coquillages. Le cercle intérieur était composé de sept fées assises, sculptées dans de l'étain, avec des ailes en verre coloré. Au centre se trouvaient ses cristaux – des morceaux d'améthyste, de pyrite et de turquoise, sa pierre la plus récente étant posée sur un galet de granit rond et lisse, en plein milieu.

Ce rituel est également un excellent moyen de fixer une intention pour votre sommeil et votre vie endormie. Voici cinq conseils pour vous aider à construire votre propre autel sacré du sommeil :

1. Rassemblez tout ce qui vous fait sentir serein·e, puissant·e et protégé·e en lien avec votre nuit de sommeil. Certaines personnes choisissent des statuettes de divinité, un coffre au trésor, des cristaux colorés ou des petits sachets de lavande. Si vous y ajoutez une bougie, préférez des bougies LED plutôt que celles en cire d'abeille afin de vous endormir sans prendre de risques.
2. Trouvez de quoi représenter les animaux totems et les guides que vous rencontrez dans vos rêves. Vous pouvez écrire leur nom sur un galet, les dessiner, imprimer une image d'eux ou trouver une figurine les représentant. J'utilise souvent les figurines Schleich®, qui permettent d'avoir quelques animaux de la jungle ou des bois qui se baladent dans la maison, sans parler des dragons et des dinosaures.
3. Disposez vos objets comme bon vous semble, préférablement dans votre chambre, afin de voir votre autel avant de vous endormir et en vous réveillant le matin. Un autel sacré du sommeil a une énergie en mouvement plutôt que fixe : tout élément peut être ajouté ou retiré à tout moment. Si vous rêvez d'un perroquet, ajoutez un dessin ou une figurine de votre animal totem ou écrivez simplement le mot « perroquet » sur un morceau de papier et déposez-le sur l'autel. Si vous avez un sommeil perturbé, ajoutez un peu

de lavande à votre autel et fixez une intention de sommeil paisible et profond. Déposez-y les merveilles de la nature, telles qu'une plume pour invoquer l'énergie volatile de l'air, de la mousse pour celle de la Terre et pour l'ancrage, ou encore un coquillage pour rappeler la puissance de l'océan.

4. Évoquez votre autel dans votre pratique d'incubation des rêves. Si vous désirez un rêve de guérison, dessinez ce qu'il représente pour vous, sans porter de jugement à votre dessin. Placez l'image sur votre autel du sommeil.
5. Connectez-vous à votre autel avant de vous endormir. C'est le moment idéal pour fixer l'intention d'une bonne nuit de sommeil. Pensez à ce que vous aimeriez vivre, peut-être un repos profond et réparateur, un rêve d'aventure ou la rencontre avec l'un de vos guides ? Mais rien ne vous oblige à poser une intention, vous pouvez tout simplement prendre un temps pour apaiser votre esprit avant d'aller dormir. Vous pouvez même trouver ridicule l'idée de rassembler des images de petits singes ou des sachets de lavande sur un autel du sommeil, libre à chacun·e de suivre son intuition. Les seules règles autour d'un autel du sommeil sont celles que vous vous imposez, alors laissez libre cours à votre instinct et à votre imagination et détendez-vous.

Lorsque nous plongeons dans les profondeurs de l'océan, nous rencontrons une vie foisonnante, des récifs coralliens aux narvals et aux pieuvres. Dans ce chapitre, nous avons abordé la vie palpitante qui prospère sous la surface de la conscience. Le sommeil nous relie au sage, au mythologique, à l'omniscient. En tendant la main avec un cœur grand ouvert, les guides et les animaux totems gravitent autour de nous et nous en apprennent davantage sur nous-mêmes et sur notre rôle dans la danse cosmique de la vie.

Le chapitre suivant aborde un portail radicalement différent vers le sommeil qui, dans un premier temps, accélère les battements du cœur, notre respiration et invite au plaisir. Nous allons explorer la relation intime entre la sexualité, l'orgasme et le sommeil.

CHAPITRE 10
LA SEXUALITÉ ET LE SOMMEIL

Quelle est votre énergie sexuelle ? Pour certain·e·s, elle est sauvage et libre. Pour d'autres, elle est en cage ou bloquée. Parfois, lorsque les gens pensent au sexe, ils ne ressentent que de la honte, du dégoût ou assez peu de curiosité. D'autres ressentent une poussée de plaisir érotique. D'autres encore se sentent en conflit ou indifférents. Si vous pouviez transformer votre relation avec le sexe, que changeriez-vous ? La plupart du temps, nous ne pensons pas à la qualité de notre propre énergie sexuelle, et encore moins à notre potentiel de transformation. Pourtant, le sexe est une pulsion primitive et nous sommes tous et toutes des êtres sexuels, même lorsque nous sommes dans l'état dit « inconscient » du sommeil. En effet, il existe une relation intime entre le sexe et le sommeil.

Le sommeil est carrément sexy. Je ne parle pas seulement du fait de s'endormir paré·e de notre plus belle lingerie ou de l'intimité délicieuse de se blottir contre notre conjoint·e. Le fait est que nous sommes tous et toutes sexuellement excité·e·s lorsque nous rêvons. Pendant le sommeil paradoxal, nous ressentons l'excitation génitale, avec l'érection du pénis chez l'homme et l'augmentation du flux sanguin clitoridien chez la femme. Notre rythme respiratoire s'accélère, notre cœur bat plus vite et nous commençons à avoir des rêves vifs et multisensoriels.

Cette excitation sexuelle intrinsèque ne se traduit pas toujours par des rêves érotiques, mais le sommeil et le sexe sont inextricablement liés. L'exploration de notre énergie sexuelle dans nos rêves nous permet de mieux comprendre nos relations sexuelles, de sortir d'une période creuse, d'intégrer des émotions difficiles ou de guérir de traumatismes sexuels. Le sexe onirique peut également donner lieu à des expériences mystiques transcendantes.

La libido change avec le manque de sommeil. Le plus souvent, elle s'épuise et s'affaiblit, mais il arrive que les personnes en manque de sommeil aient un surplus de libidos. Quoi qu'il en soit, la perte de sommeil entraîne un déséquilibre. Le sommeil est un pilier essentiel de la santé, et le sexe est une pulsion primitive. Le sommeil affecte toutes les parties de notre organisme, ainsi que notre santé mentale et notre bien-être. Nous sommes tous et toutes des êtres sexuels, et la relation entre le sommeil et le sexe mérite d'être explorée.

Dans ce chapitre, nous étudierons le sexe et la masturbation en tant que portails vers le sommeil et examinerons notre propre rapport à la sexualité. Nous explorerons également l'énergie de la kundalini et la façon dont nous pouvons canaliser l'énergie sexuelle élevée dans les rêves pour en faire des expériences transcendantes. Tout d'abord, explorons le symbolisme possible de quelques rêves sexuels courants, de l'accouplement avec des partenaires sexuels surprenants au fait d'être surpris·e par sa mère avec le pantalon autour des chevilles.

Les rêves sexuels ne parlent pas toujours de sexe

Les rêves ont parfois une thématique sexuelle, mais nous pouvons découvrir que leur signification est purement symbolique. Si vous rêvez de relations sexuelles avec un·e inconnu·e, cela peut symboliser l'émergence d'un nouvel aspect de vous-même ou votre ouverture à quelque chose de nouveau et d'inconnu. L'impossibilité de faire l'amour en rêve, que ce soit en raison d'interruptions ou d'impuissance, peut refléter une situation de la vie éveillée dans laquelle vous vous sentez incapable d'aller jusqu'au bout[1].

De nombreuses personnes rêvent d'avoir des relations sexuelles avec des personnes qu'elles connaissent, et trouvent souvent cela fort déconcertant ou cela les embarrasse. Mais d'un point de vue psychologique, rêver d'avoir des rapports avec une personne que l'on connaît ne signifie pas nécessairement que l'on souhaite avoir des relations sexuelles avec elle dans la vie éveillée. Cela peut signifier que vous ressentez de l'attirance par une certaine qualité de cette personne. Questionnez-vous : « Qu'est-ce que j'admire chez cette personne ? » Cela peut être son esprit aventurier ou sa capacité à communiquer. L'énergie sexuelle est une énergie extrêmement vivante et active. Une fois que vous avez identifié la qualité souhaitée que cette énergie met en avant, vous pouvez commencer à l'incorporer activement dans votre perception de vous-même et à la développer. En agissant sur cette qualité particulière, vous faites un premier pas vers elle.

Un rêve sexuel courant est celui d'être pris en flagrant délit. Lors d'un rapport sexuel exubérant et orgasmique, la porte de la chambre s'ouvre et une personne profondément désapprobatrice se tient là : votre ancien professeur ou une collègue prétentieuse. Dans les rêves où les émotions passent de l'extase au choc ou à la honte, il est intéressant de chercher un lien avec les événements de la vie éveillée. Posez-vous la question : « Où ai-je, dans ma vie, éprouvé des émotions similaires ? » Si la personne qui se présente à la porte vous rappelle l'une d'entre elles, réfléchissez à votre réaction face à cette personne. Laissez-vous une personne (ou quelque chose) dans votre vie vous gâcher l'existence ?

Les rêves érotiques peuvent nous aider à comprendre et à accepter notre orientation sexuelle. Dans les rêves, nous pouvons expérimenter avec des partenaires du même sexe, ainsi qu'incarner un homme, une femme ou un être non binaire. Les rêves lucides ont un potentiel merveilleux pour les personnes qui explorent leur

1. Johnson, « Dreaming about Sex ».

orientation sexuelle, car, en gardant notre lucidité dans nos rêves, nous pouvons demander à expérimenter n'importe quel type de sexe ou de situation intime. Les frontières sexuelles dans les rêves sont fluides. Si nous nous identifions comme hétérosexuel·le·s et que nous rêvons de relations homosexuelles, cela ne signifie pas nécessairement que nous avons des doutes sur notre orientation sexuelle (bien que cela puisse être le cas). Cela pourrait plutôt indiquer le besoin d'une union plus profonde et plus équilibrée entre les énergies féminines et masculines, ou ce que Carl Jung appellerait les archétypes de l'anima et de l'animus que nous portons en nous.

Il est commun de rêver de sexe avec nos ex. Cela peut signifier que nous sommes en phase de traitement et d'acceptation afin de nous défaire des anciens liens pour avancer dans la vie. Mais il se peut aussi que le rêve essaie de dire que nous avons encore des sentiments pour cette personne. Lorsque la signification des rêves est ambiguë, n'hésitez pas à travailler un peu sur votre rêve, comme dans l'exercice 13 : Sept questions pour comprendre ses rêves (chapitre 3). Examinez les émotions dans le rêve et la nature de la rencontre sexuelle. Cela peut être une rencontre tendre, honteuse ou d'âme à âme.

Les rêves sexuels ne sont pas toujours agréables. Ils peuvent impliquer la trahison de découvrir que votre bien-aimé·e vous trompe, ou ils peuvent être liés à des traumatismes passés. Les cauchemars sexuels impliquant un viol, une agression ou de forts sentiments de dégoût ou de honte indiquent qu'il est urgent de guérir une situation actuelle ou passée. N'hésitez pas à consulter un·e thérapeute de rêve expérimenté·e. La troisième partie de ce livre propose des techniques efficaces pour sonder les cauchemars.

Les rêves érotiques peuvent révéler des choses dont nous n'étions pas conscient·e·s, mais ne vous inquiétez pas, tous les rêves d'infidélité n'indiquent pas nécessairement une tromperie réelle, ne tirez pas de conclusions hâtives ! Si vous rêvez que votre amoureux·euse vous trompe, cela peut signifier que vous ne vous sentez pas aimé·e ou soutenu·e par lui·elle, ou ce rêve peut mettre en lumière un autre aspect de votre vie dans lequel vous ressentez de la trahison ou un manque de respect.

Des études montrent que les femmes font plus de rêves sexuels en période d'ovulation, ce qui est parfaitement logique d'un point de vue biologique, car c'est le meilleur moment pour tomber enceinte. Ils n'ont donc pas toujours une signification particulière, cela peut être un simple débordement d'énergie sexuelle.

Le sexe et la masturbation comme portail vers le sommeil

Existe-t-il dans votre vie un flux magique d'énergie sexuelle qui apporte du plaisir à vos relations intimes ? Ce flux vivant et satisfaisant pourrait également vous aider à mieux dormir la nuit. Une bonne sexualité mène à un bon sommeil. La Fondation du Sommeil affirme que « le sexe peut avoir un effet positif sur le sommeil en réduisant le stress et en régulant les hormones… [et] un sommeil de qualité peut favoriser une meilleure vie sexuelle[1] ». Il existe une relation bidirectionnelle entre la sexualité et le sommeil, qui jouent tous deux un rôle majeur dans notre santé et notre bien-être.

L'orgasme nous aide à nous détendre et à nous endormir. C'est une expérience extatique qui libère des hormones relaxantes, telles que l'ocytocine, et réduit le cortisol, l'hormone du stress. Il est plus facile de s'endormir lorsque notre corps est détendu que lorsque nous sommes en stress. Selon la Fondation du Sommeil, si un couple hétérosexuel a des rapports, mais que la femme n'a pas d'orgasme, l'homme est plus susceptible de s'endormir rapidement, mais lorsque les deux ont un orgasme, ils ressentent le même niveau de somnolence post-coïtale. Cinquante pour cent des femmes et des hommes déclarent que la masturbation les aide à s'endormir et améliore même la qualité de leur sommeil[2].

1. Suni et Singh, « The Relationship between Sex and Sleep ».
2. Suni et Singh, « The Relationship between Sex and Sleep ».

Le moment choisi pour faire l'amour avec un·e partenaire peut également perturber le sommeil. Faire l'amour spontanément à 3 h du matin peut être absolument délicieux, mais si vous ne pouvez pas vous rendormir ensuite, vous vous réveillerez forcément plus fatigué·e. Avoir des rapports avant de s'endormir est optimal en matière de qualité du sommeil. Transformer votre chambre en un espace accueillant et paisible peut contribuer à améliorer votre vie sexuelle (voir l'exercice 3 : Aménager sa chambre, au chapitre 1). Un espace accueillant, propre et frais, ainsi qu'un bon matelas peuvent favoriser les ébats orgasmiques avant le sommeil avec votre partenaire… ou tout·e seul·e !

Soyons lucides sur notre lien actuel avec notre propre énergie sexuelle. L'exercice suivant nous y invite afin d'identifier les croyances sexuelles limitantes et de les améliorer.

Exercice 36

Reprogrammer les croyances sexuelles inconscientes

Les cinq étapes suivantes permettent de reprogrammer les croyances et les attitudes à l'égard de la sexualité. Affirmer des croyances saines permet de remarquer des changements subtils dans le bon sens.

1. Écrivez rapidement sans vous arrêter pour réfléchir en commençant votre phrase par : « En matière de sexe, je pense que… » Si vous le préférez, vous pouvez le faire à l'oral en vous enregistrant. Vous pouvez également commencer par : « Le sexe me fait sentir… » ou encore « Mon énergie sexuelle est… ».
2. Lisez ce que vous venez d'écrire et essayez de déceler les croyances limitantes ou les émotions difficiles parmi vos lignes. Soulignez-les. En voici quelques-unes récurrentes : « Atteindre l'orgasme n'est pas facile » ; « Si je n'avais pas honte de mon corps, le sexe serait une vraie partie de

plaisir » ; « Il y a quelque chose de honteux dans le sexe que je trouve dérangeant » ; « Je n'ai pas le temps pour les relations sexuelles » ; « Personne ne veut coucher avec moi » ; « Je ne vais peut-être pas réussir à avoir une érection » ; « Le sexe me fait sentir sale et irrespecté·e » ; « J'ai trop souvent envie de sexe » ; « J'ai perdu mon appétit sexuel ».

3. À présent, écrivez une affirmation pour contrebalancer votre croyance limitante, une phrase permettant de surpasser les croyances négatives et de neutraliser les émotions difficiles. Voici quelques exemples desquels vous pouvez vous inspirer : « Les orgasmes viennent facilement et naturellement » ; « J'aime et je respecte mon corps et je prends beaucoup de plaisir au lit » ; « Le sexe est naturel et je me sens en sécurité pour en profiter pleinement » ; « J'ai du temps pour le sexe, car c'est important pour moi » ; « Je suis désirable, sexy et aimé·e » ; « Je maintiens une érection puissante pendant mes relations sexuelles » ; « J'attire des partenaires qui me traitent avec respect et tendresse, et je me sens merveilleusement bien après le sexe » ; « Ma libido est équilibrée » ; « Mon appétit sexuel revient dans toute sa splendeur ». Il est important de poser une ou plusieurs affirmations assez puissantes à vos yeux pour surmonter les croyances limitantes. Même si vous ne croyez pas encore complètement à vos affirmations (et c'est le cas de beaucoup de personnes au début), votre mission est de les accueillir pleinement dans votre cœur, votre esprit et votre corps.
4. Prenez quelques instants par jour pour imaginer votre vie une fois les affirmations sexuelles ancrées, une vie où les orgasmes viennent facilement et naturellement, où vous aimez votre corps, où vous vous sentez en sécurité avec un·e partenaire respectueux·euse, où vous vous sentez désiré·e, avec une libido saine et équilibrée, et où vous avez une vie sexuelle fantastique à laquelle vous dédiez du temps ! Imaginez que cette nouvelle version de vous-même existe déjà et concentrez-vous sur la sensation

de bien-être que cela vous procure. Visualisez-vous vivre la meilleure version de votre vie sexuelle, avec bonheur et satisfaction. Répétez vos affirmations, changez-les et faites-les évoluer au fil de votre transformation.

Consultez votre médecin si vous rencontrez des problèmes de santé sexuelle, tels que les difficultés d'érection ou des douleurs lors des rapports. Si vous ressentez de la crainte autour de votre sexualité, si vous êtes dans une relation toxique, si vous avez été victime d'inceste ou si vous avez subi des traumatismes sexuels, si le dégoût ou la honte vous envahissent lorsque le sujet de la sexualité est abordé, je vous en prie, rapprochez-vous d'un·e psychologue pour vous accompagner sur une voie de guérison. Les problèmes liés à la sexualité peuvent entraver une vie sereine et heureuse.

Ravivez votre envie de croquer la vie à pleines dents en invitant une énergie sexuelle saine dans votre corps. Permettez-lui de vous aider à avoir confiance en vous et de vous sentir vivant·e. C'est un merveilleux soutien pour dissoudre les blocages émotionnels et s'en libérer permet ainsi d'atteindre un sommeil plus sain et de faire de beaux rêves érotiques. Notre sommeil bénéficie grandement d'une intimité sexuelle et d'orgasmes avant d'aller dormir.

Exercice 37

Imaginer son énergie sexuelle en animal

L'énergie sexuelle peut être perçue comme un flux, mais il est parfois utile de l'imaginer comme une créature vivante. Cela nous aide à comprendre la nature de l'énergie à laquelle nous avons affaire et à découvrir si nous en sommes satisfait·e·s ou si elle doit être modifiée d'une manière ou d'une autre.

Imaginez votre énergie sexuelle comme un animal. Lequel est-ce ? Considérez ses qualités. De quoi votre animal a-t-il besoin pour se sentir en sécurité, heureux et libre de s'exprimer pleinement ? S'il est effrayant ou agressif, notez-le sans vous laisser absorber par lui. Quelle que soit la forme que prend votre animal, imaginez qu'il change, qu'il se transforme pour devenir le meilleur de lui-même, en harmonie avec tous les êtres. Observez son aspect et ses actions à présent.

Vous pouvez également placer une photo de votre animal d'énergie sexuelle idéale près de votre lit ou sur votre bureau pour vous rappeler ce que vous visez. Cela peut être de la grâce, des mouvements sensuels, une énergie illimitée, de la tendresse, de la confiance en soi, une puissante libido ou la capacité à embrasser le bonheur.

Maintenant que nous avons examiné notre lien avec notre énergie sexuelle, passons à l'exploration de ce qui se passe lorsque nous activons l'énergie de la kundalini.

Qu'est-ce que la kundalini ?

Kundalini est le mot sanskrit pour « enroulé » et se réfère à l'énergie primitive enroulée, une puissante force de vie qui réside à la base de la colonne vertébrale. Dans l'hindouisme, cette énergie est liée au divin féminin ou à la déesse. Elle est souvent représentée comme un serpent enroulé et endormi. Lorsque l'énergie kundalini est éveillée, elle quitte sa position endormie et s'élève le long de la colonne vertébrale, activant le centre sexuel, puis tous les autres centres énergétiques, ou chakras, jusqu'à atteindre le chakra couronne. Cette énergie montante dissout les blocages et nous transforme de l'intérieur. L'éveil complet de la kundalini peut prendre de quelques instants à quelques années. L'éveil initial peut se produire en rêve ou à l'état de veille et, selon les yogis, cette montée d'énergie conduit à l'illumination spirituelle.

Les étapes de l'éveil de la kundalini

Les chakras sont des centres d'énergie dans le corps. Nous avons sept chakras principaux, de la base de la colonne vertébrale au sommet de la tête. Nous avons également de nombreux chakras plus petits tout autour du corps – vous pouvez probablement sentir ceux qui se trouvent dans la paume de vos mains si vous y portez votre attention ; vous sentirez une chaleur vive ou une vibration. Les trois principales étapes de l'éveil de la kundalini sont les suivantes, bien qu'elles puissent être différentes d'une personne à l'autre :

- *Arambha*, ou début : cette étape peut impliquer des souffrances physiques, mentales et émotionnelles. Nous commençons à guérir des traumatismes ancestraux ou des circonstances de vie difficiles pour ouvrir la voie à l'éveil spirituel. Les personnes peuvent ressentir des tremblements intérieurs ou une sensibilité au son ou à la lumière, car leurs blocages énergétiques commencent à se déplacer. Les troubles du sommeil sont fréquents à ce stade. La pratique quotidienne de la respiration et de la méditation peut aider à traverser cette étape et permettre un sommeil de meilleure qualité.
- *Ghata*, ou purification : au cours de cette étape, nous remettons en question les croyances anciennes, nous remettons tout en question, nous trouvons des vérités profondes, nous changeons nos schémas de pensée et nous approfondissons notre relation avec le divin. Au fur et à mesure que les choses évoluent, nous expérimentons des pics d'énergie et de synchronicités.
- *Bodhi*, ou éveil : également connu sous le nom d'éveil du troisième œil, ce stade est marqué par la libre circulation de l'énergie dans tous les chakras. La créativité afflue et nous sentons une véritable connexion à notre essence intérieure. Les synchronicités abondent. Les rêves lucides augmentent, de même que la conscience éveillée et la clarté d'esprit. Le flux incessant de pensées négatives cesse ; il n'y a plus de jugement des autres ou de nous-mêmes. L'énergie sexuelle devient plus puissante et équilibrée. Nous ressentons de la joie, du bonheur, ainsi qu'une confiance totale dans l'Univers. Nous recevons de profondes informations. Nous vivons la vie pleinement comme dans un rêve lucide. Nous transcendons l'ego, nous nous ouvrons à une

conscience supérieure et nous faisons l'expérience de l'unité. Nous vivons dans un flux constant de compassion et d'amour et atteignons plus facilement l'éveil spirituel.

Ces étapes peuvent prendre des années. Bien que la pratique de la kundalini yoga ne garantisse pas l'éveil de la kundalini, elle peut apporter un plus grand calme et une meilleure appréhension des aléas de la vie. Une étude de 2017 a montré que la pratique du yoga kundalini réduit immédiatement les niveaux de cortisol, l'hormone du stress, dans les échantillons de salive. Après trois mois de pratique, les participant·e·s au kundalini yoga avaient également un niveau de stress perçu dans leur vie significativement plus bas[1]. Dans une étude de 2018, un stage de yoga kundalini de huit semaines a permis de réduire les troubles anxieux et les symptômes corporels de stress chez les participant·e·s[2].

L'idée que l'énergie sexuelle peut conduire à des expériences mystiques n'est pas nouvelle. Les traditions de la kundalini et du yoga tantrique explorent l'énergie sexuelle et mystique depuis des siècles. Les temples et sanctuaires hindous présentent souvent le yoni et le lingam (les organes sexuels féminin et masculin) pour symboliser l'union sexuelle.

La pratique de l'orgasme pour atteindre l'illumination semble être une idée assez attirante, mais comment cela fonctionne-t-il réellement ?

Nous pouvons activer l'énergie de la kundalini pendant notre sommeil. Puisque nous passons par des périodes naturelles d'excitation pendant le sommeil paradoxal, nous pouvons les exploiter de deux façons : nous pouvons incuber un rêve érotique avant de nous endormir, ou nous pouvons devenir lucides dans un rêve et accueillir un orgasme transcendant menant à une expérience mystique. Les deux exercices suivants montrent comment y parvenir.

---

1. García-Sesnich *et al.*, « Longitudinal and Immediate Effect of Kundalini Yoga on Salivary Levels of Cortisol and Activity of Alpha-Amylase and Its Effect on Perceived Stress ».

2. Gabriel *et al.*, « Kundalini Yoga for Generalized Anxiety Disorder ».

Exercice 38

Incuber un rêve érotique

Utilisez autant de rituels que vous le souhaitez pour cet exercice. Certaines personnes trouvent que les rituels concentrent leur intention pour créer toute une cérémonie autour de l'incubation de rêves érotiques, que ce soit fantasmer en regardant des photos érotiques ou dormir en lingerie sexy. Des études montrent que certaines personnes qui consomment de la pornographie sont plus susceptibles de faire des rêves sexuels et que le type de pornographie tend à déterminer la tendance sexuelle de leurs rêves[1]. Mais il n'est pas nécessaire de regarder de la pornographie pour invoquer un rêve sexuel. Le fait de fantasmer sur ce que l'on aimerait expérimenter donne une forte impulsion à l'incubation des rêves.

Écrivez ce que vous voulez expérimenter ou posez une question, par exemple « Je voudrais faire un rêve érotique », « Je voudrais devenir un·e meilleur·e amant·e » ou « Comment puis-je améliorer ma vie sexuelle ? ». Des études montrent que nous pouvons améliorer nos compétences sportives et motrices dans les rêves lucides, alors pourquoi pas nos compétences sexuelles ? Les rêves constituent une fantastique arène multisensorielle pour répéter toutes sortes d'aptitudes, de la prise de parole en public au snowboard. Une fois votre intention ou votre question écrite sur une feuille de papier, placez-la sous votre oreiller.

Vous pouvez dormir nu·e ou en lingerie fine afin de mieux incuber vos rêves érotiques, ou écouter de la musique sexy. Avant de vous endormir, prenez plaisir à imaginer le scénario érotique que vous envisagez. Donnez-lui vie, avec des sensations, des émotions et des sons. Laissez-vous gagner par le sommeil, en répétant votre intention ou votre question.

Si vous devenez lucide dans votre rêve, exprimez votre intention ou posez votre question. Ne vous inquiétez pas si le rêve ne se déroule pas comme vous le souhaitez. Le rêve est un

1. Yu, « Lust, Pornography, and Erotic Dreams ».

environnement spontané et créatif, et la lucidité n'est pas synonyme de contrôle total. D'ailleurs, la plupart d'entre nous ne le souhaitent pas. Un rêve lucide est une conversation avec la partie la plus profonde de vous-même. Avec un esprit ouvert et curieux, voyez ce que le rêve crée en réponse à votre intention ou à votre question.

Notez vos rêves au réveil. Recherchez les thèmes érotiques et les moments où l'énergie sexuelle était présente, par exemple, en flirtant avec un personnage ou une sensation d'excitation. Examinez les symboles et les scénarios pour voir si vous avez reçu une réponse à votre question.

Découvrons maintenant comment le rêve lucide et les expériences de kundalini se complètent harmonieusement.

Les rêves lucides et la kundalini

Les rêves sexuels lucides peuvent déclencher l'éveil de la kundalini et la transcendance spirituelle. L'incubation d'un rêve lucide érotique peut entraîner une transformation au niveau cellulaire, des chakras et de la spiritualité. L'énergie sexuelle élevée est canalisée dans une expérience transcendante. Dans son livre *Pathway to Ecstasy*, la psychologue clinicienne Patricia Garfield raconte ses expériences de sexualité intense dans ses rêves lucides :

> *Des vagues de sensations érotiques m'envahissent jusqu'à ce que je sois submergée par un orgasme que l'on peut qualifier de véritablement extatique. Le moment merveilleux de détente s'étend en beauté et en lumière brillante. Mon corps et mon esprit résonnent avec des tourbillons d'énergie. L'énergie sexuelle activée s'est écoulée vers le haut et s'est transformée en expérience mystique*[1].

1. Garfield, *Pathway to Ecstasy*, 139.

Mais l'énergie de la kundalini peut également être activée sans orgasme et sans intention préalable de faire un rêve spirituel lucide. L'un de mes propres rêves lucides en est la preuve :

Dans une grotte lumineuse où coule une eau scintillante, je vois un énorme serpent vert enroulé sur un rocher. Sa tête est levée et il m'observe d'un regard très conscient. Le serpent se glisse vers moi, sinueux et musclé. Il touche la base de ma colonne vertébrale avec sa tête, et trois choses se produisent en même temps.

Premièrement, je deviens lucide. Je sais que c'est un rêve et je m'y abandonne, sachant que, quoi qu'il arrive, je me réveillerai saine et sauve dans mon lit.

Deuxièmement, je sais que le serpent n'est pas là pour me blesser ou me mordre, mais pour partager son pouvoir et sa sagesse avec moi.

Troisièmement, là où il me touche, une vibration commence, comme un picotement. Au fur et à mesure que le serpent glisse sur mon dos et remonte le long de ma colonne vertébrale, cette vibration monte et monte. Je suis consciente du poids du serpent sur mon dos et de cette sensation de vibration qui monte rapidement le long de ma colonne vertébrale. Lorsque le serpent atteint le sommet de ma tête, une explosion d'énergie extatique se produit et tout se dissout dans une lumière irréelle. Je fais l'expérience de l'unité totale. Peu à peu, je me réveille dans mon lit et mon corps vibre encore de cette énergie du serpent de la kundalini.

Lorsque je me suis réveillée de ce rêve, j'étais pleine d'énergie et prête à passer à l'action. Je m'étais couchée alors qu'une situation ennuyeuse se jouait, deux de mes éditeurs étant dans l'impasse à propos de l'un de mes livres. J'avais essayé de ne pas m'en mêler, mais je savais maintenant clairement ce qu'il fallait faire. J'ai passé un coup de fil et la situation a été résolue avec une incroyable facilité. De ce fait, en l'espace de deux semaines, j'ai signé deux nouveaux contrats pour deux de mes livres. Lorsque l'énergie de la kundalini circule librement, notre niveau de conscience est bien plus élevé et clair. L'énergie bloquée se déplace et la vie réagit.

L'exercice suivant montre comment utiliser l'énergie sexuelle pour atteindre des états de conscience plus élevés lorsque nous devenons lucides dans un rêve.

Exercice 39

Canaliser l'énergie sexuelle vers une élévation spirituelle

Un niveau de conscience plus élevé dans les rêves lucides nous donne une meilleure chance de travailler consciemment avec l'énergie de la kundalini. Une fois que vous êtes lucide, concentrez-vous sur votre énergie sexuelle. Il se peut que vous sentiez l'excitation monter ou que vous ayez besoin d'être stimulé·e. Dans un rêve, la stimulation sexuelle peut prendre de nombreuses formes. La professeure Patricia Garfield rapporte : « Un bouton de rose, une fontaine étincelante, une pipe dont le fourneau est chaud après avoir été fumé, et bien d'autres choses de ce genre ont servi de matériel sexuel dans les rêves lucides[1]. »

Lorsque vous sentez l'énergie orgasmique s'éveiller dans votre corps onirique, concentrez-vous sur l'augmentation de sa puissance. Un rêve lucide réagit à vos pensées, à vos intentions et à vos désirs, donc le simple fait d'avoir l'intention d'augmenter l'énergie suffit généralement pour que cela se produise. Vous avez maintenant plusieurs choix. Certain·e·s rêveur·euse·s lucides volent lorsque leur énergie kundalini s'élève. Le Pr Garfield raconte qu'elle a volé très haut, puis qu'elle a délibérément plongé vers le sol, explosant dans un orgasme cosmique au moment de l'impact.

Souvent, une lumière bienveillante apparaît pendant l'orgasme du rêve lucide. La Pr Melinda Ziemer décrit un rêve lucide où « l'extase frappe fort... un faisceau de lumière m'emporte vers le bas de mon ventre... le plaisir extatique est si intense qu'il se transforme

1. Garfield, *Pathway to Ecstasy*, 135.

en un orgasme profond[1] ». Vous pouvez choisir de manifester un·e partenaire sexuel·le dans votre rêve lucide, ou vous pouvez demander de l'aide au rêve, par exemple : « Aidez-moi à canaliser cette énergie vers un éveil de la kundalini. »

Le but d'être conscient·e et déterminé·e à atteindre l'orgasme dans un rêve lucide est de permettre à l'énergie sexuelle de remonter à travers le corps dans le rêve (corps d'énergie), en éliminant les blocages jusqu'à être libérée par le sommet de la tête. Cette activation est souvent vécue comme une pure extase spirituelle. Lorsque nous nous réveillons de ce type de rêve, nous ressentons généralement l'activation dans notre corps physique sous la forme de vibrations dans chacune de nos cellules, ou d'une vigilance très soutenue, ou encore par un immense sentiment de paix et de bien-être.

Après le réveil, sortez et marchez pieds nus dans la terre ou jardinez un peu – enfoncez vos mains dans la terre ou faites tout autre exercice doux après cette expérience intense. Bougez votre corps et tournez-vous vers la nature et ses arbres, ses fleurs et l'herbe pour vous aider à intégrer votre énergie nouvelle.

Dans cette partie, nous avons étudié une grande variété de portails sur le sommeil. Nous avons exploré les vibrations sonores, l'hypnagogie, les siestes, le yoga nidra, les animaux totems et les guides ainsi que les orgasmes. En réalisant les exercices au fur et à mesure, il est fort probable que vous viviez de merveilleuses expériences autour du sommeil. Vous allez puiser dans votre vaste intelligence du sommeil de manière bénéfique et vous installer dans une relation vibrante et réciproque avec le sommeil.

Il est maintenant temps pour nous de visiter les zones sombres du monde endormi. Nous allons parcourir quelques expériences effrayantes et inconfortables du sommeil, de l'insomnie aux cauchemars, en passant par l'anxiété et les terreurs nocturnes. Attachez votre ceinture et ne vous inquiétez pas, je connais le chemin.

---

1. Johnson, *Llewellyn's Complete Book of Lucid Dreaming*, 189.

PARTIE III

APAISER LES INSOMNIES, LES CAUCHEMARS ET LES TERREURS NOCTURNES

CHAPITRE 11
L'INSOMNIE

C'est le milieu de la nuit, mais vous êtes aussi éveillé·e qu'en plein jour. Vous êtes allongé·e dans votre lit et vous avez déjà dormi quelques heures, mais sans raison valable, vous vous êtes réveillé·e. Votre cerveau est maintenant en état d'alerte. Il fourmille de pensées, de scénarios majoritairement désagréables et stressants. Malgré cette lumière vive qui maintient votre esprit éveillé, votre corps est épuisé.

Vous donneriez cher pour retrouver le sommeil.

Vous vous retournez pendant une demi-heure, puis vous décidez de rester allongé·e sans bouger pour voir si cela vous aide à vous endormir à nouveau. Mais rien n'y fait. Chaque fois que vous commencez à vous détendre, les pensées refont surface et tournent comme des vautours. Vous revivez les moments stressants de la veille et vous vous souciez du lendemain. Votre cerveau tourne en boucle, il rumine de vieilles blessures et des relations ratées. Lorsque vous en avez assez de fouiller dans le passé, votre cerveau saute d'un problème d'argent à un problème de santé. Quelque part au milieu de ces pensées torturantes, vous sentez que votre estomac gargouille. Devriez-vous vous lever pour manger un morceau ou cela vous empêchera-t-il encore plus de dormir ?

Tant pis, vous vous passerez de l'en-cas. Toujours dans votre lit, qui commence à ressembler à une prison, vous regardez à nouveau l'heure et constatez que vous êtes éveillé·e depuis près de deux heures. Vous calculez que, dans cent dix-sept minutes, votre réveil sonnera et vous devrez vous traîner hors du lit pour aller travailler. Quel cauchemar ! Et maintenant, vous avez vraiment envie de faire pipi. Dans un gémissement de frustration, vous vous hissez jusqu'à la salle de bains. En retournant dans la chambre, vous succombez à l'envie de jeter un coup d'œil à votre téléphone, pour découvrir un e-mail exaspérant d'un·e collègue. La tension monte. Maintenant, vous pouvez faire une croix sur votre sommeil pour la nuit. Vous êtes énervé·e et épuisé·e.

Voilà à quoi ressemble une nuit dans la vie d'un·e insomniaque.

Imaginez que vous ayez à vous lever et à affronter une journée remplie de défis quotidiens habituels, de décisions à prendre en une fraction de seconde (comme celles que nous prenons lorsque nous conduisons une voiture) et d'interactions où une réponse émotionnelle mesurée est vitale. Comment une personne extrêmement fatiguée peut-elle faire face à la vie ? En général, la réponse est de boire beaucoup de café et de lutter pour terminer la journée. Pour une nuit de manque de sommeil, cette approche peut fonctionner (en quelque sorte), mais si nous ne dormons pas suffisamment la nuit suivante, et la suivante, nous entrons dans un cercle vicieux d'épuisement. Cela conduit souvent à l'anxiété et à la dépression, sans parler des problèmes de santé que cela peut générer.

Dans ce chapitre, nous étudierons les effets de l'insomnie chronique et ses solutions. Je vous ferai part de quelques remèdes efficaces contre ce tourment, que vous pourrez mettre en pratique la prochaine fois que vous y serez confronté·e.

Qu'est-ce que l'insomnie ?

L'insomnie est le fait de ne pas dormir suffisamment. Elle implique généralement de longues périodes d'éveil pendant la nuit. Pour certaines personnes, l'insomnie survient au début de la nuit, lorsqu'elles ne parviennent pas à s'endormir. C'est ce qu'on appelle l'insomnie initiale. D'autres s'endorment très bien, mais ne parviennent pas à rester endormies toute la nuit ; soit elles ont tendance à se réveiller fréquemment, soit elles se réveillent une fois mais ne parviennent pas à se rendormir. C'est l'insomnie de maintien. Certaines personnes se réveillent trop tôt le matin et n'arrivent pas à se rendormir. C'est ce qu'on appelle l'insomnie terminale. Ne vous inquiétez pas, elle porte ce nom parce qu'elle se produit à la fin de la nuit, et non parce qu'elle est incurable !

L'Association américaine de psychiatrie considère qu'une personne souffre d'insomnie chronique si elle présente une ou plusieurs des perturbations du sommeil décrites ci-dessus au moins trois nuits par semaine pendant trois mois ou plus, et que ce manque de sommeil a un impact négatif sur son humeur, son travail, sa santé et sa vie quotidienne[1]. Ce chapitre propose des exercices pour aider les personnes souffrant de n'importe quel type d'insomnie, à condition que la cause première ne soit pas un médicament particulier. Si vous vous sentez en permanence privé·e de sommeil et que vous suivez un traitement, demandez à votre médecin si celui-ci a des effets secondaires sur le sommeil.

Quelles sont les causes de l'insomnie ?

L'une des causes les plus courantes de la perte de sommeil est la présence d'un bébé. Les parents et les autres personnes qui s'occupent de l'enfant peuvent se trouver dans une situation d'insomnie pendant de nombreux mois. Les techniques présentées dans ce chapitre peuvent facilement être mises en pratique après une tétée nocturne, et si votre bébé pleure la nuit, mettez en application l'une des techniques de respiration du chapitre 4 pour faire face à ces réveils incessants avec plus de sérénité. Le bébé le sentira et, avec un peu de chance, s'apaisera lui aussi. Vous allez adorer l'exercice 22 : Respiration de l'abeille (chapitre 6). Si vous bercez votre bébé contre votre poitrine en fredonnant à chaque expiration, la vibration apaisante résonnera également dans le corps du bébé.

1. Association américaine de psychiatrie, *Manuel diagnostique et statistique des troubles mentaux.*

Bien que les interruptions du sommeil puissent être causées par des facteurs externes, tels que les pleurs de bébés ou le bruit de la rue, la plupart des insomnies ont une cause physique. Avoir trop chaud pendant la nuit peut perturber ou empêcher le sommeil. Il est généralement facile d'y remédier : retirez votre pyjama, optez pour des couvertures plus légères, achetez un ventilateur, éteignez les radiateurs dans la chambre et aérez la pièce avant de vous endormir pour abaisser la température à 18 °C. Les bouffées de chaleur sont des changements hormonaux liés à la ménopause ou à l'andropause, et peuvent perturber le sommeil. Pratiquer des postures de yoga telles que celles de l'exercice 57 : Postures de yoga réparatrices à faire au lit (chapitre 15) peut calmer les bouffées de chaleur et faciliter le retour à un sommeil paisible.

Manger des repas lourds ou consommer de la caféine, de la nicotine ou de l'alcool trop près de l'heure du coucher peut empêcher de bien dormir. Là encore, quelques changements de mode de vie peuvent facilement vous mettre sur la voie d'un sommeil réparateur. Mais il arrive que d'autres causes physiques de l'insomnie nécessitent une intervention médicale, comme l'apnée obstructive du sommeil, lorsque les muscles de la gorge s'affaissent de façon répétée, interrompant la respiration et empêchant d'entrer dans un sommeil profond. Si vous vous réveillez souvent la nuit en haletant ou en vous étouffant, faites part de vos symptômes à un·e médecin.

Des études montrent que l'insomnie peut également être liée à l'hyperexcitation de la partie la plus profonde de notre cerveau[1]. Penchons-nous sur le sommeil paradoxal agité.

Qu'est-ce que le sommeil paradoxal agité ?

Le sommeil paradoxal agité se voit interrompu régulièrement sur de courtes périodes. Cela entraîne un sommeil fragmenté et une

1. Van Someren, « Brain Mechanisms of Insomnia ».

incapacité à gérer les émotions. Habituellement, pendant la phase de sommeil paradoxal, nous traitons et intégrons les émotions et les souvenirs. Cela nous permet d'atteindre un meilleur équilibre émotionnel et d'éviter d'être constamment pris par des émotions au cours de la journée.

Le professeur Eus van Someren, neurobiologiste néerlandais, suggère que la cause du sommeil paradoxal agité est l'hyperexcitation de la zone du tronc cérébral appelée *locus coeruleus*[1]. Cela paraît plutôt logique si l'on considère l'état d'hypervigilance que les gens disent avoir pendant les épisodes d'insomnie. Il se peut que nous ruminions excessivement pendant la nuit parce que le traitement émotionnel habituel des rêves n'a pas eu lieu.

Que faire si notre tronc cérébral s'allume constamment, alors qu'il devrait être éteint pour que nous puissions rêver et traiter nos émotions ? L'essentiel est de calmer le système nerveux. Toutes les techniques de ce chapitre vous offriront des clés pour y parvenir. Lorsque le Pr Jaan Reitav a participé à l'une de mes retraites de rêve lucide au Portugal, je lui ai demandé s'il pouvait partager quelques conseils pour les personnes souffrant d'insomnie. Il m'a répondu que la première chose à faire est d'apprendre à réguler son système nerveux en utilisant la méthode diaphragmatique, la relaxation musculaire ou le yoga nidra. Son deuxième conseil était de protéger le sommeil de toutes les distractions du monde éveillé et de respecter l'esprit endormi en établissant un rythme veille-sommeil régulier dans un endroit sombre, frais et calme.

Si ces deux mesures ne suffisent pas, le Pr Reitav recommande de participer à une thérapie cognitivo-comportementale pour l'insomnie, qui s'est avérée très efficace pour plus de la moitié des personnes souffrant d'insomnie chronique. La dernière étape consisterait en un traitement de traumatismes, comme la thérapie de réorientation cérébrale profonde, qui cible l'hyperactivité du *locus coeruleus* dans le cerveau. L'insomnie liée à un traumatisme peut nécessiter l'une des deux dernières thérapies pour être résolue.

1. Van Someren, « Brain Mechanisms of Insomnia ».

Pour l'instant, voyons ce qui se passe lorsque nous manquons de sommeil.

Que se passe-t-il lorsque nous manquons de sommeil ?

Le sommeil est un élixir de santé. Lorsque nous dormons, notre corps prend le temps de guérir, d'équilibrer nos hormones, de faire grandir les os, de traiter les souvenirs, de réparer les muscles et les organes, de régénérer les tissus et d'harmoniser nos émotions. Ces processus inconscients font partie de notre intelligence naturelle onirique. Mais pour maximiser cette guérison, il est nécessaire d'offrir à notre corps assez de sommeil de qualité. Lorsque nous sommes privé·e·s de sommeil, notre santé physique et mentale se dégrade et nos niveaux de dépression et d'anxiété augmentent. L'insomnie touche davantage les femmes que les hommes, et les personnes qui ont eu des expériences négatives dans leur enfance sont plus à risque.

La durée de sommeil recommandée pour les adultes est de sept à neuf heures par nuit[1]. Le manque de sommeil accroît les risques de maladies cardiaques, d'AVC, de diabète, d'obésité, de dépression et d'hypertension artérielle. Si nous souffrons d'insomnies chroniques, nous risquons davantage de développer la maladie d'Alzheimer. Le manque de sommeil provoque une inflammation dans le corps et le cerveau, ce qui empêche la cicatrisation des tissus. Des études montrent qu'avec seulement quelques nuits de sommeil insuffisant, notre fonctionnement cognitif diminue et notre vitesse de réaction ralentit[2]. Dangereusement, les personnes qui dorment une à deux heures de moins que d'habitude pendant quelques nuits d'affilée se croient à 100 % de leurs capacités, bien

1. Walker, *Pourquoi nous dormons*.

2. Walker, « Matthew Walker Teaches the Science of Better Sleep, » cours vidéo, leçon 6 : « Prevent Sleep Debt. »

que cela ne soit pas le cas. Elles risquent des micro-sommeils au volant, et augmentent ainsi le risque de provoquer un accident, car un manque de sommeil est aussi dangereux que l'état d'ébriété.

L'insomnie est un problème majeur dans nos vies trop rapides et laborieuses. Nous courons toute la journée et n'arrivons pas à nous détendre suffisamment pour passer une nuit reposante. Nous ne pouvons pas toujours dormir lorsque nous en avons besoin en raison de nos horaires de travail ou de nos jeunes enfants, ou les deux. L'Association américaine de psychiatrie affirme que plus de 50 millions d'États-Unien·ne·s souffrent de troubles chroniques du sommeil, dont un tiers des adultes déclarent présenter des symptômes d'insomnie et jusqu'à 22 % d'entre eux·elles des symptômes suffisamment graves pour répondre aux critères de l'insomnie chronique[1].

Un sommeil insuffisant nuit après nuit augmente notre dette de sommeil, c'est-à-dire la différence entre le nombre d'heures que nous devrions dormir et le nombre d'heures que nous dormons réellement. Cela devient un cercle vicieux de fatigue. Mais ne vous inquiétez pas, il existe des tas de solutions pour y remédier en changeant nos habitudes de sommeil. Il n'est pas nécessaire d'attendre d'avoir rattrapé tout notre retard en matière de sommeil pour créer une vraie différence dans notre corps.

Les effets néfastes d'un manque de sommeil sont assez accablants, examinons donc les aspects potentiellement positifs des réveils occasionnels pendant la nuit.

Insomnie créative

Les personnes qui ne sont pas obligées de se lever le matin à une heure précise peuvent facilement tirer profit des insomnies. Les pensées qui nous taraudent l'esprit au milieu de la nuit ne sont pas

1. Association américaine de psychiatrie, « What Are Sleep Disorders ? ».

toujours aussi négatives que ce que l'on croit. Personnellement, si je travaille intensément sur un livre, je me retrouve occasionnellement à me réveiller au beau milieu de la nuit pendant environ une heure. Mon cerveau fonctionne avec une fureur créative telle qu'il me réveille pendant la nuit, et je le laisse faire son bout de chemin jusqu'à retrouver le sommeil. Il lui arrive d'écrire des dizaines de pages pendant la nuit !

Au cours de ces merveilleuses heures nocturnes, j'ai écrit des poèmes, repassé mes rêves comme une metteuse en scène, entretenu des conversations imaginaires avec des ami·e·s, composé des histoires fantastiques, philosophé sur la nature de la réalité et fantasmé sur à peu près tout ce que l'on peut faire ou avoir ici-bas, de posséder un tigre de compagnie à faire des découvertes révolutionnaires, et de passer la nuit avec un homme incroyablement sexy à voyager dans le temps. Alors, rester éveillé·e la nuit n'est finalement pas si mal, tout du moins lorsque cela reste occasionnel ou quand nous savons que nous pourrons disposer de temps pour nous reposer après cette créativité explosive.

Si vous souffrez d'insomnie et que vous savez que vous n'avez pas à vous lever le lendemain, pourquoi ne pas faire quelque chose de créatif ? Tricotez une écharpe avec de la laine colorée, peignez un tableau, écrivez un poème, faites de la musique. J'ai un gong, et de temps en temps, je me glisse dans mon bureau pendant la nuit et j'en joue doucement pour ne pas réveiller le reste de la maison. Il y a quelque chose de magique à s'asseoir dans l'obscurité et à écouter les vibrations profondes au milieu de la nuit. Il m'arrive aussi de pratiquer quelques postures de yoga, en me mettant à l'écoute du flux énergétique de ma respiration. Ou je griffonne quelques idées.

Après ces explosions de créativité nocturne, je fais en sorte de dormir plus longtemps le matin ou de faire une grosse sieste en milieu de matinée pour rattraper le sommeil perdu. Je suis professeure de lucidité, écrivaine et conférencière, et je dirige ma propre école proposant des formations vidéo sur le rêve lucide. Je suis ma propre cheffe et je décide moi-même de mon emploi du temps. Si je ne suis pas en train de faciliter une retraite ou de participer à des conférences, je peux travailler de chez moi. Cela me donne le luxe de ne pas avoir à me préoccuper des réveils occasionnels la nuit.

Certaines personnes adorent être éveillées la nuit. Historiquement, jusqu'à la fin des années 1600, les personnes des classes aisées d'Europe du Nord avaient pour habitude de dormir sur deux périodes : ils·elles s'endormaient avant neuf ou dix heures du soir, se réveillaient environ quatre heures plus tard, se levaient pour prier, avoir des rapports sexuels ou même socialiser, puis retournaient se coucher pour la dernière partie de la nuit. Après la révolution industrielle du XIXe siècle, la société dans son ensemble s'est habituée à travailler sans interruption pendant la journée, puis à dormir toute la nuit[1].

Aujourd'hui, la majorité des adultes et des enfants sont contraint·e·s d'avoir un sommeil monophasique, c'est-à-dire qu'ils·elles dorment d'un seul trait. Or, certaines personnes sont naturellement des dormeur·euse·s biphasiques et dorment en deux parties, l'une la nuit et l'autre prenant souvent la forme de siestes. D'autres encore sont des dormeur·euse·s polyphasiques, c'est-à-dire qu'ils·elles dorment pendant différentes périodes au cours de la journée ou de la nuit. Si nous sommes libres de dormir quand nous le voulons, il n'est pas nécessaire de s'en tenir à un mono-sommeil de sept à huit heures par nuit.

Dans les cas où nous parvenons à rattraper notre retard de sommeil et à être pleinement reposé·e·s, il n'y a pas de diagnostic d'insomnie. Les réveils nocturnes doivent avoir un impact négatif sur la vie de la personne pour que l'on puisse parler d'insomnie. Passons à l'exploration des solutions à ces troubles nocturnes. Dans le prochain exercice, je partage avec vous l'une de mes techniques originales inscrites dans la magie du rêve lucide.

---

1. Zwarensteyn, « History of Sleep : How Ancient Humans Slept before Electricity ».

Le rêve lucide pour contrer l'insomnie

Il y a sept ans, j'animais un atelier de six semaines sur le rêve lucide dans lequel se trouvaient plusieurs insomniaques en quête de solutions. Au fur et à mesure que je partageais avec elles des techniques de lucidité, ces personnes ont commencé à utiliser leur éveil nocturne comme un tremplin vers le rêve lucide. Après tout, si vous êtes allongé·e dans votre lit et que votre cerveau est en activité, que votre corps est fatigué et que vous disposez de temps, pourquoi ne pas essayer les techniques d'induction de rêves lucides ? La chimie du cerveau est optimale pour ces expériences après les premiers stades de sommeil profond, car nous connaissons alors de plus longues périodes de sommeil paradoxal. Au fil de la progression du groupe, je me rappelle avoir écrit : « Le rêve lucide pourrait devenir l'approche la plus innovante et la plus créative au monde pour lutter contre l'insomnie[1]. » En transformant l'insomnie en passerelle vers le rêve lucide, nous métamorphosons positivement notre nuit de sommeil.

Lorsque nous sommes allongé·e·s dans notre lit et que notre esprit s'agite, nous nous rapprochons de l'état de la paralysie du sommeil, une plateforme de lucidité stable à partir de laquelle plonger dans un rêve lucide. Si vos insomnies vous amènent parfois à des paralysies du sommeil, vous pouvez y voir un excellent signe que vous êtes presque endormi·e, et guider l'expérience vers un rêve lucide bienveillant.

Pour l'instant, penchons-nous sur cette technique de libération de l'insomnie[2]. Celle-ci peut être utilisée comme une méditation douce et propice à l'endormissement susceptible de libérer les pensées et les soucis. Elle peut également devenir un délicieux portail vers le rêve lucide.

1. Johnson, *The Art of Transforming Nightmares.*
2. Johnson, *The Art of Transforming Nightmares.*

Exercice 40

Technique de libération de l'insomnie

Évitez de regarder une horloge ou une montre lors de vos réveils nocturnes, car cela enclenche des obsessions sur le temps qui s'écoule et pousse à calculer le nombre d'heures qu'il reste jusqu'à ce que le réveil sonne avant de partir travailler. Cela amplifie vraiment les effets de l'insomnie. Essayez de suivre cet exercice du début à la fin sans regarder l'heure, sans consulter votre téléphone et sans allumer la lumière.

1. Au moment de vous réveiller la nuit, lorsque vous comprenez que vous faites une insomnie, asseyez-vous dans votre lit, dans l'obscurité, et méditez. Concentrez-vous sur la prise de 21 respirations profondes et conscientes : une inspiration complète suivie d'une expiration complète. Si vous perdez le compte, recommencez. Cette technique des 21 respirations est un moyen simple d'accéder à la méditation, même si vous n'avez pas d'expérience dans le domaine.
2. Si vos pensées viennent vous perturber, repartez de la première respiration et recommencez. Ne dérogez pas à cette règle !
3. Après les 21 respirations conscientes, continuez à respirer lentement sans compter et laissez les images envahir votre esprit. Laissez libre cours à votre inconscient ; appréciez de flotter entre les mondes de l'éveil et du sommeil. Détendez-vous de plus en plus ; laissez vos épaules s'affaisser. Observez la moindre lumière ou image produite par votre cerveau. Chaque fois que votre esprit se penche sur un problème ou commence à rôder autour d'une situation d'éveil, la faisant tourner en boucle, prenez un peu de recul mental et recherchez des images. Jouez avec cette imagerie, en observant la façon dont vos pensées la modifient et la façonnent.

4. Après un certain temps, cette pratique devient une version assise du yoga nidra. Ne vous obligez pas à dormir, ne vous préoccupez pas de votre posture ni de savoir si vous réalisez l'exercice correctement et ne prêtez pas attention au temps qui passe. Surfez simplement sur votre imagerie intérieure et détendez-vous.
5. Enfin, lorsque vous atteignez le stade ultime de détente et de fatigue, laissez-vous couler lentement dans le lit, tout en gardant ces fils d'images. Quelle merveilleuse sensation que de se détacher sciemment de son corps à ce stade et de flotter dans un état liminal de détente totale ! Cela conduit souvent à un rêve lucide ou directement à un sommeil réparateur, mais ne vous en faites pas si ce n'est pas le cas. Détachez-vous d'un résultat attendu. Cet état liminal de détente est tellement bénéfique ; reposez-vous simplement dans cet espace.
6. Vous pouvez également choisir de vous replonger dans l'un de vos rêves récents en vous concentrant légèrement sur les images et les émotions de ce rêve et en vous laissant guider par votre conscience. Vous ferez un rêve lucide plus vite que ce qu'il n'en faut pour le dire.

Un Belge nommé Carl a participé à l'une de mes retraites de lucidité. Il souffrait d'insomnies régulières, et lorsque je lui ai demandé ce qu'il faisait pendant ses périodes d'éveil, il m'a répondu qu'il avait un gadget amusant – une horloge numérique qui se projetait au plafond. Il restait donc allongé à la regarder.

Je n'ai pas pu m'empêcher de rire en entendant cela, parce que l'idée m'a semblé être la pire chose à faire lors d'une insomnie. Je lui en ai parlé et lui ai donné quelques conseils. Peu après, Carl m'a écrit :

Depuis votre retraite, j'ai éteint l'horloge du plafond, le réveil numérique et mon téléphone portable. Je dors maintenant beaucoup mieux, des nuits normales. J'enregistre immédiatement chaque rêve de la nuit sur mon téléphone portable, dans l'obscurité. Mon journal des rêves est à nouveau productif !

Carl a ensuite essayé la technique de libération de l'insomnie pendant une période d'éveil à la suite d'un rêve dans lequel son ex lui ordonnait sévèrement de mettre de l'ordre dans sa chambre. Il raconte :

Une nuit à couper le souffle cette fois, grâce à vos conseils. Il était environ 4 h du matin lorsque j'ai essayé la technique des 21 respirations et j'ai constaté que j'arrivais à peine à cinq ou six avant que les pensées parasites ne reviennent. Puis j'ai commencé à voir des lumières et même un vague visage lumineux, comme un guide qui essayait de m'aider. [...]
J'ai prononcé mentalement mon intention de réintégrer le dernier rêve et je me suis concentré sur le compte de ma respiration. Puis, j'ai réintégré le rêve, dans un rêve lucide, long et instructif, où j'ai dit à mon ex que je comprenais son point de vue et que j'étais d'accord pour que la chambre à l'étage soit une représentation de mes pensées, que je devais en effet la remettre en ordre en éliminant les pensées parasites qui causent le désordre durant la nuit. En somme, un beau rêve lucide et très utile, j'en suis ravi ![1]

Faire un rêve lucide éclairant doit être bien plus amusant que de regarder une horloge au plafond pendant des heures !

L'insomnie peut nous donner l'impression d'être pris·e au piège, mais elle peut également être transformée en un sommeil réparateur. Il suffit de procéder à quelques changements sains. Comme nous sommes tous et toutes différent·e·s, ces changements peuvent varier. L'exercice suivant propose des actions

1. Johnson, *The Art of Transforming Nightmares*, 199–201.

essentielles pour se donner les meilleures chances de dormir paisiblement.

Exercice 41

Conseils pour se défaire de l'insomnie

Voici quelques conseils pour se défaire de l'insomnie.

À faire :

Respecter un horaire de sommeil régulier. Essayer de se coucher et de se lever tous les jours à la même heure. C'est l'un des points essentiels sur lesquels les chercheurs en sommeil insistent. Le professeur Matthew Walker suggère de régler un réveil pour ne pas laisser passer l'heure du coucher[1]. Prendre en compte son horaire de sommeil et son rythme circadien (horloge biologique interne) au sérieux : se coucher tôt un soir et tard le lendemain perturbe ce rythme. Dormir plus longtemps le week-end n'est pas aussi efficace que ce que l'on pense.

Profiter chaque jour d'au moins trente minutes de lumière naturelle, de préférence le matin. Cela permet au corps de réguler le rythme circadien, d'harmoniser les rythmes de sommeil et d'augmenter l'apport en vitamine D. Baisser l'éclairage une quarantaine de minutes avant le coucher aide l'horloge biologique à s'adapter.

Manger des aliments riches en mélatonine le soir, comme des pistaches, des griottes, de l'avoine ou des bananes. Adapter son alimentation comme dans l'exercice 42 : Bien manger pour bien dormir, de ce chapitre.

Changer de réveil. Ne pas utiliser celui du téléphone pour ne pas dormir à côté de lui. Cela minimise la tentation de consulter les réseaux sociaux ou les messages pendant la nuit – l'un des meilleurs moyens de prolonger une période d'insomnie. Le réveil

1. Walker, *Pourquoi nous dormons*.

idéal n'indique pas l'heure en appuyant sur un bouton, ne brille pas dans l'obscurité, n'est pas lié à une quelconque source de technologie ou à un système de communication, et n'émet pas de sons brutaux. Au contraire, il réveille graduellement avec des chants d'oiseaux, des vagues de l'océan ou d'autres sons apaisants. Si vous avez besoin d'un réveil plus insistant comme solution de secours au cas où vous ne vous réveilleriez pas, c'est OK. Au fur et à mesure que les problèmes de sommeil s'estompent, la dépendance au réveil s'atténue.

Vérifier les contre-indications liées au sommeil des éventuelles médications. Se renseigner auprès d'un·e médecin pour savoir si elles peuvent être prises plus tôt dans la journée.

Transformer la chambre en un espace relaxant et sacré. Débrancher toutes les sources de lumière, que ce soit les multiprises ou les horloges lumineuses. Veiller à ce qu'il n'y ait pas d'appareils électriques, tels que des téléphones, des tablettes ou d'autres écrans, ni d'horloges bruyantes. Garder la chambre fraîche : l'une des principales raisons d'un mauvais sommeil est la chaleur. La température idéale pour dormir est de 18 °C. Voir exercice 3 : Aménager sa chambre (chapitre 1).

Créer une routine de sommeil relaxante. Écouter de la musique apaisante ou lire. Prendre un bain chaud aide la température du corps à baisser et favorise le sommeil. Voir exercice 8 : Rituel du bain aux chandelles (chapitre 2) et exercice 9 : Transformez votre nuit de sommeil en mini-vacances (chapitre 2).

Tenir un journal d'inquiétudes pour aider à traiter les différentes émotions avant d'aller au lit. L'écriture est thérapeutique et permet de laisser libre cours à ses émotions. Écrire ses inquiétudes ou même dresser la liste des tâches à faire le lendemain est une aide merveilleuse pour se défaire des pensées incessantes. Tenir un journal peut également favoriser l'inspiration créatrice. Si vous ne savez pas quoi écrire, lisez votre journal des rêves et laissez votre stylo faire le travail. Voir exercice 5 : Journal des inquiétudes (chapitre 1). Dessiner un peu avant d'aller au lit.

Faire une méditation présommeil avec un travail sur la respiration pour calmer le système nerveux et éclaircir les pensées. Voir le chapitre 4 pour les techniques de travail sur la respiration, ainsi que l'exercice 6 : Méditation présommeil (chapitre 1) et l'exercice 22 : Respiration de l'abeille (chapitre 6).

À éviter :

Ne pas faire d'exercice trop près de l'heure du coucher. Une activité physique intense complique la détente du cerveau. Terminer la pratique sportive deux à trois heures avant d'aller se coucher. Cependant, il est tout à fait possible de faire un yoga léger avant de s'endormir, car cela invite à la détente et prépare au sommeil.

Ne pas manger abondamment le soir. Il est préférable de prendre de petites collations, car l'indigestion contrarie le sommeil. Trop de liquides augmentent les risques de devoir se lever au milieu de la nuit pour aller aux toilettes.

Ne pas boire trop d'alcool avant de se coucher, car cela prive du sommeil paradoxal. L'alcool a tendance à éveiller le cerveau plusieurs fois dans la nuit, ce qui endommage la qualité du sommeil.

Ne pas consommer trop de caféine ni de nicotine. Ces deux substances perturbent le sommeil. La caféine bloque temporairement les signaux de l'adénosine, une substance chimique du sommeil, qui s'accumule tout au long de la journée. Il faut de nombreuses heures pour que la caféine soit éliminée du système, et, en attendant, elle empêche de dormir aussi longtemps que d'habitude. Boire la dernière tasse de café de la journée avant 14 h, de sorte que la caféine soit complètement éliminée à l'heure du coucher. La nicotine entraîne un sommeil léger et les fumeur·euse·s peuvent se réveiller tôt en raison des symptômes de sevrage.

Ne pas rester éveillé·e dans le lit pendant des heures. Le cerveau est très influençable. Associer le lit à l'éveil entrave grandement un sommeil réparateur. Il est préférable de se lever après vingt à trente minutes de veille et de réaliser une activité calme jusqu'au retour du sommeil. Écrire ses pensées et ses inquiétudes dans un journal, lire un roman sans intrigue ou écouter de la musique relaxante. Méditer ou respirer calmement. Lorsque le sommeil revient, retourner au lit et écouter une méditation guidée pour un sommeil serein. Réaliser l'exercice 31 : Yoga nidra – l'équilibre entre les mondes (chapitre 8).

Ne pas faire de sieste après 15 h. Les siestes sont merveilleusement revigorantes et offrent l'énergie nécessaire pour passer la journée en toute sérénité, mais une sieste en fin d'après-midi pourrait empêcher de s'endormir à l'heure habituelle le soir même.

Penchons-nous à présent sur les aliments et les boissons favorisant le sommeil.

Exercice 42

Bien manger pour bien dormir

Une alimentation saine et équilibrée, avec beaucoup de légumes frais et peu d'aliments transformés ou de boissons sucrées, est la règle d'or. L'alimentation est l'un des trois piliers de la santé, avec l'activité physique et, bien sûr, le sommeil. Pour tirer le meilleur parti des aliments ou des boissons favorisant le repos, n'oubliez pas d'éviter tout ce qui contient de la caféine, comme le chocolat ou le thé, car ils peuvent vous priver d'une partie de votre sommeil profond si vous les consommez trop près de l'heure du coucher.

Au lieu de cela, intégrez des noix et des amandes à votre collation du soir, ainsi que des champignons et des bananes, tous incroyablement riches en mélatonine. L'un des aliments les plus riches en mélatonine est la pistache. En manger une poignée avant de se coucher équivaut à prendre un complément de mélatonine, en sachant que cinquante pistaches contiennent 6,6 mg de mélatonine[1]. Les aliments sont absorbés différemment des compléments alimentaires, car ils réagissent avec ce que nous mangeons. Expérimentez et trouvez les combinaisons les plus adaptées à votre sommeil. Une étude montre

1. Sloan, « Pistachios Are Packed with Melatonin ».

que boire du jus de griottes le soir présente un réel bénéfice sur le sommeil[1].

Les kiwis, la volaille, le riz et les aliments riches en fibres, tels que les haricots et les flocons d'avoine sont associés à un meilleur sommeil, tout comme les poissons gras tels que le saumon. Une étude prouve que manger du saumon trois fois par semaine améliore considérablement le sommeil global ainsi que le fonctionnement diurne[2]. Essayez de ne pas dîner trop tard – trois ou quatre heures avant d'aller dormir, si possible.

Ne vous brutalisez pas, effectuez les changements nécessaires par paliers. En ce qui concerne les en-cas, vous pouvez grignoter des pistaches un soir, et manger un petit bol de flocons d'avoine chauds ou froids avec des noix hachées le soir suivant.

Si vous ajoutez des aliments riches en mélatonine à votre régime du soir, servez-vous de votre journal du sommeil pour suivre l'évolution de la qualité et de la quantité de votre sommeil sur une période de deux semaines, et voyez ce qui vous convient le mieux.

L'exercice suivant combine un travail de respiration et un travail sur le corps pour atteindre un état de relaxation divin.

Exercice 43

Flottement pour vaincre l'insomnie

Cet exercice n'est pas aussi loufoque qu'il en a l'air. C'est une pratique de respiration qui m'a amenée à un état de béatitude la première fois que je l'ai essayée, à l'âge de 20 ans, lors d'une méditation assise dans un cours de yoga dans le sud de la France. C'est, encore aujourd'hui, l'un de mes exercices préférés. Combiner le travail de respiration avec celui corporel permet d'obtenir de très

1. Pigeon *et al.*, « Effects of a Tart Cherry Juice Beverage on the Sleep of Older Adults with Insomnia ».

2. Hansen *et al.*, « Fish Consumption, Sleep, Daily Functioning, and Heart Rate Variability ».

bons résultats instantanément. C'est une excellente pratique à réaliser à n'importe quel moment de la nuit pour apaiser l'esprit et libérer ce qui entrave votre sommeil.

1. Si vous avez du mal à vous endormir ou si vous vous réveillez au milieu de la nuit, asseyez-vous dans votre lit. Fermez les yeux et respirez profondément en partant de la poitrine jusqu'au ventre, puis relâchez complètement. Répétez cette respiration diaphragmatique au moins trois fois, en relâchant activement les tensions ou les pensées à chaque expiration.
2. Inspirez lentement tout en tournant la tête vers la droite. Expirez en revenant au centre, visage tourné vers l'avant.
3. Inspirez en tournant la tête vers la gauche... et expirez en revenant au centre. Commencez toujours votre inspiration lorsque votre tête est au centre.
4. Poursuivez cette respiration lente et harmonieuse, en synchronisant vos mouvements de tête avec votre respiration. Relâchez activement toute tension à chaque expiration. Si vous le souhaitez, vous pouvez expirer par la bouche et imaginez tous vos soucis et toutes vos préoccupations s'en échapper. Inspirez en imaginant des courants de lumière parcourir et détendre votre corps.
5. Vous constaterez au fil de la pratique que votre respiration et les mouvements de votre tête ralentissent progressivement. À ce stade, vous pourriez commencer à ressentir une incroyable sensation de flottement. Poursuivez ce travail respiratoire divin aussi longtemps que vous le souhaitez, puis allongez-vous dans votre lit et accueillez le sommeil.

Variations

Après cet exercice de flottement, vous pouvez essayer la pratique yogique de la respiration *ujjayi*. Fermez légèrement la gorge en inspirant et en expirant, de façon à produire un très léger son râpeux. Il est fréquent de respirer ainsi pendant le sommeil et le cerveau l'associe automatiquement à la détente. Vous pouvez également utiliser la magie vibratoire de l'exercice 22 : Respiration de l'abeille (chapitre 6) pour vous aider à retrouver le sommeil.

Enfin, voici quelques techniques de relaxation que vous pouvez réaliser en pleine nuit : l'automassage et les tapotements EFT.

Exercice 44

Massage facial et tapotements EFT

Un mini-massage facial peut faire des merveilles pendant la nuit, car c'est un excellent moyen de nous détendre et de nous rappeler physiquement à un état de relaxation. Les tapotements EFT (*Emotional Freedom Technique*) permettent de libérer les tensions émotionnelles. Lorsque nous sommes en hyperactivité cérébrale au beau milieu de la nuit, pour de maintes raisons, telles qu'un membre de la famille qui nous a réveillé·e·s ou l'anxiété reprenant le dessus, ou encore lorsqu'une douleur ou une maladie nous maintiennent éveillé·e·s, il peut être très difficile de retrouver un état de relaxation suffisant pour dormir. Les tapotements EFT réduisent la réaction de lutte ou de fuite du système nerveux sympathique, abaissant le niveau de cortisol et nous permettant de nous détendre.

Massez-vous. Soulagez l'anxiété et les inquiétudes lorsque vous vous réveillez la nuit en effectuant avec vos doigts des mouvements lents et circulaires sur le front, les pommettes, les mâchoires et le menton. La mâchoire porte beaucoup de tension. Détendez consciemment votre langue à l'intérieur de votre bouche, et ouvrez-la légèrement. Combinez ce massage avec des respirations lentes et profondes et un mantra court bienveillant, comme « Je m'aime », « Tout va bien » ou « J'accueille un sommeil paisible ».

Tapotez du bout des doigts votre visage pour vous endormir. Commencez par le sommet de la tête, les sourcils, les côtés des yeux, sous les yeux, sous le nez, sur le menton et sur les clavicules.

Puis, tapotez doucement vos bras. Faites environ quatre séries de cet enchaînement tout en répétant un mantra, tel que « Je me détends et je me laisse aller » ou « Tout va bien ». Détendez votre corps et continuez à tapoter mentalement – imaginez-vous en train de tapoter ces mêmes points et de relâcher les tensions. Enfin, prenez de lentes et profondes respirations abdominales et relâchez-les en un soupir de soulagement. Affirmez : « Maintenant, je dors profondément et paisiblement jusqu'au matin. »

Dans ce chapitre, nous avons exploré quelques-unes des meilleures solutions contre l'insomnie. J'espère que ces exercices serviront aux personnes souffrant d'un sommeil perturbé ou de nuits de veille et d'inquiétude, afin de retrouver un sommeil serein et réparateur.

Dans le chapitre suivant, nous plongerons dans le monde étrange et effrayant des cauchemars. Nous examinerons l'ampleur de nos peurs et la façon dont elles influencent nos rêves et notre vie éveillée. Nous apprendrons à transformer l'énergie audacieuse et créative des cauchemars en une force capable de dynamiser notre vie. Vous y trouverez également quelques conseils pour déceler le pouvoir guérisseur de vos cauchemars les plus terrifiants.

CHAPITRE 12
LES CAUCHEMARS

Imaginez que vous vous promenez dans une vieille maison abandonnée, dans la pénombre. Vous essayez de trouver une sortie, mais les couloirs et les escaliers sont interminables. Un craquement se fait entendre derrière vous et la panique monte. Y a-t-il quelqu'un·e d'autre ici ? Vous vous retournez et apercevez une immense créature écailleuse longer le mur dans votre direction. Horrifié·e, vous essayez de courir, mais vos jambes sont pétrifiées, comme si elles étaient coincées dans des sables mouvants.

Vous vous réveillez en sursaut en respirant difficilement. Votre cœur bat à tout rompre. Encore un cauchemar ! Pourquoi reviennent-ils sans cesse ? Pourquoi ne laissent-ils pas vos nuits tranquilles ? Comment faire pour que ces satanés mauvais rêves disparaissent pour de bon ? Encore effrayé·e à l'idée de recroiser cette bête monstrueuse, vous savez qu'il vous faudra une éternité pour vous rendormir. Super, encore une nuit gâchée.

Ce scénario vous semble familier ? C'est un exemple classique de cauchemar, un rêve dans lequel la peur est telle qu'elle nous réveille. Mais il existe de nombreux types de cauchemars, des rêves d'anxiété aux rêves apocalyptiques et dystopiques. Les cauchemars englobent une large palette de rêves allant d'expériences perturbantes, terrifiantes ou angoissantes produites pendant le sommeil. Cela inclut les visions pétrifiantes de paralysie du sommeil, les expériences effrayantes extracorporelles, les images troublantes hypnagogiques, les épisodes inquiétants de flottement dans le vide lucide et les rêves nous réveillant en sursaut, perturbés par l'anxiété. Plongeons à la découverte des cauchemars et des rêves effrayants, mais n'ayez crainte : vous trouverez dans ces pages mes meilleurs exercices pour vous aider à naviguer parmi eux et les transformer.

Les sondages à grande échelle sur les rêves révèlent que la plupart des gens rapportent régulièrement des rêves comportant des émotions négatives, telles que l'anxiété, la tristesse ou la peur. Les cauchemars sont fréquents et une étude sur le sommeil réalisée en 2010 a montré que 5 % de la population adulte en fait au moins un par semaine[1]. De même, les personnes souffrant de troubles du sommeil ou de dépression ont tendance à faire plus de cauchemars, allant jusqu'à en faire toutes les nuits, voire plusieurs fois par nuit. Il est conseillé de se faire accompagner lorsque ceux-ci entraînent un manque de sommeil et augmentent l'anxiété. Si tel est votre cas, consultez un·e thérapeute spécialisé·e dans les rêves pour vous aider à trouver l'axe guérisseur de vos cauchemars ou encore un·e médecin du sommeil certifié·e pour vous examiner dans une clinique spécialisée afin d'exclure tout problème physique sous-jacent, tel que l'apnée obstructive du sommeil.

Il n'y a pas assez d'écrits sur le côté effrayant des expériences du sommeil ou sur la façon de les gérer. On laisse les gens se débrouiller seuls, comme j'ai dû le faire lorsque j'étais enfant. Dès l'âge de 7 ans, j'ai fait des cauchemars, j'ai traversé le plafond de ma chambre lors d'expériences extracorporelles spontanées et, à plusieurs reprises, j'ai été pétrifiée dans la toile de la paralysie du sommeil. Je devais trouver le moyen de me rassurer lorsque rien ne m'était familier et que des événements étranges survenaient. J'ai dû apprendre à utiliser le pouvoir de mon esprit pour transformer les situations effrayantes en aventures.

Personne dans ma famille n'a pu me donner de conseils, à l'exception de la platitude habituelle : « Ce n'était qu'un mauvais rêve, rendors-toi. » Comme beaucoup d'enfants, je n'avais d'autre choix que de me débrouiller seule et comprendre par moi-même

1. Xin Li *et al.*, « Prevalence and Correlates of Frequent Nightmares ».

les règles de ces expériences nocturnes sauvages. Ces premiers tests m'ont mise sur la voie de l'enseignement du rêve lucide, ce qui, avec le recul, donne tout son sens à cette démarche. J'espère qu'après avoir lu les chapitres suivants, vous verrez les incroyables cadeaux guérisseurs et transformateurs que peuvent apporter les mauvais rêves. Mais je sais combien il peut être difficile de rester lucide et de continuer à voir le pouvoir des cauchemars lorsque ceux-ci nous oppressent. Il est normal de ne vouloir qu'une seule chose : en finir avec ces mauvais rêves.

Comment mettre un terme aux cauchemars ?

Des personnes du monde entier m'écrivent pour me faire part de rêves terrifiants, d'expériences de paralysie du sommeil et de cauchemars ressassant les traumas. Certaines m'expliquent qu'elles font des cauchemars presque toutes les nuits et qu'elles en perdent la tête, car elles ne parviennent plus à se concentrer sur quoi que ce soit pendant la journée et restent éveillées et angoissées toute la nuit. D'autres m'écrivent : « Je suis terrifié·e à l'idée de m'endormir. S'il vous plaît, aidez-moi à retrouver une vie paisible. »

Certaines personnes m'ont demandé s'il existait un médicament qui mettrait fin à leurs cauchemars pour toujours. Je comprends la peur intense qu'ils peuvent susciter et le souhait de les faire disparaître. Malheureusement, même si les somnifères ou les anxiolytiques peuvent bloquer les cauchemars pendant un court laps de temps, il est prouvé que, très rapidement, ils reviennent en force. Cela s'explique par le fait que la cause profonde du cauchemar n'a pas été guérie. Lorsque nous supprimons les cauchemars, nous ne résolvons pas le problème de fond. Un cauchemar est un rêve qui nous pousse à écouter ce que nous devons guérir en nous.

En vérité, la meilleure façon de réduire les cauchemars est de travailler avec eux de manière à les transformer et à soigner les sujets qu'ils évoquent. Je partage ici ma méthode la plus connue : solution aux cauchemars par imagerie lucide. C'est en comprenant le message que ces rêves veulent nous transmettre que vous parviendrez à trouver leur pouvoir guérisseur.

Les cauchemars veulent nous aider

Les cauchemars sont des signaux d'alarme. Ils pointent du doigt les domaines de notre vie où un changement est nécessaire. En d'autres termes, les cauchemars veulent nous aider. On pourrait même dire qu'ils sont nos amis. La plupart des personnes souffrant de cauchemars qui liront ces lignes se moqueront bien de moi en pensant que je suis folle d'affirmer que quelque chose d'aussi horrible et terrifiant peut en réalité être notre ami.

Mais tous les rêves sont là pour nous aider et nous soigner, et les cauchemars réclament tout particulièrement notre attention. Ils crient haut et fort : « Il est temps de guérir ! » Un cauchemar d'accident de voiture où les freins lâchent peut nous avertir que notre vie va trop vite et qu'il est urgent de ralentir. Un rêve effrayant dans la maison de notre enfance peut signifier que nous n'avons toujours pas surmonté ce qui s'est passé dans notre enfance.

Les cauchemars émergent de la même intelligence onirique sous-jacente que nos créations en rêve les plus précieuses, à la différence près que les cauchemars proviennent d'un sentiment d'urgence. Ils veulent attirer notre attention sur des peurs et des traumatismes non résolus, parce qu'ils veulent nous mettre sur la voie de la guérison. Ignorer un cauchemar ne le rendra que plus sombre et terrifiant. En revanche, travailler avec eux, comme proposé dans ce chapitre, permettra de réduire leur fréquence et de libérer simultanément leur pouvoir de transformation et de guérison.

Pour comprendre comment les cauchemars surviennent, examinons ce qui se passe dans le cerveau pendant que nous dormons.

Pourquoi faisons-nous des cauchemars ?

Les réactions de lutte ou de fuite se produisent dans une partie profonde de notre cerveau, l'amygdale, également connue sous le nom d'accélérateur d'émotions. Il y a bien longtemps, cette partie du cerveau était essentielle à la survie, lorsque les humains chassaient à la lance et étaient à leur tour chassés par des animaux sauvages. Si nous rencontrions un prédateur, l'amygdale créerait instantanément un sentiment de peur extrême et d'urgence, nous poussant à agir pour sauver notre vie.

Les humains modernes sont confrontés à des facteurs de stress très différents : nous ratons un avion, nous sommes confronté·e·s à un·e collègue tyrannique, nous sommes bloqué·e·s dans les embouteillages ou nous manquons de préparation face à une présentation au travail. L'amygdale ne sait pas faire la différence entre ces facteurs de stress qui ne mettent pas la vie en danger et la menace de mort réelle que représente la rencontre avec un léopard affamé. La même peur existentielle est déclenchée dans le cerveau.

Pendant le sommeil onirique, l'amygdale a les coudées franches. Le cortex préfrontal, qui la régule pendant la journée, se déconnecte. Cela signifie que des émotions puissantes, comme la peur, la colère, la honte, la culpabilité, l'effroi et la tristesse, peuvent être amplifiées en quelques secondes. C'est cette réaction émotionnelle incontrôlable associée à des scénarios de rêves qui crée un terrain propice aux cauchemars. Les personnes qui ont subi des traumatismes passés non résolus peuvent également avoir des souvenirs de peurs profondément ancrées dans leur cerveau. Ces peurs liées aux traumatismes ont tendance à s'amplifier dans les cauchemars.

Nous avons déjà parlé de la façon dont nous traitons les émotions pendant les rêves afin de tirer des leçons et de surmonter les situations difficiles. Ce processus est décuplé dans les cauchemars comportant des éléments comiques (nous faisons trébucher le monstre qui nous poursuit et il tombe dans une fosse aux ours) ou dans des histoires oniriques avec une solution (nous passons le rêve horrifié·e·s à l'idée de nous retrouver nu·e·s à la fête de fin d'année du travail, mais nous trouvons finalement un magnifique manteau qui nous va à ravir). Dans ces rêves, le traitement émotionnel est clair : nous travaillons sur nos peurs, nous trouvons des solutions et nous nous libérons de l'excès de peur ou d'anxiété.

Mais dans d'autres rêves, la peur s'accélère jusqu'à devenir incontrôlable, produisant un cauchemar terrifiant. En général, rien n'est résolu dans l'histoire onirique et nous nous réveillons au moment où la peur se fait trop grande, parfois avec un gémissement ou un cri. Notre cœur bat la chamade et nous transpirons, parfois trop effrayé·e·s pour bouger pendant un certain temps, car notre cerveau enregistre l'absence de menace réelle et envoie le signal à notre corps de se calmer après la montée d'adrénaline. Après cet état d'hyperalerte et de peur, il peut être très difficile de se rendormir, de sorte que nous commençons une nouvelle journée épuisé·e·s, avec le sentiment d'être abattu·e·s par le cauchemar. Pour certaines personnes, il revient la nuit suivante, et elles sont aspirées dans un cercle vicieux entre insomnie et rêves terrifiants. Dans ce cas, il est normal de considérer le cauchemar comme l'ennemi, la cause malveillante de notre épuisement, de notre anxiété diurne et de nos éveils nocturnes.

Mais ce cauchemar non résolu est un message urgent de notre inconscient, qui nous enjoint de guérir. Ces rêves sont une invitation à prendre des mesures positives pour engendrer un changement. Il se peut que nous ayons besoin de nous libérer d'une peur, d'agir au sujet d'une relation toxique, de résoudre un traumatisme passé ou de faire face à la réalité d'une situation de vie afin d'aller de l'avant.

Envisagez le cauchemar comme un rêve de guérison inachevé.

C'est un rêve qui n'a pas pu être résolu, car la réaction émotionnelle chargée dans l'amygdale était si forte qu'elle nous a réveillé·e·s. Notre travail consiste donc à travailler avec notre cauchemar pour le résoudre. Lorsque nous comprenons son message et que nous cherchons à guérir le problème sous-jacent, le cauchemar cesse de nous poursuivre.

La bonne nouvelle, c'est qu'il existe des moyens simples et efficaces de travailler avec les cauchemars pour achever le processus de guérison.

Entraîner son cerveau pour diminuer les cauchemars

Nous pouvons entraîner notre cerveau à diminuer les cauchemars en travaillant activement sur ce qu'ils nous communiquent. Comme pour tous les exercices présentés dans ce livre, prenez votre temps et consacrez-vous pleinement à la pratique, plutôt que de vous contenter de la lire en diagonale pour en saisir l'essentiel. La solution aux cauchemars de l'imagerie lucide présentée plus loin dans ce chapitre sera plus efficace si vous fermez les yeux, si vous vous détendez et si vous vous imprégnez vraiment des scénarios. L'inconscient réagit très vite aux histoires qui comportent des images, des émotions et des sensations fortes. Après tout, c'est sa façon préférée de communiquer. L'inconscient nous parle à travers les rêves.

Nous pouvons également entraîner notre cerveau à réagir de manière plus mesurée à la peur et à d'autres émotions fortes en respirant calmement. Plus lente est notre respiration pendant les moments de stress, plus nous enclencherons automatiquement cette respiration abdominale lors de cauchemars ou de mauvais rêves. Étant donné que ce sont des environnements sensibles à la pensée, le simple fait de retrouver le calme aura tendance à se refléter dans les rêves et les cauchemars, de sorte que l'imagination et les émotions s'apaiseront également.

Notre cerveau peut être entraîné à utiliser des émotions exacerbées, telles que la peur ou la colère, comme déclencheur de lucidité. Chaque fois que je sens l'anxiété monter dans un rêve, j'ai tendance à devenir lucide, car j'associe automatiquement ce sentiment aux cauchemars. Une fois que nous sommes lucides dans un rêve, nous pouvons agir pour calmer nos émotions et réagir de manière créative aux événements.

Le fait de s'intéresser à notre réaction au milieu d'un rêve bouleversant peut également entraîner notre cerveau à réagir positivement aux cauchemars. Plus nous nous connaissons dans le monde endormi, plus nous sommes susceptibles de reconnaître un cauchemar pour ce qu'il est, c'est-à-dire une expérience intérieure dont nous nous réveillerons en toute sécurité. Cette prise de conscience est rassurante et nous permet de rester calmes au beau milieu d'un cauchemar terrifiant. L'exercice suivant vous invite à découvrir qui vous êtes dans vos cauchemars.

Exercice 45

Qui sommes-nous dans nos cauchemars ?

Méditez sur votre personne et la manière dont vous réagissez aux mauvais rêves. Répondez aux questions suivantes sans émettre de jugement ou de critique envers votre version de vous-même dans le monde endormi. Cette facette de nous-mêmes est généralement moins logique et plus extravagante que celle éveillée. Nous faisons des choses en rêve que nous ne ferions jamais à l'état éveillé. L'objectif ici est de découvrir qui vous êtes dans vos cauchemars afin que vous puissiez déployer vos pouvoirs dans cet autre monde.

Notez vos réponses afin de suivre vos progrès au fur et à mesure que vous mettez en place les solutions aux cauchemars présentées dans ce chapitre. Si vous n'êtes pas certain·e de la façon dont vous réagissez dans vos cauchemars, consultez votre journal des rêves et remarquez votre comportement lorsqu'un rêve devient effrayant ou anxiogène.

Qui êtes-vous dans vos cauchemars ? Peut-être êtes-vous généralement semblable à la personne que vous êtes dans le monde éveillé actuel, mais vous redevenez parfois enfant ? Vous avez peut-être tendance à observer plus qu'à agir ? Remarquez si vous êtes toujours humain ou si vous prenez parfois l'apparence d'un animal. Comment vous sentez-vous dans ces cauchemars ? Dressez la liste de vos traits de caractère oniriques et comparez-les à votre personnalité éveillée.

Comment agissez-vous, réagissez-vous et réfléchissez-vous dans vos cauchemars ? Vous parvenez peut-être à obtenir de l'aide ou à trouver des solutions, à exprimer vos besoins et à créer des liens ? Ou bien êtes-vous vulnérable et sans protection ?

Demandez-vous si de mauvaises choses vous arrivent dans ces cauchemars ou si elles ne sont que sur le point de se réaliser. Prêtez attention à la façon dont vous avez réagi dans votre pire cauchemar.

Comment pensez-vous dans vos cauchemars ? Certain·e·s rêveur·euse·s pensent avec logique, tandis que d'autres paniquent dès que quelque chose d'inattendu se produit. Notez dans votre journal des rêves les moments où vos pensées se transforment en anxiété, et observez comment le rêve évolue face à ces émotions.

Quels sont les scénarios de vos cauchemars les plus courants ? Identifiez les thèmes (être poursuivi·e, se disputer avec quelqu'un·e, être piégé·e dans un bâtiment en feu, etc.) et notez les émotions les plus récurrentes.

Comment réagissez-vous à la peur lorsque vous rêvez ? Au cours d'une nuit, certaines personnes sont capables d'apaiser leur peur (ou d'autres émotions négatives fortes, comme la colère ou le dégoût), tandis que d'autres trouvent que ces émotions s'amplifient et deviennent incontrôlables. Remarquez ce qui a tendance à se produire lorsque vous êtes confronté·e à un danger. Vous pouvez fuir, vous figer, vous battre, vous réveiller ou encore, devenir lucide.

Êtes-vous ouvert·e aux guides ? Repensez à vos cauchemars et aux crises d'anxiété passés et voyez si vous pouvez identifier des personnages oniriques potentiellement utiles, des objets valorisants ou l'apparition de la beauté ou de la lumière. Parfois, avec le recul, nous voyons clairement que les éléments profitables du rêve se sont manifestés pour nous calmer ou nous soutenir, mais nous étions trop effrayé·e·s pour les remarquer.

Notez vos réponses idéales pour chaque question ci-dessus. C'est la partie la plus importante de cet exercice, car elle envoie le message à notre cerveau que nous avons le choix et que nous pouvons changer notre réponse à n'importe quel cauchemar. Par exemple, nous pourrions décider qu'au lieu de nous cacher dans un rêve effrayant, nous choisissons plutôt d'affronter calmement notre peur. Nous pouvons aussi décider d'avoir des superpouvoirs dans nos rêves. Laissez libre cours à votre inspiration et imagination. Vous pouvez également vous inspirer des réponses dans ce chapitre.

Dessinez-vous avec toutes les qualités et tous les pouvoirs que vous désirez. Cherchez une image sur Internet ou emparez-vous de vos plus beaux crayons et faites rayonner la meilleure version de vous-même dans le monde du sommeil. Cela peut être un lion rugissant, Superman, une reine guerrière ou vous-même entouré·e d'une lumière resplendissante. Si vous souffrez régulièrement de cauchemars, placez cette image près de votre lit ou sur votre autel du sommeil.

L'essentiel est de comprendre que, lorsque nous faisons un cauchemar, nous pouvons changer notre réaction. En la répétant et en l'imaginant pour la transformer en réalité, nous envoyons à notre inconscient le message que nous sommes un·e rêveur·euse puissant·e. Nous pouvons donner du pouvoir à notre soi rêveur.

Pourquoi transformer les cauchemars ?

Transformer l'histoire d'un cauchemar peut s'avérer extrêmement stimulant. D'un point de vue psychologique, il peut être vital de savoir que nous avons des options. Il n'y a rien de pire que de se sentir bloqué·e et impuissant·e face à un mauvais rêve. Une étude pilote, réalisée en 2006 par les professeurs Victor I. Spoormaker et Jan van den Bout, a étudié les effets de la thérapie par le rêve lucide sur les cauchemars[1]. Les participant·e·s, à qui quelques techniques de rêve lucide ont été enseignées, ont été encouragé·e·s à créer des fins alternatives à leurs cauchemars pendant leur état de veille. Dans l'ensemble, qu'ils·elles aient fait un rêve lucide ou non, leurs cauchemars ont diminué. Les chercheurs en ont conclu que, parfois, le simple fait de savoir que les mauvais rêves peuvent être modifiés suffit à en changer leur contenu.

Le Pr Barry Krakow est un chercheur en sommeil qui travaille depuis des décennies avec des personnes souffrant de cauchemars

1. Spoormaker et Van den Bout, « Lucid Dreaming Treatment for Nightmares ».

chroniques et qui a mis au point la thérapie de répétition par l'imagerie[1]. Il a découvert que la répétition d'un cauchemar dont la fin est plus heureuse a pour effet de réduire leur fréquence. Lorsque nous travaillons directement avec l'imagerie du cauchemar, nous communiquons avec notre inconscient dans son propre langage. En modifiant l'histoire du cauchemar, nous nous prouvons le fait qu'il existe d'autres options.

Avec mes propres client·e·s, il arrive que la prise de conscience du fait qu'ils·elles puissent choisir une réponse différente aux scénarios de cauchemars leur donne un tel sentiment de responsabilité que leur vie onirique change automatiquement. Ils·Elles commencent à agir avec plus d'autorité dans leurs rêves, et leurs cauchemars diminuent en conséquence. Nous n'avons pas besoin de subir le même cauchemar encore et encore. Répéter une nouvelle fin permet immanquablement de détourner le cauchemar pour qu'il prenne une autre tournure.

Ce qui est encore plus fou, c'est que, dès lors que nous pratiquons ces puissantes techniques de maîtrise des cauchemars, il nous est également possible de les transposer dans la vie éveillée. Nous connaissons alors les façons d'appréhender les situations délicates ou désagréables et faisons preuve de souplesse mentale et de courage.

Exercice 46

Solution lucide imagée aux cauchemars

J'ai développé cette technique de transformation de l'imagerie des cauchemars comme une réponse naturelle et ludique à mes propres cauchemars. Elle peut être utilisée au moment où nous nous réveillons d'un cauchemar, dans un état de conscience détendu où nous flottons sur la frontière créative alpha thêta. C'est un peu comme un rêve lucide éveillé. Combinez la réactivité

1. Krakow, *Sound Sleep, Sound Mind.*

cérébrale à votre intention de trouver une solution au cauchemar, et laissez-vous surprendre par les merveilles à venir.

Il n'est pas question de forcer l'histoire à prendre un axe guérisseur. Obliger l'imagerie inconsciente ne fonctionne pas. Préférez vous ouvrir à la spontanéité et à la curiosité afin que l'inconscient reproduise votre version apaisée de l'histoire du cauchemar.

Si vous souffrez de fortes crises d'anxiété, de dépression, de psychoses, d'un trouble de la personnalité, ou si vous avez récemment vécu un deuil ou un traumatisme, je vous recommande de ne pas lutter contre les cauchemars seul·e. Il est préférable de faire appel à un·e thérapeute qualifié·e pour vous aider.

1. Soyez à l'écoute de votre corps. Dès que vous vous réveillez d'un cauchemar, faites ce qu'il faut pour retrouver le calme et le réconfort. Certains cauchemars entraînent des réactions physiques importantes, comme un rythme cardiaque trop rapide ou une transpiration excessive. Buvez de l'eau et respirez profondément et calmement. Allongez-vous confortablement et fermez les yeux. Si vous avez besoin de vous sentir en sécurité, créez un œuf de lumière autour de vous et invitez-y des allié·e·s, des animaux totems ou des objets protecteurs (voir l'exercice 50 : Œuf de lumière, au chapitre 13). Demandez-vous si vous voulez travailler avec ce cauchemar maintenant ou non. Si la réponse est oui, rappelez-vous que vous êtes en toute sécurité dans votre lit et que vous pouvez arrêter le processus quand vous le souhaitez en ouvrant les yeux et en vous redressant.
2. Retournez dans votre cauchemar. Sachant que vous êtes maintenant en sécurité dans votre lit, laissez l'image du cauchemar refaire surface dans votre esprit. Si vous avez des difficultés à retrouver les images, vous pouvez utiliser l'histoire de votre cauchemar comme moyen d'accès. Notez les associations entre les images du rêve et les événements qui surgissent, mais ne vous bloquez pas sur les significations possibles. Si, à un moment donné du processus, vous sentez la peur monter, si un bouleversement vous submerge, ou si vous croyez être en danger,

arrêtez-vous immédiatement. Certains cauchemars sont tout simplement trop forts et trop perturbants pour être affrontés seul·e.

3. Identifiez le point de basculement. Dans certains rêves, il peut y avoir de faibles niveaux d'anxiété ou de peur, mais vous conservez le calme. Cependant, si l'anxiété ou la peur vous submerge, votre cerveau atteindra rapidement un point de basculement où l'environnement du rêve, sensible à la pensée, crée des images effrayantes en réponse à l'apport émotionnel, et il se transforme alors en cauchemar. Imaginez que vous êtes un·e réalisateur·rice et que votre cauchemar est le film. Vous pouvez rembobiner l'action, l'avancer rapidement, la mettre en pause ou la rejouer. Vous et vous seul·e avez le contrôle. Allez-y, rembobinez le cauchemar pour repérer le moment où des sentiments, tels que la peur, la culpabilité ou l'anxiété ont pris de l'ampleur ou lorsque le monstre a montré sa tête hideuse. C'est ce moment-là qui a transformé votre rêve en cauchemar. Votre tâche consiste maintenant à rétablir l'équilibre. Décidez où, dans le rêve, vous voulez commencer à changer les événements ou votre attitude à leur égard. Commencez juste avant le point de basculement. Certains rêves n'ont pas de point de basculement évident, ils peuvent être des cauchemars dès le départ, vous commencerez donc le film onirique dès le début.
4. Imaginez que c'est un rêve lucide. Réexécutez le cauchemar pour résoudre la crise du rêve. Observez l'imagerie qui se déroule et réagit à vos pensées, questions et conseils. C'est ce que l'on appelle l'imagerie lucide : un état de conscience hautement créatif dans lequel l'esprit est alerte, mais le corps est détendu et proche du sommeil. Imaginez que vous êtes pleinement lucide dans ce cauchemar et que vous pouvez agir avec calme et confiance pour changer tout ce que vous voulez. Plusieurs possibilités s'offrent à vous. Vous pouvez demander à un personnage onirique effrayant pourquoi il vous suit, ou changer activement

l'histoire du cauchemar pour en changer le cours. Vous pouvez invoquer l'aide d'un guide, d'un outil magique ou d'un mantra de guérison. Vous pouvez revivre passivement le cauchemar, sans peur, et observer comment cela affecte l'imagerie et les événements. Vous pouvez demander le message que ce cauchemar essaie de vous transmettre et recevoir des réponses. Vous pouvez rembobiner l'action et rejouer différents résultats. Les meilleures solutions aux cauchemars ne sont pas forcées ; laissez l'imagination se développer spontanément en réponse à votre question ou à votre pensée directrice initiale. Vous saurez que vous avez trouvé la bonne solution au cauchemar, car votre tension autour du rêve diminuera considérablement et vous retrouverez un sentiment de calme et de sécurité.

5. Programmez-vous pour devenir lucide. Lorsque vous êtes satisfait·e de votre cauchemar, préparez-vous à vous rendormir. C'est le moment idéal pour fixer la ferme intention de vous endormir consciemment et d'observer l'imagerie hypnagogique se transformer en rêve cinématographique. Vous pouvez également vous programmer pour devenir lucide la prochaine fois que vous ferez un cauchemar. Répétez simplement : « La prochaine fois que quelque chose d'effrayant se produit, je reconnaîtrai que je suis en train de rêver. »

L'exercice suivant consiste à imaginer différentes réponses aux cauchemars. Expérimentez et voyez celle qui fonctionne le mieux pour vous.

Exercice 47

Jouer avec les réponses créatives des cauchemars

Choisissez un de vos cauchemars, fermez les yeux et essayez ces réponses créatives pour voir si l'une d'entre elles résonne en vous. Plus vous pratiquez le travail de réintégration imaginative des cauchemars, plus vous renforcez le fait que vous pouvez choisir la façon dont vous réagissez dans le monde onirique.

- Offrez un cadeau. Lorsque nous offrons un cadeau à nos agresseur·euse·s, l'énergie du cauchemar change.
- Soyez un·e pro de l'évasion. S'éloigner du danger est parfois la réaction la plus censée.
- Demandez : « Avez-vous un message pour moi ? » Cette question peut donner lieu à des réponses surprenantes, et une nouvelle compréhension du cauchemar peut émerger.
- Choisissez une réponse assertive. Il peut être psychologiquement libérateur de s'affirmer et de vaincre un·e agresseur·euse onirique. Si vous devez combattre les personnages de votre cauchemar, alors combattez-les.
- Prenez le monstre dans vos bras. Cela peut être une merveilleuse façon d'intégrer l'énergie de l'ombre et d'activer la compassion pour nous-mêmes et pour les autres. Il peut être très bénéfique de se lier d'amitié avec ses monstres : un ami onirique vivant a plus de pouvoir qu'un ennemi mort.
- Appelez à l'aide. Vous pouvez demander de l'aide à n'importe qui, à n'importe quel moment, tant pendant qu'après le cauchemar, lorsque vous travaillez dessus.
- Rendez-vous sans crainte. En réintégrant un cauchemar sans peur, laissez-vous porter et voyez ce qui se passe si vous ne luttez pas ou ne fuyez pas. Certaines cultures chamaniques et traditions tantriques croient que le fait de se laisser détruire (l'ego) dans un rêve est un élément important du voyage spirituel. Karim Bou Said, un rêveur de Dubaï, a rêvé qu'il était attaqué par un dragon noir et qu'il ne parvenait pas à le repousser. La peur a déclenché la conscience lucide et il a laissé le dragon l'avaler. Karim raconte : « Alors qu'il m'avalait, j'ai été transporté dans son ventre, qui ressemblait à une salle des trésors remplie d'objets en or. Et là, j'ai parlé à une voix qui m'a donné d'excellents conseils. Il faut dépasser ses peurs pour atteindre l'or. »

- Développez des pouvoirs magiques. Tout est possible, alors, pourquoi ne pas invoquer nos superpouvoirs ? Vous pourriez devenir invisible, télépathe, vous emparer d'une épée magique et la brandir pour vous libérer, ou encore vous métamorphoser en un animal, une autre personne ou un objet.
- Accueillez les émotions douloureuses ou l'inconfort physique. La reconnaissance de nos blessures et l'acceptation de nos émotions peuvent être psychologiquement libératrices, à condition que cela ne soit pas de trop.
- Envoyez de l'amour et de la lumière. Les rêves et les cauchemars réagissent à la pensée, émaner l'amour et la lumière peut tout changer.
- Créez un bouclier protecteur. Fabriquez un puissant œuf de lumière autour de vous, à tout moment, et observez ce qui se passe (voir exercice 50 : Œuf de lumière, au chapitre 13).
- Demandez un cadeau. Qui sait ce que vous pourriez recevoir ? Des objets magiques, un conseil plein de sagesse.

Plus vous travaillerez sur vos cauchemars, plus vous libérerez vos anciennes manières d'aborder les rêves effrayants. Vous entraînez votre cerveau à comprendre que la peur et l'anxiété ne sont pas les seules options dont vous disposez. De plus, cet exercice bénéficiera également à votre vie éveillée en abordant avec plus de recul et de calme les situations de panique ou les confrontations avec des personnes agressives. Travailler sur les cauchemars peut éveiller une transformation psychospirituelle et libérer de l'énergie pour accueillir une vie plus heureuse pour nous-mêmes ainsi que pour notre environnement.

Les cauchemars sont de beaux cadeaux dans d'horribles emballages. Avec assez de courage (et de curiosité) pour déchirer ce papier cadeau, vous recevrez le présent en or qui se cachait à l'intérieur.

Dans le chapitre suivant, nous allons explorer d'autres expériences potentiellement effrayantes et découvrir comment les gérer… ou les transformer en une merveilleuse aventure.

CHAPITRE 13

LES TERREURS NOCTURNES

Avez-vous déjà eu la sensation d'être pleinement conscient·e et pourtant incapable de bouger pendant la nuit ? Si c'est le cas, vous avez fait l'expérience de la paralysie du sommeil.

En réalité, nous faisons cette expérience chaque nuit, mais la plupart d'entre nous ne s'en rendent simplement pas compte, car nous nous endormons juste après et nous ne comprenons donc pas que notre corps est paralysé.

Le sommeil a la miraculeuse capacité à nous placer dans un état de paralysie musculaire pendant la phase de sommeil paradoxal pour nous empêcher de faire les mêmes mouvements avec notre corps que dans nos rêves. La paralysie du sommeil est une protection biologique naturelle. Imaginez que vous fassiez un rêve intense dans lequel votre maison est en feu. Dans ce rêve, vous sautez par la fenêtre pour échapper à l'incendie. S'il n'y avait pas eu de paralysie musculaire au cours de ce rêve d'action suralimenté en adrénaline, vous auriez pu mettre votre vie en danger en sautant réellement. Heureusement que la paralysie du sommeil existe !

Seulement, lorsque nous devenons lucides pendant cet état de conscience transitoire, il arrive d'éprouver des sensations désagréables, telles que le sentiment d'étouffer ou d'être bloqué·e, paralysé·e. Certaines personnes rapportent avoir des visions terrifiantes pendant les paralysies du sommeil, allant d'ombres humaines se glissant dans leur chambre aux démons accroupis sur leur ventre.

Personnellement, j'ai vécu des milliers d'épisodes de paralysie du sommeil depuis mon enfance. Lorsque j'étais petite, ces épisodes se transformaient parfois spontanément en rêves lucides ou en expériences extracorporelles, mais d'autres fois, je restais bloquée, luttant contre la paralysie sans comprendre que lutter était l'une des pires choses à faire. À l'université, en raison de nombreuses nuits blanches à faire la fête et d'un temps de sommeil erratique, je subissais quasiment quotidiennement des épisodes de paralysie du sommeil. C'était dans les années quatre-vingt-dix et je n'avais jamais lu de livre sur ces événements étranges ni parlé à une personne qui en aurait également fait l'expérience. Je me retrouvais paralysée dans le vide lucide et des entités bizarres me faisaient tourner en rond, me poussaient sur le côté, me narguaient et me secouaient dans tous les sens.

Au début, j'avais peur et je me défendais. J'essayais de crier et de les repousser, mais cela ne faisait qu'empirer les choses. Puis j'ai tenté de créer un champ de force autour de moi, ce qui a fonctionné un peu mieux. Cependant la véritable transformation s'est produite lorsque j'ai libéré ma peur. J'ai respiré profondément dans mon ventre et j'ai expiré très lentement, en concentrant mon esprit sur la relaxation pure. Après une minute environ, les présences terrifiantes se sont évanouies et je flottais dans un espace lumineux. De là, je pouvais imaginer une scène merveilleuse et créer mon propre rêve lucide. Je suis passée d'un être sans défense, malmenée dans l'obscurité, à une exploratrice sereine de rêves lucides dotée du pouvoir de voler. C'est cette année-là que j'ai appris à faire des rêves lucides à volonté. La paralysie du sommeil est alors devenue pour moi un excellent tremplin vers le rêve lucide.

La paralysie du sommeil est un état visionnaire dans lequel nous vivons des expériences très réelles, multidimensionnelles et multisensorielles dans un environnement sensible à la pensée. Cet état de conscience peut être un portail vers n'importe quel autre état. Nous pouvons passer d'une paralysie du sommeil à un rêve lucide ou à une expérience extracorporelle. Nous pouvons nous réveiller ou nous endormir dans un rêve normal. Nous pouvons passer à l'état hypnagogique (présommeil) ou hypnopompique (post-sommeil) ou flotter dans le vide lucide. Nous pouvons communiquer avec les personnages que nous rencontrons dans les épisodes de paralysie du sommeil ou lutter contre nos peurs, en apprenant à nous en libérer. La paralysie du sommeil peut être une initiation spirituelle. Elle apporte sa propre sagesse et transcendance.

Si vous souffrez d'une paralysie du sommeil effrayante, rappelez-vous toujours qu'il est en votre pouvoir de changer vos expériences. Voici un exercice qui vous aidera à retrouver le calme si vous subissez un épisode de paralysie du sommeil. Il fonctionnera également dans tout autre état de sommeil terrifiant.

Exercice 48

Bouée de sauvetage pour les paralysies du sommeil

Votre respiration est votre bouée de sauvetage et le meilleur moyen de vous sentir en sécurité. Que vous soyez éveillé·e, endormi·e, que vous fassiez un cauchemar ou que vous vous trouviez dans l'état intermédiaire de la paralysie du sommeil : dès que la peur commence à faire surface, adaptez la profondeur et la régularité de votre souffle. Cela permet d'apaiser la peur et l'anxiété presque instantanément et vous offre un ancrage paisible. Pour des raisons évidentes de survie, la paralysie du sommeil ne fige pas les muscles respiratoires, ce qui présente un réel avantage pour contrer la peur lorsque nous avons besoin de retrouver le calme.

Pratiquez ce travail de respiration quelques minutes par jour avant de vous endormir le soir. Il doit devenir naturel et facile afin que vous puissiez l'activer instantanément lors d'un épisode effrayant de paralysie du sommeil.

1. Fermez les yeux et inspirez profondément pendant quatre secondes. Retenez votre souffle sans effort pendant quatre secondes, puis expirez pendant six secondes.

Concentrez-vous sur ce rythme 4-4-6 jusqu'à ce qu'il vous semble facile et naturel. Ajustez si nécessaire.

2. Créez un mantra avec le même nombre de syllabes que le nombre de secondes. En voici un facile à réciter en cas de paralysie du sommeil :
   Inspirez pendant 4 secondes et pensez : « Je. Suis. Calme. Maintenant. »
   Retenez votre respiration pendant 4 secondes et répétez : « Je. Suis. Calme. Maintenant. »
   Expirez pendant 6 secondes et pensez : « Je. Suis. Puissant·e. Je. Suis. Puissant·e. »
3. Maintenant, gardez le rythme sans compter activement les secondes. Laissez votre mantra guider votre respiration. En cas de paralysie du sommeil, répétez mentalement votre mantra avec beaucoup d'autorité si nécessaire. Croyez-y vraiment. Visualisez le calme et la force se répandre dans toutes vos cellules et tous vos muscles, comme si la lumière infusait tout votre corps. Imaginez-vous comme un être de lumière puissant, immensément fort et protégé.
4. Tout en continuant à respirer, ramenez à votre esprit le souvenir d'un moment de paix profonde et de sécurité et concentrez-vous pour le revivre en engageant tous vos sens.

La paralysie du sommeil peut être profondément terrifiante, mais comprendre la physiologie de cet état nous permet de nous libérer de l'excès de peur et ouvre un portail absolument merveilleux pour entrer dans le rêve lucide. Cet état visionnaire offre une initiation à une plus grande conscience, et celle-ci est un cadeau incroyable.

Examinons maintenant la peur et l'anxiété que certaines personnes ressentent la nuit.

Anxiété, crises d'angoisse nocturnes et le vide lucide

Il arrive que des personnes s'inscrivent à une séance de mentorat avec moi parce qu'elles se réveillent la nuit avec un sentiment de peur extrême ou d'anxiété sévère. Ces personnes ne se souviennent généralement pas du rêve ou du cauchemar précédant ce sentiment horrible, ce qui les empêche de trouver la manière de les affronter. Certaines se réveillent le cœur battant, tandis que d'autres décrivent un sentiment d'être collées à leur lit, consumées par la terreur au point qu'elles n'osent plus bouger.

Certaines de ces expériences nocturnes terrifiantes sont attribuables à la paralysie du sommeil, et souvent les techniques que je propose aux personnes en souffrant sont également efficaces pour celles qui souffrent de crises d'angoisse nocturnes.

Parfois, les terreurs nocturnes sont causées par des cauchemars dont le contenu était si perturbant que nous l'oublions au réveil ; c'est un mécanisme de protection. Il arrive parfois qu'une personne me faisant part de sa vie, de ses peurs et de sa façon de réagir prenne conscience alors que ses terreurs sont liées à un traumatisme ancien bien enfoui. Lorsque nous dormons, l'accélérateur émotionnel de notre cerveau, l'amygdale, s'en donne à cœur joie, résultant des réactions émotionnelles très fortes et une terreur primitive.

D'autres fois, les personnes ressentent une angoisse existentielle, de l'anxiété ou la phobie de l'anéantissement lorsqu'elles rencontrent le vide lucide. Nombreuses sont celles qui m'ont fait part de leur expérience du vide. Voici quelques témoignages qui montrent comment il peut effrayer les personnes inexpérimentées :

Il fait complètement noir et, où que j'aille, il n'y a rien autour de moi. Je ressens de l'anxiété d'un bout à l'autre du rêve et j'éprouve une terreur annihilante.

J'étais seul·e au milieu de la galaxie (c'est ce dont j'avais l'impression). Lorsque j'ai compris ma solitude, j'ai commencé à paniquer. C'était horrible ! J'étais également conscient·e que cet endroit était éternel et infini.

Le simple fait de savoir que le vide lucide est un état que nous expérimentons naturellement entre deux rêves peut nous aider à nous libérer de nos peurs. En faisant bon usage des exercices de ce livre visant à apaiser la peur en travaillant sur la respiration et en récitant des mantras, vous construirez une base solide pour l'exploration du vide lucide sans crainte. Rappelez-vous toujours que vous êtes en sécurité dans ce vide et que toute peur peut être libérée par la respiration, afin de vous ouvrir à tout ce que cet espace de conscience peut vous offrir : de l'énergie créative pure, un portail vers l'unité et une compréhension de la nature des rêves et de la réalité.

Si votre partenaire de lit vous dit que vous criez, vous agitez et vous débattez pendant la nuit, il se peut que vous souffriez de terreurs nocturnes. Penchons-nous sur ces terreurs et apprenons à les gérer.

Terreurs nocturnes

Les terreurs nocturnes sont inoffensives. Elles sont plus fréquentes chez les enfants que chez les adultes. Une personne souffrant de terreurs nocturnes subit des épisodes de cris et d'agitation alors qu'elle est en phase de sommeil profond, non paradoxal. Il est fréquent, après un tel épisode, de ressentir de la confusion et de transpirer abondamment, le pouls s'accélère et la respiration se fait plus forte. En général, les terreurs nocturnes ne laissent aucun souvenir, pas une image, pas un son, mais elles déclenchent souvent un sentiment de peur intense.

Pourquoi les terreurs nocturnes surviennent-elles ? Il existe plusieurs possibilités. L'absence du souvenir d'un cauchemar peut indiquer l'expérience du vide et la sensation de solitude dans un tel espace a mené à la panique. Cela peut aussi être une composante psychologique profondément ancrée, telle qu'un traumatisme refoulé ou un cauchemar récurrent si troublant que la personne l'oublie instantanément au réveil. Dans ces cas, les exercices des chapitres sur les cauchemars et les terreurs nocturnes (chapitres 12 et 13) pourront aider à identifier les racines du traumatisme et à trouver les bonnes techniques pour gérer la peur avant qu'elle ne nous submerge.

Cependant, les terreurs nocturnes peuvent avoir une origine physique, telle que l'apnée obstructive du sommeil, qui se produit lorsque les muscles de la gorge bloquent les voies respiratoires. Si tel est votre cas, consultez un·e spécialiste des troubles du sommeil. Certains médicaments contre la dépression ou le syndrome de stress post-traumatique peuvent déclencher des terreurs nocturnes. Il en va de même pour le manque de sommeil, la fatigue, le stress et les horaires de sommeil perturbés. Essayez d'intégrer les exercices du chapitre 1 dans votre routine afin d'optimiser votre sommeil et consultez votre médecin traitant.

L'exercice suivant offre des conseils pratiques fondés sur des études scientifiques et sur la psychologie pouvant servir de point de départ pour vous aider à réduire les terreurs nocturnes.

Exercice 49

Conseils pour réduire les terreurs nocturnes

Ces techniques et suggestions ne remplacent pas un avis médical professionnel. Si vous souffrez de terreurs nocturnes, consultez votre médecin.

Si votre conjoint·e ou un membre de votre famille souffre de terreurs nocturnes, vous pouvez lui être d'une grande aide, ne vous sous-estimez pas. Les terreurs nocturnes peuvent se produire à la même heure chaque nuit, souvent dans les deux heures qui suivent l'endormissement. Notez l'heure des épisodes et réveillez la personne concernée un quart d'heure avant qu'ils ne surviennent. Maintenez la personne éveillée pendant cinq minutes environ, puis laissez-la se rendormir, car ce réveil programmé interrompt et réinitialise le cycle du sommeil[1].

Les terreurs nocturnes ont tendance à se produire pendant le troisième stade de sommeil, non paradoxal, profond et réparateur, il est donc préférable de ne pas réveiller la personne au cours d'un épisode. Elle sera difficile à réveiller et probablement très désorientée si vous la forcez à sortir de son sommeil profond. Si cette personne se réveille à la suite d'une terreur du sommeil, rassurez-la. Les terreurs nocturnes ne sont pas dangereuses, mais si la personne s'agite, vous devrez peut-être veiller à ce qu'elle ne se blesse pas avec ce qui l'entoure.

Si vous souffrez de terreurs nocturnes, consultez un·e spécialiste du sommeil afin d'éliminer les causes physiques possibles chez l'adulte, telles que l'apnée obstructive du sommeil. Vérifiez les effets secondaires de vos médicaments et demandez à votre médecin s'ils peuvent être à l'origine de vos épisodes. Essayez d'en savoir plus sur vos terreurs nocturnes en vous posant des questions pendant la relaxation profonde : « Qu'est-ce qui me fait si peur ? » « Que dois-je changer ou affronter pour que ces épisodes cessent ? » « Que se passait-il dans ma vie lorsque ces épisodes ont commencé ? » Vous pouvez également explorer ces questions avec un·e thérapeute.

Travaillez sur les cauchemars dont vous vous souvenez pour voir si vous pouvez trouver une cause psychologique profonde à ces perturbations. Ces épisodes peuvent être le signe d'un travail à faire pour guérir un certain domaine de votre vie. Demandez-vous si vous avez assez de soutien dans votre entourage ou spirituel, ou encore si votre travail prend de trop grandes proportions dans votre vie. Un·e psychothérapeute ou un·e hypnothérapeute pourrait vous aider à examiner les éventuels problèmes sous-jacents, tels que des traumatismes refoulés.

---

1. Frank *et al.*, « The Use of Scheduled Awakenings to Eliminate Childhood Sleepwalking » ; et Lask, « Novel and Non-Toxic Treatment for Night Terrors ».

Considérez le sommeil comme une retraite reposante et revitalisante vers le sacré. Créez un rituel du coucher et efforcez-vous de vous rappeler et d'écrire vos rêves afin de sonder les profondeurs de votre être. Prenez en compte tous les événements du sommeil, des cauchemars réguliers aux troubles du sommeil à part entière, comme notre psyché essayant d'attirer notre attention sur un sujet particulier. Les terreurs nocturnes peuvent être perçues comme un cri du corps : « Il est temps de guérir ! » Accordez à ce cri de votre inconscient toute votre attention. Jouez au détective et voyez si vous arrivez à percer le mystère.

La chute éternelle

Beaucoup de gens rêvent d'une chute éternelle dans l'espace. Souvent, ce rêve est lié à la transition entre la veille et le sommeil, mais c'est aussi une prise de conscience cosmique de l'ego, minuscule et sans aide, perdu dans l'infini. Interrogez-vous sur vos peurs les plus profondes. Un jour, une femme m'a écrit :

> *J'ai peur de l'espace et de l'inconnu, pas des extraterrestres, mais de l'Univers et de ce qu'il signifie. Cela me fait remettre en question la vie et penser à la mort. Je pense que cela pourrait être lié à un rêve/cauchemar que je faisais régulièrement quand j'étais plus jeune. Dans ce rêve, je tombais à toute vitesse dans un tunnel ou un trou noir. Je perdais le contrôle, j'avais peur et cela me réveillait.*

L'une des façons d'aborder la peur est d'aller jusqu'au bout des questions que l'on se pose sur la vie et la mort. Poussez votre réflexion sur la nature de l'Univers et questionnez-vous sur ce qu'il se passe après la mort. La peur est en grande partie inutile. Elle nous paralyse et nous empêche de vivre pleinement notre vie. Lorsque vous rencontrez une peur, examinez-la, puis libérez-la si vous le pouvez.

À l'âge de 7 ans, j'ai commencé à avoir des expériences où j'étais arrachée à un rêve et projetée dans l'espace à des milliards de kilomètres à l'heure. J'étais surprise et confuse. Mais en grandissant, je me suis mise à rechercher activement ces expériences. Lorsque nous nous détendons dans le vide lucide et que nous l'abordons avec curiosité et ouverture d'esprit, cela devient partie intégrante d'un voyage fascinant. Nous comprenons mieux les mystères de la vie et les questions les plus profondes.

Vous pouvez pratiquer quotidiennement la visualisation de protection suivante afin de la manifester instantanément la prochaine fois que vous sentirez la peur vous envahir lors d'une expérience de sommeil effrayante.

Exercice 50

Œuf de lumière

Voici un exercice à mettre en pratique aussi bien dans la vie éveillée que dans n'importe quel état de sommeil ou de rêve. C'est un excellent moyen de créer une aura de calme et de sécurité autour de vous, comme un bouclier. Cela fonctionne partout, que vous soyez entassé·e dans les transports en commun en plein jour, allongé·e anxieusement dans votre lit la nuit, ou que vous vous sentiez menacé·e par quelque chose dans l'obscurité. Essayez-le avant de vous endormir pour favoriser une nuit paisible et de beaux rêves.

Visualisez un œuf de lumière blanche autour de vous (ou choisissez une autre couleur qui résonne en vous). Entraînez-vous à créer l'œuf de lumière afin qu'il devienne aussi naturel et automatique que possible. Vous pouvez faire des gestes avec les bras pour donner une dimension plus physique. Tendez les bras vers le ciel, paumes vers le haut. Puis abaissez-les, paumes vers le bas, en imaginant une lumière protectrice au-dessus et au-dessous de vous. Tendez ensuite les deux bras vers l'avant et ouvrez-les largement, en imaginant que la lumière s'étend devant et derrière votre corps.

Vous pouvez invoquer des guides, des animaux totems et des âmes protectrices dans votre œuf de lumière. Devenez adepte de la création de l'œuf de lumière autour de vous chaque fois que vous ressentez le besoin d'une présence calme. L'œuf de lumière peut se manifester en une milliseconde, dans n'importe quel état de conscience, et offre une puissante protection.

La capacité à se libérer de la peur est très importante dans toute expérience de sommeil effrayante, car, lorsque nous parvenons à nous calmer, nous sommes en mesure de recevoir d'étonnants cadeaux. Plongeons vers les expériences extracorporelles, qui s'avèrent souvent terrifiantes pour les personnes inaverties.

Expériences extracorporelles

Également connues sous le nom d'expériences de hors-corps ou projection astrale, les expériences extracorporelles sont un état de conscience dans lequel notre perception de nous-mêmes semble extérieure à notre corps physique. Nous avons l'impression de voyager dans un corps énergétique (aussi appelé corps astral). Nous ne voyons plus et nous ne touchons plus avec nos yeux et nos doigts physiques. Ces expériences ne sont pas des rêves lucides, car, par définition, elles ne se produisent que lorsque nous sommes physiologiquement endormis. L'état des expériences extracorporelles peut être atteint à partir de différents états d'éveil, de rêve et de sommeil. En 2014, les Pr Andra Smith et Claude Messier ont eu recours à une IRM pour tester l'état du cerveau d'une jeune femme qui pouvait induire des expériences de hors-corps à volonté simplement en s'allongeant et en se relaxant[1]. En voici un exemple typique :

Tout vibre et tremble comme un séisme et je me sens tirée hors de mon corps ! Je flotte au plafond ; en

1. Smith and Messier, « Voluntary Out-of-Body Experience : An fMRI Study ».

regardant vers le bas, je peux voir mon corps sous les couvertures du lit. Comment puis-je être à la fois en bas et en haut ? Suis-je morte ?

Il peut être effrayant de voir son corps allongé dans un lit – les gens concluent souvent d'emblée qu'ils sont morts. Dans un sens, nous quittons notre corps chaque nuit lorsque nous nous endormons et prenons un corps onirique avec lequel nous explorons le monde endormi. Cette expérience n'a rien d'ésotérique, car nous nous endormons tous les soirs. Mais lors d'une expérience extracorporelle, nous sommes généralement très conscient·e·s. Certaines personnes rapportent des vibrations, des bourdonnements et des sensations physiques, telles que tomber à toute vitesse ou être violemment secoué·e·s pendant la séparation avec le corps physique. Cela peut sembler terrifiant, mais parfois ces effets sont beaucoup plus légers, voire absents. Parfois, nous ne remarquons même pas la transition. J'ai vécu des expériences où je dérivais dans l'hypnagogie lucide pendant un certain temps, perdais ma lucidité, puis j'accédais à un niveau de conscience élevé et me retrouvais à flotter les jambes croisées à quelques mètres au-dessus du sol de ma chambre. C'est particulier, mais vraiment incroyable : une expérience de hors-corps inattendue et sans effort !

Les projections astrales se déroulent souvent dans une réplique énergétique du monde éveillé. Nous sortons de notre corps et entrons dans une version étrangement éclairée de notre chambre. Lorsque j'avais 7 ans, je montais sur le toit de ma maison la nuit. Dehors, le jardin avait la même apparence, mais il était éclairé d'une lumière magique. Les arbres prenaient vie, ils bougeaient dans la brise. Je volais au-dessus du bac à sable et des êtres invisibles dans la haie ricanaient et me montraient des livres anciens avec des symboles.

Ces expériences régulières étaient probablement des projections astrales, car elles correspondaient en tout point à la définition.

Des recherches neuroscientifiques affirment que la zone du cerveau activée pendant les expériences extracorporelles est la jonction temporo-pariétale, et une étude réalisée en 2005 par le Pr Olaf Blanke a montré que la même zone cérébrale s'activait lorsqu'on demandait à des personnes de s'imaginer dans la perspective visuelle d'un hors-corps[1]. Le nombre croissant d'études scientifiques sur ces expériences nous aide à mieux comprendre comment le cerveau réagit dans certains états de conscience. Bien entendu, la manière la plus palpitante de l'explorer est de le réaliser soi-même, en provoquant une expérience extracorporelle.

Voici un exercice simple et rapide pour vous aider à vivre une projection astrale.

Exercice 51

Comment obtenir une expérience extracorporelle ?

Les expériences extracorporelles sont divinement magiques. Lorsque nous nous libérons de la peur et la remplaçons par l'ouverture d'esprit et la curiosité, nous ouvrons les portes à des expériences remarquables. Ces étapes simples entraînent le cerveau à s'adapter à la perspective extracorporelle et peuvent aider à franchir ce portail plus facilement.

1. Détendez-vous complètement en pratiquant le yoga nidra (voir exercice 31 : Yoga nidra – l'équilibre entre les mondes, au chapitre 8). Des pensées aléatoires ou des images étranges vont surgir, c'est le signe que vous commencez à flotter vers des états hypnagogiques. Restez détaché·e et observez simplement, en vous détendant progressivement.
2. Imaginez que vous vous voyez d'en haut. En regardant vers le bas, vous distinguez la forme de votre corps, mais il est fait de lumière. Il brille dans l'obscurité. En observant, vous voyez le corps de lumière se détacher du corps physique

1. Blanke *et al.*, « Linking Out-of-Body Experience and Self Processing ».

et s'élever dans les airs, vibrant comme s'il voulait danser. Il est léger et libre. Il peut tout faire : traverser les murs, le plafond, explorer. Ressentez la joie de la légèreté de votre corps lorsqu'il joue.

3. Identifiez-vous pleinement au corps de lumière. Fusionnez avec lui. Voyez et ressentez de son point de vue. Vous vibrez avec la lumière : vous êtes en dehors de votre corps. Imaginez et ressentez-le vraiment avec tous vos sens. Parfois, vous serez complètement hors de votre corps à ce stade. Si vous avez l'impression de n'être qu'en train de l'imaginer, ne laissez pas la frustration gagner du terrain ; c'est toujours un excellent entraînement pour votre cerveau.
4. Donnez la directive claire « Roulez ! » si vous sentez des vibrations parcourir votre corps ou si vous ne sentez plus votre corps physique. Sentez votre corps énergétique rouler sur le côté. Si vous avez du mal à sortir, demandez de l'aide. Certaines personnes s'aperçoivent qu'elles sont activement tirées de leur corps, ou que les vibrations s'intensifient et qu'elles le soulèvent.
5. Une fois que vous êtes en dehors de votre corps, explorez et appréciez. Vous pouvez demander : « Montrez-moi un beau paysage » ou « Emmenez-moi au cœur de la guérison ». Essayez de voler au-dessus des montagnes ou de sauter dans les airs. Pour revenir dans votre corps physique, imaginez que vous remuez vos doigts et vos orteils, et exprimez la volonté de revenir. Formulez une directive claire : « Au corps, maintenant ! »

Les projections astrales nous élèvent au-delà de notre perception habituelle de nous-mêmes. Nous comprenons que nous sommes plus qu'un simple corps et un cerveau ; nous comprenons au plus profond de nous-mêmes que la conscience peut exister au-delà du corps. Cette prise de conscience est puissante, car elle peut radicalement changer notre vision de la vie, de la mort et d'après la mort. L'exploration des états extracorporels nous donne une vision plus large sur qui nous sommes, parce que nous sommes en mesure d'expérimenter directement ce que nous ressentons lorsque nous nous libérons de notre corps physique.

Lorsque nous libérons la peur pendant les cauchemars et autres expériences effrayantes du sommeil, ils se transforment en merveilleux enseignements. La peur nous retient de tant de façons. Si vous avez bien lu ce livre jusqu'ici et que vous avez essayé certains des exercices de libération de la peur, vous remarquerez probablement déjà la différence dans votre vie et dans vos rêves.

Dans la prochaine partie, nous explorerons l'incroyable potentiel du sommeil dans les domaines de la créativité, de la guérison, du rêve lucide et des expériences spirituelles et nous découvrirons comment surmonter la plus profonde des peurs humaines : celle de la mort.

PARTIE IV

LE POTENTIEL DU SOMMEIL

CHAPITRE 14
LE SOMMEIL CRÉATIF

Imaginez-vous dans votre lit, endormi·e, en plein rêve, mais ce n'est pas un rêve classique. Devant vous, sur un fond noir, flotte une liasse de papiers lumineux. Les mots qui y sont écrits sont empreints de conscience. Avant que vous n'ayez le temps de les lire, ils s'envolent et se gravent dans votre cerveau. C'est un moment de folie. Votre tête bourdonne et vous ouvrez grand votre esprit pour recevoir ces mots, organisés en phrases courtes ou en titres. Au fur et à mesure qu'ils se succèdent, vous comprenez qu'ils constituent une idée de livre !

Oui, ces mots forment la table des matières d'un tout nouveau livre. Votre tête bourdonne encore d'énergie électrique et vous êtes lucidement conscient·e que c'est un rêve créatif puissant. Pendant un moment, vous absorbez cette idée de livre très détaillée. Vous pouvez maintenant lire chaque titre de chapitre comme si vous aviez le livre physique devant vous. La seule différence est que les mots disparaissent et réapparaissent à d'autres endroits, comme si un éditeur invisible changeait leur ordre, faisait des ajustements. Peu à peu, vous vous réveillez. Votre tête bourdonne furieusement. L'idée a l'énergie d'un essaim d'abeilles qui s'agitent pour se libérer. Vous savez que vous ne pourrez pas vous rendormir tant que vous ne vous serez pas extirpé·e de votre lit chaud et que vous n'aurez pas couché ces mots sur papier.

Cette histoire est la mienne. Le sommaire qui s'est formé dans l'espace de ce rêve est celui du livre que vous tenez entre vos mains. Ce qui est presque plus surprenant que ce rêve créatif, c'est la suite des événements et la rapidité avec laquelle tout s'est déroulé. Avec sept livres déjà publiés, j'avais renoncé à écrire pendant un certain temps pour me consacrer à la création de cours vidéo. Mais ma nouvelle éditrice chez Llewellyn était désireuse de publier un autre livre et m'a invitée à lui envoyer une proposition. J'ai hésité... pas un autre livre ! Puis je lui ai envoyé le sommaire apparu dans mes rêves. Elle l'a présenté à l'équipe éditoriale, qui a adoré l'idée. Par la suite, elle a notamment mentionné que la table des matières avait été jugée parfaite, ce qui m'a fait sourire (merci, esprit rêveur !). Il semblait que ce livre avait envie et besoin d'être écrit. J'ai signé le contrat et le chemin vers *Élixir de sommeil* a officiellement commencé.

Les rêves ont l'immense pouvoir de transformer instantanément notre vie. Lorsque nous agissons sur ce pouvoir créatif, l'Univers conspire à mettre les événements en mouvement pour soutenir notre objectif.

Vous est-il déjà arrivé de vous réveiller avec une idée de génie ou de faire un rêve qui présentait une nouvelle forme d'art ou qui résolvait un problème sur lequel vous travailliez ? Nous dormons en partie parce que nous avons besoin des rêves. Le rêve fait partie de l'évolution humaine. Il nous permet d'apprendre, de consolider nos connaissances et nos souvenirs, d'intégrer les traumatismes et de nous adapter à un monde en constante évolution. Notre intelligence onirique nous aide à imaginer, à créer et à inventer de nouvelles solutions aux problèmes.

Dans ce chapitre, nous examinerons quelques-unes des merveilleuses inventions, idées et solutions qui ont émergé du sommeil et je vous ferai part de mes exercices de base en matière de rêves créatifs afin que vous puissiez jouer avec votre propre créativité onirique.

Inventions issues de rêves créatifs

Le sommeil n'est pas un état unifié de l'être ; c'est une synthèse d'états altérés de conscience. Nous passons par plusieurs de ces états chaque fois que nous nous endormons. Notre conscience fluctue au fur et à mesure que nous entrons et sortons des rêves et des états transitoires. La créativité est étroitement liée aux états de non-éveil, tels que l'hypnagogie, l'hypnopompie, la relaxation profonde et le rêve. Le sommeil nous permet d'accéder à une conscience créative plus grande que l'ego grâce aux divers états de conscience qu'il offre.

L'état du cerveau juste après le réveil est reconnu par la science comme un état incroyablement créatif. Alors que nous planons dans cet espace liminal entre le rêve et l'éveil, notre cerveau fait des associations inattendues et sort des sentiers battus[1]. Vous retrouverez les exemples suivants détaillés dans le merveilleux livre du Pr Deirdre Barrett, *The Committee of Sleep*, qui explore la façon dont les artistes, les scientifiques et les athlètes tout au long de l'Histoire ont puisé dans les rêves et autres états de sommeil pour résoudre des problèmes de manière créative.

Paul McCartney se réveille un matin avec la mélodie de « Yesterday » en tête. Il ne comprend pas qu'il est l'auteur d'une telle chanson et, pendant des semaines, il ne cesse de demander autour de lui si elle existait déjà. Comme personne ne la reconnaît, il la revendique comme sienne. « Parce que je l'avais rêvée, je n'arrivais pas à croire que je l'avais écrite. [...] Pour quelque chose qui s'est passé dans un rêve, je dois reconnaître que c'était un coup de chance phénoménal[2]. » McCartney décrit « Yesterday », la chanson qu'il a littéralement rêvée, comme « le morceau le plus abouti que j'aie jamais écrit[3] ».

1. Stickgold *et al.*, « Sleep-Induced Changes in Associative Memory », 190.

2. Barrett, *The Committee of Sleep*, 66–67.

3. Salewicz, *McCartney : The Definitive Biography*, 202.

Le chimiste August Kekulé découvre la structure chimique du benzène alors qu'il entre en phase hypnagogique. Il aperçoit des atomes danser devant lui, qui se métamorphosent ensuite en un serpent qui tournoie en se mordant la queue. Il comprend alors que la molécule de benzène n'est pas une chaîne droite, mais un cercle.

Le biologiste Louis Agassiz essaie d'extraire un poisson fossile d'un rocher, mais ne parvient pas à deviner sa forme et tient à ne pas l'abîmer en creusant. Il rêve alors de sa forme, mais l'oublie le lendemain matin. Avant de dormir, il pose sur sa table de chevet un crayon et du papier. La nuit suivante, il rêve à nouveau du poisson et l'esquisse dans l'obscurité, dans un état « encore à moitié endormi[1] ». Le matin, il remarque des caractéristiques inattendues. Se fiant à sa vision, il ébauche le fossile qui correspond alors parfaitement à son dessin.

En 1816, l'horrible cauchemar de Mary Shelley, âgée de 19 ans, mettant en scène un homme recousu à partir de morceaux de cadavres, prend des proportions mythiques : Frankenstein. William Styron a eu une vision hypnopompique qui l'a conduit à écrire *Le choix de Sophie*. Robert Louis Stevenson attribuait ses incroyables histoires aux « Brownies », ou lutins familiers, dont il imaginait avec tendresse qu'ils mettaient en scène ses rêves et créaient pour lui de fabuleux rebondissements. Salvador Dalí et d'autres artistes ont créé des peintures surréalistes à partir de visions en rêves et en états hypnagogiques.

En 1844, Elias Howe est en train d'inventer la machine à coudre, mais se heurte à la forme de l'aiguille. Ses aiguilles ont un trou en hauteur, loin de la pointe. Il fait un cauchemar dans lequel il est capturé par des sauvages armé·e·s de lances, qui le menacent de le tuer s'il ne termine pas son invention. Soudain, il remarque que leurs lances ont des trous en forme d'œil à leur extrémité ! Il se réveille en comprenant que ses aiguilles ont besoin d'un trou à la pointe, le chas.

1. Barrett, *The Committee of Sleep*, 90.

Ce ne sont là que quelques exemples de percées scientifiques, d'inventions et d'inspirations artistiques qui ont vu le jour grâce à l'état incroyablement créatif du sommeil. Évidemment, la liste est longue et de nouvelles idées émergent chaque nuit, partout dans le monde. Entraînez-vous à puiser dans cette intelligence inconsciente et permettez à votre génie intérieur d'émerger.

L'exercice suivant offre quelques conseils pour incuber votre propre rêve créatif.

Exercice 52

Incuber un rêve créatif

Si vous souhaitez recevoir une solution créative ou une inspiration de la part de votre esprit rêveur, essayez de l'incuber en rêve. Avant de vous endormir, écrivez votre question ou votre intention sur une feuille de papier. Vous pourriez demander à votre esprit endormi de vous montrer une chanson ou une œuvre d'art qui n'existe pas encore, afin que vous puissiez la reproduire à votre réveil. Peut-être aimeriez-vous voir une couleur que vous n'avez jamais vue auparavant ou voyager dans le temps vers un autre lieu et dessiner ce que vous y rencontrez ? Peut-être souffrez-vous d'un blocage créatif ou êtes-vous en pleine recherche scientifique ? Vous avez peut-être besoin d'aide pour un numéro de danse ou un problème de codification informatique ?

Quel que soit le domaine dans lequel vous avez besoin d'aide, écrivez-le sous la forme d'une intention ou d'une question simple, telle que « Aidez-moi à déchiffrer ce code », « J'ai besoin d'une idée pour mon prochain tableau » ou « Comment surmonter ce blocage ? ». Créez un petit rituel autour de votre question ou de votre intention. Asseyez-vous dans votre lit et méditez en tenant le papier de votre requête dans votre main tout en imaginant le rêve que vous recherchez. Sentez l'émerveillement et la joie de recevoir une réponse à votre question. Ensuite, posez-la intérieurement. Criez-la comme si vous criiez à une personne qui se trouve à l'autre bout d'une forêt. Imaginez que votre appel est entendu par votre esprit rêveur. Ce cri intérieur est mon préféré, car il donne d'excellents résultats. Prenez ensuite trois respirations profondes et ressentez de la gratitude envers votre talentueux esprit rêveur. Quelle bénédiction que d'avoir un tel génie créatif qui travaille pour vous !

Placez votre papier sous votre oreiller ou tenez-le dans votre main lorsque vous vous endormez, convaincu·e que votre appel a été entendu. Chaque fois que vous vous réveillez brièvement dans la nuit, criez mentalement votre demande, puis rendormez-vous dans un état de gratitude.

Le matin, notez vos rêves. Si vous ne vous en souvenez pas, écrivez en commençant votre phrase par « Je me sens... ». C'est une partie très importante du processus d'incubation des rêves. Lorsque nous pratiquons l'écriture lucide au réveil, des rêves et des images peuvent revenir, ou nous pouvons nous retrouver spontanément à écrire la réponse à notre question.

Faites preuve de patience. L'incubation d'un rêve peut prendre plusieurs nuits pour se manifester. Pendant la journée, continuez à penser à votre question avec autant d'attention que possible. Tous ces scientifiques qui sont venus à bout de leurs recherches en rêve ou en état hypnagogique restaient constamment concentrés sur leur problème. Variez votre rituel d'incubation des rêves. Par exemple, faites flotter le problème ou la question dans votre esprit pendant que vous vous détendez dans un bain chaud. Si vous vous levez pour aller aux toilettes, faites une petite méditation d'incubation de rêve. À ce moment-là, vos cycles de sommeil les plus profonds seront derrière vous. La chimie du cerveau est dans un état optimal de créativité pendant le sommeil paradoxal, et plus vous avancez dans la nuit, plus ces cycles sont longs. C'est pourquoi, lorsque nous nous endormons en pensant à un problème, nous nous réveillons souvent avec la solution : nous avons rêvé la réponse dans l'état lumineux et créatif du sommeil paradoxal.

Penchons-nous à présent sur une autre manière innovante dont le génie de notre esprit rêveur peut se révéler utile. Les rêves pourraient-ils nous aider à gagner de l'argent en les informant de nos décisions professionnelles ou d'investissement ?

Notre intelligence onirique peut-elle nous aider à gagner de l'argent ?

Grâce à l'incubation des rêves, nous pouvons solliciter l'aide de notre intelligence onirique dans tous les domaines de notre vie. Un de mes collègues et ami de l'Association internationale pour l'étude des rêves, le Pr Bhaskar Banerji, a réalisé 36 investissements financiers basés sur ses rêves au cours des vingt dernières années, dont 34 se sont révélés lucratifs, entraînant souvent une augmentation d'au moins 30 % du capital investi. Banerji incube ses rêves d'investissements financiers en se posant la question suivante avant de s'endormir : « Quel est l'endroit le plus lucratif pour investir mon argent ? »

En 2019, les analystes étaient convaincu·e·s que Tesla allait échouer. Banerji a rêvé qu'il assistait à une réunion du conseil d'administration de Tesla. Tout le monde se réjouissait, car les actions avaient augmenté de façon spectaculaire. Malgré le scepticisme des analystes, Banerji a investi. L'action Tesla a ensuite augmenté de 700 %. Dans un autre rêve, le père de Banerji apparaît pour lui conseiller d'investir dans l'intelligence artificielle. C'est ce qu'il a fait. C'était en 2022, juste avant l'explosion de ChatGPT.

Une autre fois, alors qu'il rentrait chez lui en métro, Banerji a entendu deux passagers discuter d'une minuscule startup dont il n'avait jamais entendu parler : Galena Biopharma. Cette nuit-là, il a rêvé qu'il se trouvait dans une salle de cinéma vide. Les rideaux s'ouvraient et le mot Galena apparaissait à l'écran. Deux jumeaux indiens s'asseyaient ensuite à côté de lui. Banerji m'expliqua : « J'ai interprété que le rêve m'indiquait que l'action allait doubler, d'où les jumeaux. Le lendemain, j'ai immédiatement acheté des actions, car les informations temporelles sont rares dans les rêves. L'action a effectivement doublé... en l'espace d'une semaine seulement ! Pourquoi ? Parce qu'une société pharmaceutique indienne appelée Reddy's Laboratories a pris une participation de 30 % dans l'entreprise. Un bon retour sur investissement pour un petit travail onirique, n'est-ce pas ? »

Dans sa présentation intitulée « Money, Dreams and Magic », lors de la conférence annuelle de l'IASD en 2024 aux Pays-Bas, Banerji a fait remarquer que l'intelligence artificielle dépend des performances passées pour prédire les tendances du marché boursier[1]. Il affirme que l'intelligence onirique a un avantage, car les rêves semblent capables de recueillir des informations sur l'avenir. Elle nous donne également accès à l'inconscient individuel et collectif. Pour les personnes qui espèrent tirer parti de leurs rêves pour guider leurs investissements financiers, Banerji recommande d'utiliser à la fois l'intelligence artificielle et l'intelligence onirique, car elles sont complémentaires et chacune est puissante à sa manière.

Attention, les rêves ne sont pas toujours des indicateurs fiables. Avant de vous précipiter pour investir votre argent, car un rêve vous l'a recommandé, réfléchissez. Les rêves nous montrent souvent des avenirs possibles, et non des résultats définitifs. L'ensemble de la vie s'écoule selon un schéma souple et changeant. Rien n'est figé et il n'y a aucune garantie. Les décisions d'investissement doivent être fondées sur une connaissance approfondie du marché. Lorsque nous connaissons un sujet sur le bout des doigts, comme la hausse et la baisse des actions, ces connaissances alimentent nos rêves et peuvent affecter la qualité des conseils que nous recevons.

Un autre ami et membre de l'IASD, Cameron Cordova, a commencé à placer des paris sportifs en se basant sur les informations fournies par ses rêves. Pendant un certain temps, il gagnait à tous les coups et remportait des milliers de dollars grâce à ses paris guidés par ses rêves. Dans l'un d'eux, il jouait à un jeu de cartes vertes avec des images de béliers. Il comptait ses points et atteignait les chiffres 18-33. Il a alors eu le sentiment que ces chiffres méritaient qu'on y prête attention. Il s'est réveillé et a parié que les Rams de Los Angeles gagneraient leur match de football cette semaine-là, avec un score final de 18-33. Le pari a fonctionné et Cordova a remporté environ 4 000 $.

1. Banerji, « Money, Dreams and Magic ».

Mais après avoir gagné environ 30 000 $ cette année-là, les paris de Cordova, inspirés par ses rêves, sont devenus moins fructueux. Il explique cela par plusieurs raisons : « Les rêves précognitifs sont parfois impossibles à interpréter correctement, et même lorsque j'y parviens, il est difficile de faire un pari qui permette de gagner de l'argent à coup sûr. Une fois, j'ai rêvé que je me trouvais sur un terrain de football deux minutes avant la fin d'un match. J'ai eu à nouveau ce sentiment de précognition et j'ai jeté un coup d'œil au tableau d'affichage. À mon réveil, j'ai placé mon pari, mais même si ce score a été marqué, dans les 120 dernières secondes, deux autres buts ont été marqués, ce qui m'a fait perdre de l'argent, car je n'avais pas vu la fin du match dans mon rêve. »

Finalement, Cordova a perdu plus d'argent qu'il n'en a gagné, ce qui l'a raisonnablement poussé à arrêter de parier. Il remarque : « Même si mes rêves m'aidaient à parier avec plus de précision, les jeux d'argent créent une véritable dépendance et j'ai continué à parier même si mes rêves ne me guidaient pas. C'est à ce moment-là que j'ai perdu une grande partie de mon argent. Une fois que l'on réussit à gagner, il est très difficile d'arrêter ! »

Il se peut qu'un rêve ne révèle pas toute la situation ou qu'il porte sur un sujet sans rapport avec les paris ou les investissements financiers. Par prudence, avant d'investir de l'argent sur la base d'une information onirique, envisagez d'autres interprétations du rêve. En raison de leur langage hautement métaphorique et symbolique, il peut être difficile de comprendre leur message. Renseignez-vous sur la signification des rêves afin d'identifier les éléments inhabituels et d'en dégager les conseils pertinents. Plus nous développons une relation profonde avec le monde endormi, plus nous saurons lire leurs messages.

Suivre les conseils d'un rêve pour parier des sommes importantes sur des rencontres sportives ou investir en Bourse comporte un certain risque. Si le pouvoir de prédilection de vos rêves vous intéresse, vous pouvez, par exemple, vous entraîner en incubant un rêve qui vous montrera les numéros gagnants de la loterie. Si vous devenez lucide dans un rêve, vous pouvez crier : « Montrez-moi les numéros gagnants de la loterie de la semaine prochaine ! » Si vous vous réveillez avec une séquence claire de numéros, sortez acheter un ticket de loterie. Si cette approche vous réussit, j'adorerais avoir vos retours !

Je n'ai jamais joué aux jeux d'argent ou investi en Bourse, mais je fais constamment appel à mon intelligence onirique pour savoir où investir mon temps et mon énergie. Je reçois avec gratitude une myriade d'idées créatives et d'impulsions artistiques de mes rêves et j'ai bâti ma carrière grâce à elles. Je demande conseil à mes rêves lorsque je suis confrontée à des décisions importantes, mais je ne suis jamais aveuglément un conseil, qu'il vienne d'une personne dans ma vie éveillée ou d'un rêve. Je fais toujours appel à mon discernement, ainsi qu'à ma compréhension profonde de mes rêves, pour m'aider à décider d'un plan d'action. Se laisser guider par l'intelligence onirique ouvre la porte à la sagesse et à la créativité de notre inconscient. La combinaison de notre intelligence onirique avec notre propre discernement est entre nos mains.

Comme le montrent les exemples précédents, un certain niveau de connaissance est nécessaire pour réaliser des investissements précis inspirés par les rêves. Pour ce qui est de l'aide apportée par les rêves à gagner de l'argent, il est généralement beaucoup plus facile de puiser dans l'intelligence onirique pour trouver des idées créatives ou recevoir des conseils sur notre orientation professionnelle. L'exercice suivant offre quelques idées ludiques sur la manière de mettre à profit le génie de vos rêves pour générer des idées commerciales innovantes.

Exercice 53

Activer son génie intérieur pour réussir sa carrière

Grâce à l'intelligence onirique et à l'art ancestral de l'incubation des rêves, nous pouvons obtenir des informations précieuses, des idées créatives et des conseils pour aider notre entreprise à prospérer et nous apporter un plus grand succès professionnel et financier. Restez détendu·e et ouvert·e d'esprit lors des explorations dans vos rêves, car à trop chercher des réponses ou des solutions, vous risquez de passer à côté. Considérez cette pratique comme si vous invitiez un enfant à vous donner des réponses créatives.

Suivez la méthode d'incubation des rêves décrite plus haut dans ce chapitre. Veillez à identifier clairement votre intention ou votre question et à la formuler de façon concise. Cela peut être une question assez générale, allant de « Comment puis-je aider les gens grâce à mon travail ? » à « Comment réussir ma carrière ? », « Quelle est la meilleure idée professionnelle actuelle ? » et « Quelle est ma prochaine étape professionnelle ? ».

Vous pouvez également choisir quelque chose de très précis dans l'incubation de votre rêve, comme : « Devrais-je faire des affaires avec cette personne ? », « Comment puis-je réduire l'empreinte carbone de ce produit ? », « Montrez-moi l'intrigue idéale dont ce scénario de série télé a besoin », « Montrez-moi la manière la plus économique de fabriquer ce produit » ou encore « De quelle approche cette campagne publicitaire a-t-elle besoin ? »

Concentrez-vous sur une question à la fois plutôt que d'embrouiller votre esprit avec toute une série de souhaits qui flottent dans votre tête avant de dormir. L'esprit onirique répondra à des demandes claires et simples. Parfois, deux questions sans lien entre elles vous viendront en tête, par exemple : « Comment puis-je collecter des fonds pour le refuge des sans-abris ? » et « Comment améliorer ma prestation au travail ? » Dans ce cas, concentrez-vous sur une seule question pour l'instant et passez les trois à cinq nuits suivantes à incuber un rêve sur ce seul sujet. Vous aurez ainsi plus de chances d'obtenir des résultats clairs.

Suivez les conseils de l'exercice d'incubation des rêves présenté plus haut dans ce chapitre pour créer un sentiment d'anticipation chaleureuse au rêve que vous avez invité. Restez ouvert·e aux réponses possibles lorsque vous écrivez vos rêves dans votre journal, car elles peuvent prendre la forme de métaphores ou de symboles.

Si vous devenez lucide dans vos rêves, énoncez votre intention ou votre question et voyez ce qui se manifeste. Le rêve lucide nous permet d'interagir consciemment avec notre génie onirique pendant que l'histoire se déroule autour de nous.

Une fois que nous entrons en relation avec nos rêves, il devient naturel de puiser dans notre intelligence inconsciente. L'incubation des rêves est un moyen fascinant de s'engager activement avec notre génie intérieur pour générer de nouvelles idées et explorer des solutions innovantes aux problèmes.

Croire en ses propres capacités créatives permet une meilleure incubation des rêves et cela rend la vie beaucoup plus amusante. Voyons comment accueillir nos pouvoirs créatifs.

Vous débordez de créativité

Il est parfois difficile de s'approprier sa fabuleuse créativité. Malgré tout, nous rêvons chaque nuit. Les rêves sont de l'énergie créative pure. Ils nous plongent dans une imagerie originale, multisensorielle et tridimensionnelle chargée d'émotions.

La créativité des rêves est propre à chacun·e, car personne d'autre ne possède exactement le même mélange d'expériences de vie, d'impressions sensorielles, de famille, d'associations passées, de relations amoureuses et de sentiments que nous. Tous ces éléments sont versés dans le chaudron de nos rêves, avec quelques archétypes, histoires mythiques et événements mondiaux. Ce qui en ressort est unique pour chacun·e d'entre nous. La créativité, c'est avant tout l'originalité : voir les choses différemment, faire un saut quantique dans la compréhension, ou combiner des éléments d'une manière inédite pour créer quelque chose de nouveau.

Et si je vous disais à quel point vous êtes incroyablement créatif·ve ? Réagissez-vous avec une part de résistance ou encore un refus catégorique ? Pourtant, vous êtes incroyablement créatif·ve, et il vous suffit de vous pencher sur vos rêves pour révéler une partie de votre énorme potentiel. Avec la créativité des rêves comme tremplin, les limites sont infinies, de l'idée d'un scénario à celle d'une installation artistique audacieuse, en passant par la création d'une entreprise, jusqu'à une compréhension plus profonde de ce qu'est l'être humain. Grâce au sommeil, aux rêves et à l'inconscient, vous aurez toujours de nouveaux horizons à explorer. Nous avons une intelligence onirique unique, qui englobe une multitude de merveilles, allant de la guérison cellulaire à l'amélioration de la mémoire, en passant par des états de rêve hyperassociatifs. Nous plongeons corps et âme dans une créativité sans fin chaque fois que nous nous blottissons sous les couvertures et que nous sombrons dans le sommeil.

Les rêves sont primordiaux dans l'évolution de l'espèce : ils consolident les souvenirs, testent les possibilités futures, traitent les émotions difficiles et nous alertent lorsque nous faisons de mauvais choix. Ils sont la créativité incarnée et ont une portée cinématographique sur nos émotions, ils mettent en scène des histoires sur nos vies, réagissent instantanément à nos pensées et à nos émotions, produisent d'étonnantes métaphores et nous poussent à croire qu'ils sont la seule réalité jusqu'à ce que nous soyons lucides dans le rêve ou que nous nous réveillions. Tenir un journal des rêves nous permet de replonger dans notre créativité divine bien des années plus tard. Vous allez adorer redécouvrir vos créations oniriques et leur permettre d'alimenter vos projets actuels.

Si vous avez déjà eu l'impression qu'il n'y a pas assez d'heures dans la semaine pour vous consacrer à votre activité créative, pensez au fait que nous dormons un tiers de notre vie. Pourquoi ne pas optimiser et enrichir votre vie en poursuivant le processus créatif pendant votre sommeil ? Cette question était le centre de mes obsessions il y a de cela plus de vingt ans. En fin de compte, explorer cette question a changé ma vie pour toujours, créant cet étrange et merveilleux parcours professionnel que j'ai eu la chance de forger. Explorons le rôle du rêve lucide dans le processus créatif, puis essayez la technique qui suit pour « rêver lucidement en étant éveillé·e » à des fins créatives.

Le rêve lucide comme outil créatif

Ma quête de créativité personnelle m'a conduite tout droit à un doctorat sur le rêve lucide en tant qu'outil d'écriture créative – la première thèse au monde à explorer ce sujet[1]. Je l'ai commencée en 2003 à l'université de Leeds, au Royaume-Uni. Pendant ces années de doctorat, lorsque je présentais des documents de recherche à des conférences internationales, j'ai dû faire face à un public réticent – certain·e·s chercheur·euse·s et psychanalystes émettaient des réserves lorsque j'expliquais que j'avais fait ma recherche de doctorat pendant mon sommeil, dans mes rêves lucides.

J'ai exploré des questions comme « Le rêve lucide peut-il enflammer notre créativité ? » (Oui !) « Pouvons-nous développer des intrigues fictives et des personnages puissants lorsque nous devenons conscient·e·s dans nos rêves ? » (Absolument.) « Comment pouvons-nous lucidement générer des idées et des œuvres d'art originales ? » (Demander de l'aide au rêve lorsque nous devenons lucides.) « Le rêve lucide peut-il aider à dissoudre les blocages créatifs ? » (Oui, c'est possible.) « Qu'est-ce qu'une transe créative et quel est son lien avec le rêve lucide ? » (Voir l'exercice 54 : Écriture lucide, plus loin dans ce chapitre.) « Qu'est-ce que les écrivain·e·s peuvent tirer des conversations avec leurs personnages de fiction pendant un rêve lucide ? » (Vous les rencontrez comme de « vraies » personnes dans un monde multisensoriel hyperréaliste.)

Ma méthodologie de recherche comprend une étude de cas de vingt-cinq écrivain·e·s professionnel·le·s, artistes et chercheur·euse·s en rêves lucides l'ayant utilisée comme outil créatif. J'ai également exploré les expériences d'écrivain·e·s célèbres ayant documenté le rôle des rêves dans leur processus d'écriture créative dans le merveilleux livre de Naomi Epel, *Writers Dreaming*, et j'ai

1. Johnson, « The Role of Lucid Dreaming in the Process of Creative Writing ».

étudié deux romans présentant le rêve lucide. J'ai testé mes idées en écrivant un roman inspiré d'un rêve lucide, *Breathing in Colour*. J'ai puisé mon inspiration dans les rêves lucides à chaque étape du processus de création littéraire.

J'ai convoqué mes personnages de fiction dans des rêves lucides et je leur ai parlé. Les personnages oniriques sont pleins de surprises. Un jour, l'artiste de mon roman m'a soufflé en rêves : « Tu es peut-être l'autrice, mais tu n'es pas Dieu. » J'ai également exploré les éléments de l'intrigue dans mes rêves lucides et je les ai développés grâce à ma méthode d'écriture lucide. L'imagerie de mes propres rêves lucides a été intégrée à mon roman. Lorsque j'ai commencé *Breathing in Colour*, j'ai fait un rêve lucide dans lequel j'ai vu une poignée de sable avoir une texture et un goût d'orange. Cela m'a donné l'idée que mon personnage principal, Mia, serait atteint de synesthésie, un état dans lequel les sens sont mélangés. La voix multisensorielle de Mia est devenue un élément clé du roman, et j'ai continué à induire délibérément la synesthésie dans d'autres rêves lucides. Cette expérience fascinante m'a permis d'écrire de manière plus authentique sur la synesthésie, puisque je l'avais éprouvé dans mes rêves.

D'autres écrivain·e·s en ont également fait l'expérience : nous pouvons approfondir et élargir notre expérience quotidienne en rêvant de ce que nous ne pouvons pas faire habituellement. Anne Rice, l'autrice d'*Entretien avec un vampire*, écrit : « La dernière fois que j'ai fait un rêve où je volais, j'ai su que je le faisais vraiment. J'étais consciente, mais j'étais aussi vraiment là. C'était fabuleusement réel [...] un approfondissement de l'aspect sensuel du vol. Après cela, j'ai pu l'inclure dans mes romans avec beaucoup plus de certitudes[1]. »

Le scénariste Paul Schrader développe ses intrigues dans l'état de rêve lucide en créant et recréant des récits de type cinématographique : « Je critique l'histoire du rêve au fur et à mesure qu'elle se déroule. Je me dis : "Ce n'est pas une bonne scène",

1. Epel, *Writers Dreaming*, 215-16.

"Je devrais laisser tomber ce personnage" ou "J'ai besoin d'action" – je reviens en arrière et je "rerêve" la scène[1]. » Dans les rêves lucides, nous pouvons faire apparaître un théâtre et regarder ses propres personnages jouer le chapitre d'un roman en cours.

L'avantage des rêves lucides est la conscience que nous cultivons à l'intérieur du rêve, permettant de demander directement de l'aide au rêve. Un sculpteur pourrait invoquer Michel-Ange. Un·e peintre pourrait faire appel à Frida Kahlo ou à Salvador Dalí. Vous pouvez également interagir consciemment avec les événements du rêve et le cocréer activement[2].

Mais qu'en est-il si vous faites rarement des rêves lucides ? Ne perdez pas espoir ! Tout d'abord, les rêves non lucides sont tout aussi créatifs que ceux qui le sont. De même, vous pouvez pratiquer la technique que j'ai mise au point pour faire l'expérience d'un genre de rêve lucide en état de transe légère. Avec l'écriture lucide, vous pouvez explorer et guider consciemment un rêve que vous avez fait la nuit comme l'année précédente, voire dans votre enfance. Explorons cette technique de base et activons notre flux créatif.

Écriture lucide : une version éveillée du rêve lucide

Souvenez-vous qu'il n'est pas nécessaire de savoir faire des rêves lucides pour bénéficier de la créativité foisonnante de nos rêves.

Stephen King note : « Une partie de ma fonction d'écrivain est de rêver éveillé. [...] Que vous rêviez ou que vous écriviez de manière créative, les ondes cérébrales sont apparemment interchangeables[3]. » Il fait référence à la présence d'ondes cérébrales alpha, vérifiée par l'électroencéphalogramme, à la fois dans un état

1. Barrett, *The Committee of sleep*, 34.
2. Johnson, « The Lucid Artist ».
3. Epel, *Writers Dreaming*, 141.

d'éveil détendu et pendant le sommeil paradoxal. King poursuit en disant à quel point l'état de rêve éveillé est précieux, « c'est comme trouver une porte secrète dans une pièce sans savoir exactement comment on y est entré[1] ». Au cours de mes recherches pour mon doctorat, j'ai mis au point une technique pour franchir cette porte secrète : ma méthode d'écriture lucide, qui est utilisée depuis par des milliers de personnes dans le monde entier.

L'écriture lucide peut être considérée comme une version éveillée du rêve lucide : nous nous concentrons sur un rêve et nous nous enfonçons aussi profondément que possible dans notre inconscient, tout en restant éveillé·e·s. Nos ondes cérébrales s'installent dans un rythme alpha, où les idées circulent librement et rapidement, tandis que l'imagerie du rêve se mêle à notre imagination consciente. Une image onirique se transforme rapidement en quelque chose d'autre – un souvenir, un visage, une scène en mouvement – et c'est en décrivant cette nouvelle imagerie que nous glissons vers l'écriture d'une fiction.

C'est dans cet état de semi-transe que j'ai écrit la majeure partie de *Breathing in Colour*. Mon développement de l'imagerie des rêves lucides en écriture lucide a donné naissance à des personnages merveilleusement bizarres. L'image initiale d'un personnage ressemblant à un épouvantail s'enfonçant dans un champ s'est transformée en un homme à tête de disque argenté. Un éléphant émergeant d'un tronc d'arbre est devenu un éléphant ailé aux yeux bleu diamant. Ces créations ont trouvé leur place dans le roman en tant qu'archétypes de rêves lucides personnalisés de mes protagonistes.

Le développement de l'intrigue peut avoir lieu après un rêve dans la pratique de l'écriture lucide. Une fois, j'ai eu une conversation perturbante dans ma vie éveillée avec un homme qui souffrait de troubles du sommeil. Il a admis avoir traîné sa petite amie par les cheveux dans la chambre pendant son sommeil. Par la suite, j'ai fait plusieurs rêves lucides sur la violence pendant le sommeil.

1. Epel, *Writers Dreaming*, 141.

Je me suis concentrée sur une image forte en écriture lucide et la scène s'est transformée en un monde fictif si fascinant que j'ai alors compris que je voulais écrire une histoire sur les effets d'un trouble du sommeil violent sur une famille soudée. C'est ainsi qu'est née la prémisse de mon deuxième roman, *Dreamrunner*.

L'écriture lucide peut s'avérer être un merveilleux outil pour trouver l'inspiration dans n'importe quel projet créatif. Je l'ai enseignée à des cinéastes, des scientifiques, des artistes, des créateur·rice·s de mode, des athlètes de haut niveau, des poètes, des ingénieur·e·s et des acteur·rice·s. Au début, je l'enseignais uniquement comme une technique de créativité, mais après avoir vu les réactions enjouées des participant·e·s à mes ateliers, j'ai compris qu'elle pouvait également déclencher une puissante guérison. L'écriture lucide est un outil de travail onirique transformateur idéal pour aider à vivre sereinement les cauchemars, à interpréter le sens symbolique des rêves et à mieux comprendre notre vie et nos relations. En tant qu'outil de guérison, je l'ai enseignée à des psychothérapeutes, à des psychologues clinicien·ne·s, à des médecins spécialistes du sommeil, ainsi qu'à des personnes confrontées à toutes sortes de problèmes, du cancer en phase terminale à la violence domestique, en passant par la dépression.

L'écriture lucide nous permet de guider et d'interagir avec l'imagerie des rêves inconscients de manière intuitive. Comme nous savons que nous pouvons sortir de cette transe légère à tout moment, nous nous sentons en sécurité et nous pouvons nous libérer de nos peurs. Nous avons le sentiment de cocréer l'imagerie et nous pouvons ainsi laisser place à deux éléments forts de la créativité : la curiosité et le sens de la légèreté. Les rebondissements inattendus de l'histoire du rêve peuvent entraîner une puissante guérison. Les cauchemars sont des rêves de guérison inachevés, car ils se terminent souvent au moment où une peur insoutenable survient et nous réveillent, envahi·e·s par les émotions. Nous pouvons continuer à rêver l'histoire dans la transe créative dans laquelle nous entrons pendant l'écriture lucide, en jouant avec les possibilités et en répétant différentes réactions.

Lors de l'une de mes retraites, j'ai rencontré une femme qui avait rêvé d'être ensevelie par un tsunami, face auquel elle se retrouvait paralysée par la terreur et était incapable de se sauver. Dans son écriture lucide, elle a pu rejouer la scène de cette vague géante qui s'est abattue sur elle, mais cette fois-ci, elle a découvert qu'elle pouvait activer un superpouvoir dont elle ignorait l'existence et se propulser dans les airs pour se mettre à l'abri. Elle a également compris la signification de son cauchemar : elle se sentait submergée par sa relation intime toxique et bloquée dans le rôle de victime impuissante. Elle savait qu'elle devait agir immédiatement pour reprendre sa vie en main, elle seule était capable de la sauver.

Une autre femme avait rêvé d'un coffre fermé à clé, gardé par des démons. Dans son écriture lucide, elle refusa de se laisser submerger par la peur et s'est dirigée vers le coffre. Les démons se sont immédiatement transformés en anges lumineux et le coffre s'est ouvert pour révéler des trésors merveilleux. Elle prit conscience qu'elle avait peur de son propre potentiel spirituel et qu'elle devait l'embrasser.

Un artiste bloqué dans sa créativité faisait des rêves récurrents dans lesquels il voyait ses sculptures s'effondrer et se transformer en sable. Dans son écriture lucide, le sable s'est transformé en verre fondu et il créait des spirales et des formes étonnantes en utilisant le pouvoir de son souffle pour le transformer en motifs qui flottaient dans l'air comme des sculptures flottantes. Il comprit qu'il était temps d'expérimenter un nouvel art qui l'avait toujours attiré : le verre soufflé. Son blocage créatif a disparu.

Je vous présente ici ma méthode d'écriture lucide pour que vous puissiez l'utiliser et l'explorer.

Exercice 54

Écriture lucide

La conscience du rêve fonctionne en permanence à un certain niveau de conscience, que nous soyons éveillé·e·s ou endormi·e·s.

L'écriture lucide vous invite à un état de transe légère pour vous rapprocher de la conscience onirique afin de puiser dans votre génie intérieur.

Prévoyez dix à quinze minutes pour vous familiariser avec cette technique. Rappelez-vous que l'esprit humain est rarement complètement vide et dénué de pensée. Il est donc facile de continuer à écrire, même en état de transse. Si vous avez l'impression de n'avoir soudain rien à écrire, notez simplement : « Je ne trouve rien à écrire. » Le temps de l'écrire, vous aurez probablement trouvé quelque chose à rédiger. Il arrive que des souvenirs traumatisants refassent surface pendant l'écriture lucide. Si vous estimez qu'ils sont trop douloureux pour les affronter seul·e, posez votre stylo et parlez-en à un·e ami·e ou à un·e thérapeute.

1. Choisissez un rêve que vous aimeriez explorer. Préférez un rêve particulièrement fort en action ou en émotions. Les cauchemars sont également d'excellents sujets, mais n'y travaillez que si vous êtes à l'aise avec l'idée et que vous vous sentez en sécurité. Concentrez-vous sur une image centrale ou un moment clé de votre rêve, plutôt que sur une longue intrigue complexe.
2. Éteignez votre téléphone et gardez un stylo et un bloc-notes à portée de main. Asseyez-vous confortablement et fermez les yeux. Prenez plusieurs respirations profondes et calmes, puis laissez votre souffle se déplacer sans effort dans un rythme naturel, comme les vagues de l'océan qui montent et descendent harmonieusement.
3. Inspirez profondément et tournez la tête vers la droite. Au fur et à mesure que vous expirez, laissez votre tête revenir lentement vers le centre. Inspirez en tournant la tête vers la gauche. En expirant, laissez votre tête revenir au centre. Répétez l'exercice pendant un certain temps, puis ramenez votre tête au centre et détendez-vous.
4. Visualisez une lumière dorée tomber lentement en cascade sur votre corps, de la tête jusqu'aux pieds. Détendez consciemment chaque partie de votre corps au fur et à mesure que la lumière inonde votre tête, vos épaules,

votre poitrine, votre ventre, vos hanches, vos jambes et vos pieds. Concentrez toutes vos pensées et votre énergie à donner vie à cette cascade de lumière. Laissez couler les pensées qui n'ont pas de rapport avec elle, ne vous y accrochez pas.

5. Une fois votre corps complètement immergé dans cette lumière dorée, créez un espace lumineux dans votre esprit. Amenez l'image de votre rêve dans cet espace doré. Sentez-la s'animer d'émotions, de couleurs et de sensations. L'image de votre rêve peut se déplacer et se transformer en quelque chose d'autre, laissez-la faire. Restez dans le flux d'images aussi longtemps que vous le souhaitez.
6. Le moment venu, ouvrez légèrement les yeux, prenez votre stylo et écrivez sans vous arrêter, sans vous soucier de l'orthographe ou de la ponctuation et sans porter de jugement à votre texte. Laissez-le s'exprimer sans l'analyser. Vous pouvez vous retrouver à écrire sur un souvenir de la vie éveillée ou prolonger et modifier l'histoire du rêve. Tout est juste ; laissez l'écriture aller où elle veut. Si vous ressentez un blocage, revenez mentalement à l'imagerie de votre rêve et continuez à écrire sans vous arrêter jusqu'à ce que vous ayez terminé. Si vous ne désirez pas écrire, exprimez-vous de la manière qui résonne le plus en vous : dessinez, collez, gribouillez, ou enregistrez un audio de vos pensées. L'état de semi-rêverie de la transe lucide créative combine brillamment la relaxation, le rêve, la conscience et l'écriture.

L'exercice suivant vous catapultera dans la poésie. Vous n'avez pas besoin d'expérience préalable en la matière, le rêve se chargera de vous guider. Tout ce dont vous avez besoin, c'est de quatre minutes.

Exercice 55

Poème onirique

Après une séance d'écriture lucide, vous pouvez aller encore plus loin (et peut-être faire un pas de géant hors de votre zone de confort) en écrivant un poème ou une microfiction. Après vous être concentré·e sur un rêve ou un cauchemar et avoir utilisé l'écriture lucide pour vous y plonger comme décrit dans l'exercice précédent, réglez votre réveil sur quatre minutes.

En vous inspirant de votre rêve et de ce que vous avez rédigé pendant votre séance d'écriture lucide, écrivez un poème (ou une microfiction) en quatre minutes. Croyez en vous ! À chaque fois que j'ai enseigné cette technique dans des ateliers, au moins une personne m'affirmait ne pas être capable d'écrire un poème décent en quatre minutes. Cette limite de temps apparemment impossible est conçue pour s'assurer que leur perfectionnisme n'a pas le temps de se manifester. Contournons notre esprit critique pour offrir à nos poèmes une fraîcheur et une énergie brute.

Vous pouvez extraire des images de votre écriture lucide pour votre poème, ou en prendre une phrase et la diviser en lignes plus courtes. Jouez avec les mots et laissez-vous surprendre par vos talents artistiques. Les poèmes nous aident souvent à distiller l'action du rêve en un moment essentiel ou à nous concentrer sur une image centrale. Transformer l'écriture lucide en poésie peut apporter un nouveau point de vue sur notre rêve et mettre en lumière son impact émotionnel. Il peut également modifier l'énergie d'un cauchemar. Libre à vous de vous éloigner de votre texte et de votre rêve original pour explorer quelque chose de totalement différent. Il n'y a pas de règles, seulement une créativité brute… et le tic-tac de l'horloge.

Une fois le temps imparti écoulé, relisez votre œuvre. Lisez-le à haute voix, les poèmes adorent être lus à haute voix. À présent, peaufinez-le, continuez-le ou encore, brûlez-le ! Vous n'avez de comptes à rendre à personne. Mais vous pourriez être surpris·e par le petit bijou que vous venez de créer. Dans mes ateliers, lorsque nous partageons nos poèmes de rêve ou nos microfictions, la plupart des gens sont étonnés et satisfaits de ce qui a émergé et de la facilité avec laquelle ils y sont parvenus. Les rêves fournissent un matériel créatif original, des symboles émotifs et des métaphores. Laissez-vous subjuguer par votre propre créativité tirée de l'écriture lucide et de vos rêves. Il sera toujours temps, plus tard, de retoucher et d'affiner votre étincelante matière première.

Le cristal aubergine

Avez-vous déjà reçu en rêve la solution à un problème, ou peut-être une idée pour une histoire, une œuvre d'art ou une composition musicale ? Si ce n'est pas le cas, les exercices de ce chapitre vous aideront peut-être à passer le cap. Lors de l'une de mes retraites, une femme se plaignait de ne faire que des rêves ennuyeux sur sa vie quotidienne. Elle a alors rêvé d'une grosse aubergine. Quand elle l'a retournée, le dos de l'aubergine brillait de cristaux d'un violet éclatant. Elle a traduit ce symbole par la présence d'un potentiel magique et créatif partout autour d'elle.

L'étincelle de changement dont nous avons besoin dans notre vie émerge souvent de l'état créatif du rêve. Nous pouvons intégrer cette intelligence onirique dans notre vie professionnelle, dans nos projets, nos idées et nos inventions. C'est en puisant dans nos rêves que nous accédons à notre génie intérieur.

La vie peut être étonnante. Vous vous endormez, vous rêvez d'une nouvelle création, et vous vous réveillez, la tête pleine d'idées. L'Univers conspire à mettre les choses en place. Parfois, il suffit d'avoir le courage et la flexibilité, de faire confiance aux processus invisibles et d'accepter ce qui se présente à vous. En un rien de temps, vos rêves irrépressiblement créatifs changeront positivement votre vie.

Examinons maintenant l'immense potentiel de guérison du sommeil et des rêves.

CHAPITRE 15

LES POUVOIRS GUÉRISSEURS DU SOMMEIL

Les rêves avertissant de dérèglements au sujet de la santé sont dits prodromiques, et sont étonnamment fréquents. En 2001, Mark Ruffalo, la star de *The Avengers*, a reçu une mise en garde au sujet de sa santé pendant son sommeil. Son rêve intense lui a donné une telle impression de catastrophe imminente qu'il s'est immédiatement fait ausculter.

> *J'ai fait un rêve fou. Et il ne ressemblait à aucun autre que j'avais fait auparavant. On m'a soufflé : « Tu as une tumeur au cerveau. » Ce n'était même pas une voix. C'était du savoir à l'état pur, « Tu as une tumeur au cerveau, et tu dois t'en occuper dès aujourd'hui*[1] ».

Le jour même, Ruffalo consulte son médecin :

> *Je lui ai dit : « Écoutez, ça va vous paraître fou, mais j'ai fait un rêve la nuit dernière, dans lequel j'avais une tumeur au cerveau*[2]. »

1. Margaritoff, « This Is Going to Sound Crazy ».
2. Margaritoff, « This Is Going to Sound Crazy ».

Ruffalo décrit la suite des événements après la réalisation du scanner :

L'infirmière appelle le médecin, je les entends parler dans l'autre pièce. Elle entre, on dirait un zombie, et elle me dit : « Vous avez une boule derrière votre oreille gauche de la taille d'une balle de golf[1]. »

La tumeur cérébrale était bénigne, mais elle a dû être enlevée, faisant perdre à Ruffalo l'ouïe du côté de l'opération. Au moment où il fait ce rêve, son seul symptôme médical était une infection de l'oreille. Comment son esprit rêveur a-t-il su que c'était une tumeur au cerveau ?

Dans ce chapitre, nous explorerons le lien intime entre le sommeil, les rêves et le corps. Vous y trouverez également quelques conseils pour savoir si un rêve peut indiquer un problème de santé, et nous examinerons le rôle du sommeil en tant qu'élixir de guérison. Je vous donnerai des exemples sur la façon dont les rêves peuvent venir en aide pour apaiser une maladie ou une douleur physique, et comment utiliser vos rêves comme baromètres de votre santé mentale, physique et émotionnelle.

Corps endormi, rêves actifs

Pendant le sommeil, les fonctions les plus profondes de l'organisme sont rapidement accessibles. Notre intelligence onirique est profondément liée à notre corps physique, car une myriade de processus de guérison se déroulent pendant que nous dormons. Les rêves agissent comme des messagers entre notre corps et notre esprit. Vous l'avez probablement déjà expérimenté dans sa forme la plus élémentaire : si vous avez envie de faire pipi lorsque

1. Etienne, « Mark Ruffalo Recalls the Left Side of His Face Being "Totally Paralyzed" ».

vous dormez, vous rêverez que vous cherchez des toilettes ; si vous avez chaud et que votre bouche est asséchée, vous rêverez de ramper dans un désert à la recherche d'eau ; si vous avez très froid pendant votre sommeil, vous rêverez que vous campez à la belle étoile et que vous grelottez. Les rêves sont des experts pour transformer les sensations corporelles en flux d'images vivantes.

Il existe un lien incroyablement intime entre le corps et la sagesse inconsciente : les rêves nous montrent des maladies dont nous n'avons peut-être pas encore les symptômes, mais s'expriment dans un langage symbolique. L'inconscient perçoit des signaux physiologiques très subtils indiquant que quelque chose ne va pas, et les rêves transforment automatiquement ces signaux en images puissantes. Nous pouvons donc capter des messages de santé dans nos rêves avant même que les maladies ne se déclarent. Dire que le fait de se souvenir d'un rêve peut littéralement nous sauver la vie ! Si vous cherchiez encore une raison de tenir un journal des rêves, la voici !

Une fois, j'ai rencontré une femme qui avait fait une série de rêves au sujet d'un cancer de la jambe. Elle a alors remarqué une très petite tache noire sur son mollet. En suivant les conseils de ses rêves, elle est allée directement chez le médecin, qui a confirmé qu'il s'agissait d'un mélanome. Heureusement, elle a pu le détecter si tôt que le médecin a uniquement procédé à une légère intervention. Elle est aujourd'hui en bonne santé. Lorsque les rêves sont persistants, qu'ils reviennent sans cesse pour s'assurer que leur message est bien passé, il faut les écouter. Le corps sait que quelque chose ne va pas et il veut que nous l'écoutions et que nous réagissions. Il arrive que mes client·e·s évoquent un sentiment d'urgence dans ces rêves d'avertissement, ou des images particulièrement claires. D'autres fois, ils·elles affirment : « Ce n'était pas un rêve ordinaire. Il n'y avait pas d'images, mais une certitude profonde. »

Bien qu'il existe de nombreux exemples de rêves avertissant des problèmes de santé, la plupart ne sont que symboliques et métaphoriques, et non pas littéraux. Il est important de se rappeler que les rêves ne concernent généralement pas des problèmes de santé physique. Ils sont généralement psychologiques ; ils reflètent et intègrent nos expériences quotidiennes. Il ne faut donc pas tirer de conclusions hâtives et prendre chaque rêve au pied de la lettre. Voici un exercice qui vous aidera à déterminer si un rêve vous envoie un message concernant votre santé physique ou s'il fait référence à votre état émotionnel.

Exercice 56

Identifier les potentielles maladies grâce au rêve

Les rêves peuvent refléter votre état d'esprit, votre équilibre émotionnel ou votre santé physique. Tenir un journal des rêves vous permettra de cerner plus facilement les thématiques et imageries oniriques. Vous réussirez à distinguer les rêves à caractère psychologique et ceux concernant votre santé physique. Attribuez un code couleur ou une numérotation à vos rêves dont les thèmes sont similaires afin d'identifier facilement les préoccupations dominantes de votre esprit rêveur.

Surlignez les références aux maisons, aux véhicules et aux parties du corps dans votre journal des rêves. Ces éléments symbolisent souvent le corps. Notez leur état : sont-ils endommagés, en ruine, criblés d'impacts de balles ? Ou bien sont-ils étincelants et bien entretenus ?

Surlignez les émotions fortes. Prêtez attention aux émotions fortes récurrentes dans vos rêves, en particulier les émotions négatives, telles que le dégoût, le ressentiment, le désespoir ou la colère. Il est tentant de se détourner de ces rêves désagréables, mais comme le montre le chapitre sur les cauchemars (chapitre 12), ces rêves réclament toute notre attention parce qu'ils indiquent un sujet à traiter.

Surlignez les scènes de guerre, d'attaque ou de blessure. Ces scènes peuvent représenter votre état émotionnel, mais elles peuvent aussi faire référence à un combat contre la maladie qui se déroule dans votre corps. L'eau sale peut concerner les reins et la vessie. Les animaux blessés et les scènes de destruction peuvent également être liés à des problèmes de santé. Prêtez attention aux sensations physiques désagréables, comme les brûlures ou l'étouffement. Le journaliste Marc Barasch décrit un rêve dans lequel « des tortionnaires avaient suspendu sous mon menton un pot de fer rempli de charbons ardents, et je me réveillais en hurlant, l'odeur de chair brûlée dans mes narines[1] ». Il a consulté un médecin et le cancer de la thyroïde a ainsi été détecté à temps pour être traité.

Notez les conseils relatifs à la santé que vous recevez en rêve. Les recherches menées par le Dr Bhaskar Banerji ont montré que les prescriptions oniriques peuvent être efficaces, comme cette femme qui rêvait de pommes de terre après avoir incubé un rêve sur la façon de réduire sa tension artérielle[2]. Après son rêve, elle s'est renseignée et a découvert que les pommes de terre réduisent vraiment la tension artérielle. Consultez toujours votre médecin avant de changer de régime ou de médication.

Si un rêve vous semble être un conseil, accordez-lui votre attention. Les rêves changent parfois complètement de style pour se faire remarquer. L'imagerie disparaît et nous nous trouvons dans un espace de lumière recevant un message intérieur, où les rêves se figent pour attirer notre attention.

Demandez un rêve de clarification. Si vous n'êtes pas certain·e que votre rêve se réfère à une maladie physique, plutôt qu'à un état émotionnel, incubez un rêve où le message sera plus ciblé. Servez-vous de l'exercice 12 : L'art ancestral de l'incubation des rêves (chapitre 3) et formulez une intention ou une demande courte et claire, comme « Parlez-moi de ce problème » ou « Clarifiez, s'il vous plaît ».

Tous les rêves peuvent nous aider et nous guérir. Ils nous avertissent sous forme de cauchemars, ou persistent en présentant

1. Barasch, *Healing Dreams*, 2.
2. Banerji, « Using Dreams to Elicit Inner Healing Resources ».

les mêmes thématiques nuit après nuit. Ils peuvent s'arrêter en plein milieu de l'action du rêve, pour que nous les remarquions. Parfois, ils invoquent des êtres chers décédés qui nous conseillent de consulter un·e médecin. Les rêves sont ingénieux et ils sont toujours de notre côté. Il suffit de les écouter.

Santé et soulagement de la douleur

Le sommeil est un élixir de guérison. Lorsque nous nous allongeons et que nous nous abandonnons à ses soins, notre système immunitaire se renforce et nous permet de lutter contre les infections. Nous produisons des cellules tueuses pour combattre le cancer, notre santé intestinale est renforcée, nos hormones sont équilibrées et tous nos systèmes, du nerveux à notre microbiome intestinal en passant par le cardiovasculaire, sont soutenus. Le rêve est essentiel à notre santé émotionnelle et mentale, car il nous aide à intégrer des souvenirs difficiles et à libérer des émotions trop fortes pour être supportées par notre corps.

Ces bienfaits du sommeil sont brisés ou perdus lorsque nous en sommes privé·e·s. Le manque de sommeil est un grave danger pour la santé, car il entraîne un cercle vicieux éprouvant qui enraye notre sommeil. J'ai travaillé avec des client·e·s atteint·e·s de cancer qui aspiraient à dormir, mais malheureusement, la douleur les empêchait de trouver le sommeil dont leur corps avait désespérément besoin. Ces personnes sont venues me voir pour une thérapie par le rêve, et j'ai pu les guider vers un sommeil paisible en partageant avec elles certains des exercices de ce livre. L'exercice 22 : Respiration de l'abeille (chapitre 6) est particulièrement efficace, car sa vibration est profondément apaisante et elle peut être combinée à un mantra de guérison. Le programme n° 9 : Le·a dormeur·euse motivé·e par la santé, au chapitre 5, comprend des exercices adaptés à la perte du sommeil causée par des problèmes de santé.

J'ai également travaillé avec des personnes qui souffraient d'un sommeil fragmenté en raison d'enfants en bas âge, ou des femmes approchant la ménopause qui se réveillaient plusieurs fois par nuit à cause des bouffées de chaleur. Les postures de yoga réparatrices pouvant être pratiquées sans même se lever du lit soulagent les troubles du sommeil, et le yoga équilibre naturellement le système immunitaire. L'exercice suivant présente les meilleures postures de yoga à réaliser le soir.

Exercice 57

Postures de yoga réparatrices à faire au lit

Le yoga est un art à part entière. Il a vu le jour en Inde il y a plus de cinq mille ans. Celui-ci combine la posture, l'alimentation, la méditation, le travail sur la respiration et bien plus encore. Des textes anciens, tels que le *Rig Veda*, la *Bhagavad Gita*, les *Yoga Sutras* de Patanjali et le *Hatha Yoga Pradipika* ont défini les principes du yoga. Les postures de yoga, ou *asanas*, sont pratiquées depuis des millénaires et ont été perfectionnées pour apporter un maximum de bienfaits au corps, à l'âme et à l'esprit.

L'intérêt des postures de yoga réparatrices est qu'elles ne demandent aucun effort, mais nous permettent de nous étirer en douceur ou de diriger le flux sanguin vers une zone particulière du corps. Les deux postures suivantes peuvent être effectuées au lit, en vous calant à l'aide de coussins si nécessaire. Vous pouvez rester dans ces postures de trois à vingt minutes. Votre corps vous dira ce dont il a besoin, restez à son écoute. Respirez profondément dans chaque posture. Vous trouverez également un exercice rafraîchissant de respiration avec la langue pour les nuits chaudes ou les bouffées de chaleur. Le yoga réparateur peut être pratiqué avant de dormir ou après un réveil nocturne pour éviter l'insomnie et vous permettre de vous endormir plus facilement.

- *Posture des jambes contre le mur :* rafraîchissante, cette posture est très agréable à faire dans l'obscurité pour calmer le corps avant de vous rendormir. Si vous souffrez d'une pression oculaire élevée ou d'un problème cardiaque, consultez votre médecin avant de la réaliser. Tournez-vous face au mur de votre lit et levez vos jambes de façon qu'elles reposent dessus. Rapprochez votre bassin le plus possible du mur et placez un oreiller sous vos hanches pour approfondir la posture. Celle-ci est idéale pour se rafraîchir et trouver le calme, tout en bénéficiant des mêmes avantages pour la santé. Les postures de yoga inversées (où la tête est plus bas que le reste du corps) ont un effet puissant sur le système endocrinien, y compris la glande pinéale, la thyroïde et les glandes surrénales. Les vaisseaux sanguins se détendent et le sang circule vers tous les organes du corps. La posture des jambes contre le mur est également réputée pour calmer les effets des bouffées de chaleur pendant la ménopause et l'andropause[1]. Restez dans cette posture pendant cinq à dix minutes ou plus si vous vous y sentez bien. Respirez profondément et détendez-vous. Si vous le souhaitez, associez cette posture à un mantra, tel que « Je suis en bonne santé » ou « Je suis dans un état de profonde relaxation ».

- *Plantes des pieds jointes :* allongez-vous sur le dos et mettez les plantes de vos pieds l'une contre l'autre. Soutenez vos genoux en plaçant un coussin dessous si besoin. Restez dans cette position pendant cinq à dix minutes ou aussi longtemps que vous le désirez. Cette posture recentre le corps, réduit l'anxiété, la dépression et les sautes d'humeur. Elle ouvre les hanches, augmente la circulation sanguine dans le bassin, équilibre les hormones et favorise une respiration profonde. Cette *asana* est connue sous le nom de posture du papillon en position allongée. Récitez un mantra si vous le souhaitez, tel que « Mon corps est empli de sagesse et peut se guérir lui-même » ou « Je me détends profondément ». Pendant que vous réalisez cette posture de yoga réparatrice, imaginez que la lumière s'infiltre à travers votre peau et imprègne de guérison chaque cellule de votre corps.

1. Francina, *Yoga and the Wisdom of Menopause.*

- *Respiration avec la langue :* lors des nuits trop chaudes pour dormir, ou quand une bouffée de chaleur vous réveille, faites rouler votre langue et respirez avec elle en expirant par le nez. Si vous n'avez pas le gène de la langue roulée, pincez vos lèvres en forme de petit O et inspirez. Cette respiration merveilleusement rafraîchissante saura apaiser vos nuits. Pratiquez pendant au moins une minute ou aussi longtemps que vous le souhaitez.

Dans le cas des bouffées de chaleur, essayez de transmuter cette énergie puissante en créativité ou d'utiliser ces poussées d'énergie pour élever votre vibration personnelle. Combinez ce travail respiratoire à un mantra, ou profitez de ce moment de calme pour laisser les idées créatives fuser. Pour un refroidissement maximal, combinez la respiration de la langue avec celle des jambes contre le mur.

Pendant vos séances de yoga relaxantes et réparatrices, massez votre visage et votre cuir chevelu pendant une minute ou deux. Lorsque vous sentez le sommeil vous gagner, allongez-vous et faites du yoga nidra, comme dans l'exercice 31 : Yoga nidra – l'équilibre entre les mondes (chapitre 8). Combiner ces méthodes est une merveilleuse façon de se détendre et de s'endormir.

Les rêves guérisseurs

L'imagerie mentale positive est connue pour accélérer la guérison. Une étude scientifique sur plus de 500 enfants et adolescents a montré que ceux qui utilisaient l'imagerie mentale pour se visualiser en bonne santé guérissaient davantage de divers problèmes, notamment l'asthme, les douleurs chroniques et aiguës et l'obésité. Dans le groupe, 51 % ont réussi à résoudre complètement leur problème de santé, tandis que 32 % ont montré une amélioration significative[1]. Les rêves créent une imagerie incroyablement

1. Kohen, « The Use of Relaxation-Mental Imagery (Self-Hypnosis) ».

vivante. Ainsi, intégrer ces images au processus de guérison augmente considérablement nos chances de guérison.

Sheila Asato m'a fait part d'un merveilleux exemple de rêve de guérison pour la rubrique « Amazing Dreamers » que j'écris pour le magazine *DreamTime*. Sheila souffre de douleurs chroniques et d'endométriose depuis des années. C'est alors qu'elle fait un rêve dans lequel elle se retrouve sur scène avec son massothérapeute. Au début, elle se tient immobile, comme une marionnette inanimée. D'un coup, tout prend vie :

> *Ses mains m'animent lentement et me donnent vie. Il me fait faire une série d'étirements de ballet, chose que je ne peux pas faire toute seule dans la vie éveillée. Avec beaucoup de délicatesse, il me soulève dans les airs. Mes bras sont tendus et j'ai l'impression de voler. C'est absolument merveilleux. Je commence à croire que c'est possible, que je peux voler. De plus en plus haut*[1]...

Après ce rêve de guérison, la douleur de Sheila s'apaise pour la première fois depuis des années, et elle décide qu'il est temps de commencer à danser. Elle raconte : « C'était incroyablement terrifiant ! Il m'a fallu beaucoup de courage pour entrer sur la piste de danse pour la première fois. Je tremblais littéralement de tout mon corps. Aujourd'hui, je danse au moins deux heures par jour. Maintenant, je ne peux pas imaginer une journée sans danser ![2] »

Il arrive qu'un rêve libère une puissante énergie de guérison. Il nous montre notre potentiel et nous ouvre la voie pour aller de l'avant. Les rêves se transforment en indicateurs de notre état de santé, nous révélant où nous en sommes et comment avancer. Pour les personnes souffrant de douleurs et de maladies chroniques, le travail corporel, tel que le yoga, le taï-chi, le massage sportif, l'acupuncture et la danse, peut libérer des blocages

1. Johnson, « Amazing Dreamers : Interview with Sheila Asato ».
2. Johnson, « Amazing Dreamers : Interview with Sheila Asato ».

émotionnels profonds et devenir un élément essentiel sur le chemin de la guérison.

L'exercice suivant montre comment amener une image de rêve de guérison dans votre corps. J'enseigne cette méthode depuis des années et de nombreuses personnes m'ont affirmé qu'elle soulage les symptômes physiques et les aides à dormir. Une cliente souffrant de douleurs aux hanches et de raideurs sévères a senti sa boule d'énergie guérisseuse déloger un blocage dans ses hanches en descendant le long de son corps. À la fin de l'exercice, elle pouvait se pencher en avant sans effort. D'autres personnes rapportent fréquemment la disparition de migraines ou des maux de dos. Ce n'est pas un remède miracle et certaines personnes ne sentent pas le flux d'énergie lorsqu'elles l'essaient pour la première fois, mais avec un peu de pratique, vous vous alignerez à ce flux d'énergie vitale, ou ***prana***, et à cette pratique guérisseuse.

Exercice 58

Boule d'énergie guérisseuse

Vous pouvez pratiquer cet exercice à n'importe quelle heure du jour ou de la nuit. Si vous êtes en train de lutter pour vous rendormir, vous pouvez le faire sous forme de visualisation tout en restant allongé·e dans votre lit.

1. Choisissez une image onirique qui représente la guérison à vos yeux. Elle ne doit pas être ambiguë, car vous allez l'amener dans votre corps. Si vous ne trouvez pas d'image dans votre journal des rêves, choisissez un moment de paix, de sécurité et de sérénité dans votre vie éveillée, comme un coucher de soleil au bord d'un lac. Vous pouvez également utiliser un souvenir de votre enfance, à une époque où vous étiez en pleine forme, en bonne santé et débordant·e d'énergie.

2. Tenez-vous debout, les pieds légèrement écartés, les bras détendus le long du corps, paumes ouvertes, et fermez les yeux. Si vous ne pouvez pas vous tenir debout ou si vous êtes tout simplement trop fatigué·e pour vous lever, pratiquez sous forme de visualisation en étant allongé·e dans votre lit.
3. Frottez vos mains l'une contre l'autre très rapidement jusqu'à ce que vos paumes chauffent et que vous sentiez vraiment la chaleur et le frottement. Ensuite, séparez légèrement les paumes, de quelques millimètres seulement. Sentez-vous l'espace entre vos mains ? Il est palpitant et vivant. Si ce n'est pas le cas, frottez à nouveau vos mains, très fort et très vite.
4. Une fois que vous pouvez sentir le picotement de l'énergie entre elles, augmentez lentement la distance entre vos paumes. Concentrez-vous sur l'espace entre elles.
5. Tassez légèrement vos paumes, comme si vous teniez une boule d'énergie. Imaginez sa couleur ou sa lumière. Jouez avec elle en inclinant vos bras vers la gauche ou vers la droite et en sentant son poids se déplacer, ou en augmentant et en diminuant la distance entre vos deux mains pour l'agrandir ou la rétrécir.
6. Élevez lentement votre boule d'énergie au-dessus de votre tête. Elle peut être aussi grande qu'un ballon, ou aussi petite qu'une balle de tennis. Introduisez maintenant l'image de votre rêve de guérison dans votre boule d'énergie. Elle apparaîtra comme un point de lumière, puis grossira jusqu'à remplir la boule. Vous pouvez aussi simplement imaginer une lumière dorée guérisseuse. Sentez et visualisez vraiment votre boule d'énergie guérisseuse.
7. Placez-la sur le sommet de votre tête. Ramenez lentement vos paumes vers votre tête, en permettant à l'énergie et à l'imagerie du rêve de guérison de se dissoudre dans votre corps. Sans rompre le contact, amenez vos paumes chaudes et énergisantes sur les zones de votre corps qui en ont besoin – la gorge, le ventre, les genoux, le dos – et

imaginez que l'énergie guérisseuse s'écoule là où elle est nécessaire, soulageant la douleur et créant des cellules saines et lumineuses. Ensuite, prenez une grande inspiration, ouvrez les yeux et souriez.

Le sommeil et l'âge

Les personnes âgées ont besoin d'autant de sommeil que les jeunes adultes, soit environ sept à neuf heures par nuit. Avec l'âge, notre rythme circadien, ou horloge interne, se modifie et nous avons tendance à nous endormir et à nous réveiller plus tôt. Les personnes âgées de plus de soixante ans déclarent souvent ne plus aussi bien dormir qu'avant, ce qui peut être lié à des problèmes de santé ou à des douleurs articulaires. Avec l'âge, nous produisons moins de mélatonine, l'hormone du sommeil. Si tel est votre cas, les programmes de sommeil pour les dormeur·euse·s interrompu·e·s, ceux·elles motivé·e·s par la santé et le hibou insomniaque peuvent s'avérer efficaces.

Envisagez également la situation avec une perspective plus large. Il se peut qu'il y ait une raison plus profonde pour laquelle les personnes âgées ont tendance à se réveiller plus souvent la nuit. Ces heures de calme peuvent nous permettre de nous adonner à des activités spirituelles ou à des réflexions philosophiques, d'explorer notre conscience ou de contempler la nature de l'existence pendant un temps de repos, loin de l'agitation du monde, alors que nous devenons les doyen·ne·s de notre société.

L'éveil nocturne peut être un moment incroyablement créatif et productif. Nous pouvons consolider la sagesse et les leçons que nous avons accumulées au cours de notre vie et affiner la qualité de notre conscience. De temps en temps, si cela nous semble opportun, nous pouvons nous préparer sereinement à la grande transition qu'est la mort. Cela peut se faire à tout âge, et ce n'est en aucun cas une activité morose, mais plutôt une prise de conscience visant à accroître notre autocompassion, comme le montre l'exercice 63 : Bilan de vie, dans le chapitre sur le sommeil spirituel (chapitre 17). Flotter dans l'obscurité prégnante peut être une merveilleuse expérience insolite. Utilisez-la comme point de départ pour examiner ce que vous êtes et comment vous avez vécu votre existence, ou pour envisager d'entreprendre de nouvelles activités. Après tout, ces années ou décennies de vie pourraient vous offrir le moment idéal pour écrire votre histoire ou acquérir de nouvelles compétences, comme la peinture.

Si vous vous réveillez la nuit et que vous savez que vous ne retrouverez pas le sommeil avant un certain temps, écoutez une méditation de guérison guidée. Cela peut apporter un sentiment de paix à ces heures nocturnes que vous passez avec vous-même. Lorsque vous transformez l'éveil nocturne en bien-être, vous améliorez votre santé avant de vous laisser emporter dans un sommeil serein.

Il existe de nombreux moyens de soutenir et d'encourager la fonction naturelle de guérison du sommeil. Les postures de yoga réparatrices et les pratiques d'imagerie onirique guérisseuse nous mettent dans un état d'esprit propice à un sommeil réparateur. Nous pouvons également puiser dans la sagesse de nos rêves en incubant un rêve de guérison.

Dans le prochain chapitre, nous allons explorer un autre sujet qui me tient à cœur : le rêve lucide. Grâce à la lucidité dans nos rêves, nous pouvons inviter notre corps et notre esprit à suivre la voie de la guérison pendant notre sommeil. Je vous propose ici quelques conseils et techniques pour vous aider à profiter des merveilles du rêve lucide.

CHAPITRE 16
LE RÊVE LUCIDE

Imaginez que vous combattez un crocodile mangeur d'hommes dans une rivière africaine. Pris dans un combat mortel, vous roulez jusqu'à l'eau. Vous savez que votre mort approche, mais vous n'allez pas vous laisser faire si facilement. Puis, à travers le violent tourbillon de bulles et de claquement des mâchoires, vous remarquez deux choses. Premièrement, vous n'êtes pas en train de vous noyer. Vous respirez sous l'eau ! Deuxièmement, ce crocodile a une texture caoutchouteuse. Dans le brouillard de la panique et du désespoir, une pensée lucide apparaît :

« Se pourrait-il que... suis-je dans un rêve ?! »

Cette pensée lumineuse et puissante change tout.

Le crocodile, qui était il y a quelques instants encore un monstrueux reptile de la vie réelle voulant vous dévorer, s'est transformé en un crocodile en caoutchouc inerte. Alors que vous vous en détachez et que vous vous relevez dans la rivière, vous remarquez son étrange ressemblance avec le jouet en caoutchouc qui accompagnait l'exemplaire du *National Geographic* pour les enfants.

Vous vous mettez à rire. Comment avez-vous pu vous laisser berner par cette scène tout à fait improbable ? Vous regardez autour de vous. Tout est étincelant. Des éclats de diamants resplendissants illuminent la surface de l'eau. De hautes herbes aiguisées et de sublimes fleurs rouges peuplent les berges. Vous tenez encore la queue du crocodile en caoutchouc, et vous comprenez qu'en la regardant, elle rétrécit jusqu'à atteindre la taille d'un bébé crocodile. « Il est toujours beaucoup plus grand que celui à la maison », pensez-vous. Comme en réponse à votre pensée, le crocodile se met à rétrécir jusqu'à atteindre la même taille que le jouet de votre enfance.

C'est à ce moment-là que vous prenez conscience de votre lucidité, car votre rêve répond à votre pensée ! Mais quelle merveille ! Vous vous demandez si vous pouvez faire quelque chose d'impossible, comme voler. Ça devrait sûrement fonctionner ! Après tout, vous avez pu respirer sous l'eau. Vous sautez dans les airs, mais bien que vous flottiez pendant un bref instant, vous atterrissez à nouveau dans la rivière, avec un bruit d'éclaboussure très réaliste. Vous vous souvenez avoir appris le pouvoir de l'intention dans les rêves lucides. Vous respirez profondément, faites appel à votre détermination et criez : « Maintenant, je vole haut ! »

En sautant dans les airs, vous vous élevez de plus en plus haut. C'est une expérience incroyable. En regardant vers le bas, vous apercevez la rivière qui serpente et la savane africaine parsemée de lions, d'éléphants, de girafes, de zèbres et de rhinocéros. Vous souriez à l'idée que votre esprit rêveur est en train de faire un copier-coller de scènes de documentaires que vous avez regardés, en exagérant peut-être un peu sur les animaux. Pourtant, elle semble si réelle. Émerveillé·e par la beauté de la scène, vous poursuivez votre voyage aérien, en essayant de battre un peu des bras pour accélérer votre vol et même exécuter des sauts périlleux, dans les hauteurs du ciel, au-dessus de cette nature ensauvagée… Mais les teintes s'estompent, la scène devient floue et tremblante, et vous tombez du ciel, vous tombez, vous tombez… et vous vous réveillez en toute sécurité dans votre lit. Votre corps est plein de picotements et de vibrations et vous souriez.

« Wow ! Combien ce rêve était réaliste ! Je pensais vraiment tomber de centaines de mètres ! Quel magnifique rêve lucide ! »

L'attraction du rêve lucide

Dans les rêves lucides, nous sommes conscient·e·s que nous sommes dans un rêve. Nous activons notre conscience éveillée à l'intérieur du rêve. Cela nous place dans une position unique nous permettant d'interagir consciemment avec l'imagerie inconsciente et la narration visuelle et émotionnelle de nos rêves pendant qu'il se déroule. Se réveiller à l'intérieur d'un rêve relève de la pure magie. Avec un choc de conscience, nous découvrons que ce monde ultra-réel et coloré n'est autre qu'un rêve : notre corps est endormi dans le lit alors même que nous dansons sur un nuage ou que nous vivons des aventures uniques.

Une fois lucides, nous pouvons transformer les cauchemars, poser des questions profondes sur la nature de la réalité, rencontrer des guides et recevoir leur sagesse, nous connecter avec des êtres chers décédés, rechercher la guérison et explorer la créativité débordante de l'esprit rêveur.

Parfois, les rêves lucides semblent plus réels que la réalité éveillée en raison de leurs couleurs vives et de l'impression que chaque objet, plante ou élément géographique onirique rutile de conscience. Les actions dans les rêves lucides vont de rencontres sexuelles avec de superbes personnages oniriques à la pratique de sports peu communs, tels que le kickboxing ou encore la gymnastique rythmique. Certaines personnes expérimentent en se transformant en oiseau ou en animal pour explorer leurs ressentis, ou en faisant léviter des objets, ou en créant une nouvelle planète. Voler est l'une des expériences lucides les plus populaires, car la sensation est si réelle que la peau du corps onirique se met à picoter, voire à se dissoudre dans une lumière bienfaisante. Vous pouvez également pratiquer ce que vous avez le plus de mal à affronter dans la vie éveillée, tel que prendre la parole en public ou surmonter des phobies. Certain·e·s chirurgien·ne·s pratiquent même leurs opérations en rêve lucide, car le monde onirique très réaliste est semblable à une simulation en réalité virtuelle évoluée.

Le rêve lucide peut également nous emmener dans des dimensions plus profondes où nous flottons dans une lumière bienfaisante ou recevons des informations sur la nature de l'Univers. C'est pourquoi, outre le terme général d'« intelligence onirique », je parle également d'« intelligence du rêve lucide ». Lorsque notre conscience est claire et stable pendant un rêve lucide, nous pouvons atteindre des niveaux de conscience plus élevés. À ces niveaux, les rêveur·euse·s lucides peuvent recevoir des connaissances de la part de personnages oniriques super-lucides ou faire l'expérience de l'unité cosmique. Ces interactions avec l'intelligence de notre rêve lucide peuvent avoir des effets durables sur notre compréhension de la nature de la réalité. Nous comprenons que nous sommes bien plus qu'un simple corps physique et que la conscience est infinie. Nous embrassons l'interconnexion entre tous les êtres vivants, nous permettant ainsi de faire preuve d'une plus grande empathie et d'une plus grande compassion à l'égard des autres. Nous reconnaissons la force créatrice des pensées, des croyances, des attentes et des intentions. Nous comprenons que nous pouvons guider et façonner notre vie comme si la réalité physique était un rêve lucide collectif. De telles prises de conscience sont précieuses et peuvent modifier radicalement notre manière de vivre.

Il n'y a pas de limites à ce que nous pouvons faire ou expérimenter dans les rêves lucides, pas même celles imposées par notre propre imagination, car le rêve lucide peut nous emmener bien au-delà de cette dernière. Le yoga du rêve bouddhiste tibétain considère le rêve lucide comme l'une des voies menant à l'illumination[1]. L'idée est d'entraîner la capacité à maintenir la conscience éveillée tout au long de la nuit. C'est possible. J'ai connu des nuits où la lucidité semblait être un flux continu, sans effort, de l'hypnagogie lucide au moment où mon corps s'endormait, en passant par la navigation consciente dans l'Univers du sommeil profond entrecoupées de longs rêves lucides stables, jusqu'au matin. Le sommeil conscient est considéré comme une pratique spirituelle

1. Wangyal, *The Tibetan Yogas of Dream and Sleep.*

de haut niveau, et le rêve lucide peut vous y conduire, car chaque fois que vous faites un rêve lucide, vous entraînez votre conscience éveillée. Le but du yoga du rêve bouddhiste tibétain est de maintenir la conscience au moment de la mort et de rester lucide pendant la confusion mouvementée du bardo, ou l'état d'après-mort.

Quel que soit votre intérêt personnel pour le rêve lucide, un univers entier s'offre à vous. Le sommeil nous offre ce cadeau chaque fois que nous plongeons dans son monde. Libre à nous de l'accepter en activant notre conscience dans nos rêves. Voyons comment devenir lucide dans nos rêves.

Comment devenir lucide en rêves ?

Les gens ont tendance à mystifier le rêve lucide, le croyant réservé aux méditant·e·s avancé·e·s, aux chaman·e·s ou aux moines ou moniales bouddhistes tibétain·e·s. Or, le rêve lucide est tout simplement une élévation du niveau de conscience pendant le sommeil. C'est un état de conscience naturel, accessible à tout le monde. Des études montrent qu'environ 55 % des adultes se souviennent d'avoir fait au moins un rêve lucide, tandis que 23 % font des rêves lucides au moins une fois par mois[1].

La lucidité est un droit naturel donné à tout être humain. Les enfants font des rêves lucides avant même de savoir qu'il existe un nom pour cela. J'ai eu mon premier éclair de lucidité à l'âge de 3 ans, et je connais beaucoup d'enfants qui en font régulièrement. Les personnes âgées en sont également capables – je connais un octogénaire qui fait des rêves lucides depuis six décennies. Lorsque nous imaginons des obstacles, nous les créons. Si nous pensons que nous sommes trop âgé·e·s/jeunes/inexpérimenté·e·s/pas assez spirituel·le·s pour faire des rêves lucides, nos chances diminuent drastiquement : nous nous fermons une porte.

1. Saunders *et al.*, « Lucid Dreaming Incidence : A quality effects meta-analysis of 50years of research ».

La lucidité est à portée de main. Tout ce que nous avons à faire, c'est d'y penser !

C'est en prenant l'habitude de nous souvenir de nos rêves et de les consigner dans un journal que nous permettons à notre connexion avec notre esprit rêveur de se développer. Nous commençons à repérer des thématiques et nous apprenons à connaître le type d'images et d'émotions qui caractérisent nos rêves. Plus nous connaissons nos rêves, plus il est facile de reconnaître quand nous rêvons : « Ha ha, encore un scénario où je fuis l'attaque d'un ogre ! Je dois être en train de rêver ! »

La lucidité n'est pas synonyme de contrôle

Certaines personnes pensent que la lucidité permet de contrôler nos rêves. Elles croient que la lucidité peut interférer avec le message que notre rêve essaie de nous faire passer ou lui retirer de sa spontanéité. Mais devenir lucide dans un rêve ne signifie pas en prendre le contrôle. Il arrive même d'essayer de manifester quelque chose ou de changer l'histoire du rêve, et que cela ne fonctionne pas, car cela requiert une vraie concentration et intention. Prenons l'exemple du début de ce chapitre. Au début, vous luttiez contre un crocodile et ne parveniez pas à voler. Au cours du rêve, vous avez mis assez d'intention dans votre souhait et vous avez réussi. Pour comprendre le symbolisme du rêve, vous auriez pu choisir de demander au crocodile : « Pourquoi nous battons-nous ? » ou « As-tu un message pour moi ? ».

Au cours de ma recherche doctorale, j'ai identifié quatre niveaux d'engagement dans les rêves lucides[1], deux passifs et deux actifs :

- *Observation passive :* vous restez immobile et observez le rêve sans agir, en ne pensant qu'à des choses calmes pour essayer d'éviter de guider les événements du rêve. C'est beaucoup plus

1. Johnson, « The Role of Lucid Dreaming ».

difficile qu'il n'y paraît. Les rêves répondent naturellement à nos pensées, à nos émotions, à nos réactions, à nos intentions et à nos attentes.

- *Participation passive :* vous suivez le cours des événements lorsque vous devenez lucide, sans essayer de changer quoi que ce soit. Si vous êtes dévoré·e par un lion affamé, laissez faire, sachant que vous vous réveillerez sain·e et sauf·ve. Si vous devenez lucide dans un rêve où vous vous trouvez dans un stade de football, restez pour regarder le match.
- *Contrôle sporadique :* vous donnez au rêve un coup de pouce dans une direction particulière ou énoncez un désir (« Maintenant, je vole ! »), puis renoncez au contrôle et voyez ce qui se passe. C'est le niveau d'engagement que je préfère. Laissez-vous porter par ce merveilleux état aussi surprenant qu'enrichissant, cocréez ce film surréaliste et multisensoriel avec un génie créatif : votre esprit rêveur.
- *Contrôle continu :* vous passez tout le rêve à changer les événements, à façonner l'action et à donner des ordres autant que possible. Même si vous avez une excellente expérience en matière de lucidité, vous ne serez jamais entièrement maître·esse du rêve et il ne se pliera pas totalement à votre volonté.

Le rêve lucide est une conversation. Nous pouvons interagir consciemment avec l'intelligence de nos rêves lucides en lui posant des questions et en expérimentant cette multisensorialité onirique. Vous allez adorer communiquer avec votre rêve au fil de son déroulement. Chaque rêveur·euse lucide développe sa propre façon d'interagir avec ses rêves.

Le rêve lucide et le manque de sommeil

Parfois, après une terrible nuit de sommeil, il semblerait que nous soyons plus susceptibles de faire un rêve lucide la nuit suivante. Ce phénomène est probablement dû à l'état du sommeil paradoxal : si nous sommes privé·e·s de la phase de sommeil à mouvement oculaire rapide, état fertile en rêves, notre cerveau s'empresse de rattraper et nous avons tendance à passer plus de temps à rêver. Ce phénomène augmente donc la probabilité d'un rêve lucide.

J'espère qu'à ce stade du livre, il est clair que le sommeil est une fonction vitale, essentielle, pour la santé mentale et physique, les hormones, les fonctions cognitives et l'humeur. Il arrive à tout le monde de passer une mauvaise nuit, mais nous ne devrions jamais nous priver délibérément d'un sommeil réparateur dans le but de faire un rêve lucide. Un sommeil régulier et de bonne qualité doit être une priorité dans l'exploration du rêve lucide. C'est pourquoi je recommande vivement de vous concentrer sur les exercices d'induction de rêves lucides pendant les siestes diurnes ou les grasses matinées. Non seulement la chimie du cerveau est alors optimale, mais surtout, nous ne manquons pas de sommeil et gagnons du temps de repos !

Nous faisons tou·te·s partie d'un type de dormeur·euse et de rêveur·euse différent, comme le montre le questionnaire du sommeil du chapitre 5. Certaines personnes peuvent se rendormir sans aucun souci, même après s'être levées pour aller aux toilettes à 3 heures du matin. Elles font partie de celles qui peuvent probablement faire bon usage des techniques de lucidité qui impliquent de se lever la nuit pour tenir un journal des rêves ou méditer avant de se remettre au lit, et de tenter de devenir lucide pendant leurs derniers cycles de sommeil. Faites preuve de discernement quant aux méthodes qui vous sont les plus bénéfiques personnellement, tout en vous rappelant qu'il est important de conserver une bonne hygiène de vie. Il est essentiel d'avoir un sommeil suffisant et réparateur. Si vous souffrez d'un trouble du sommeil ou si vous ne dormez pas suffisamment, évitez les techniques de rêve lucide qui réduisent votre nuit de sommeil.

Certaines personnes sont tellement obsédées par le rêve lucide qu'elles surchargent leur nuit de sommeil avec toutes les techniques possibles. Sans grande surprise, elles s'épuisent rapidement, ce qui est totalement contre-productif. Le rêve lucide offre tant de possibilités en matière d'expériences bienveillantes, de guérison, de rencontres profondes et de pur bonheur, il serait dommage d'en forcer l'accès au détriment d'une bonne nuit réparatrice. Préférez plonger dans le rêve lucide à partir d'un état de yoga nidra au cours d'une sieste ou invitez la lucidité les matins où vous disposez d'un peu de temps pour rester au lit.

La science des rêves lucides

Des expériences scientifiques montrent que les rêves lucides surviennent alors que nous sommes physiologiquement endormi·e·s[1]. Dès que nous reconnaissons que nous sommes en train de rêver, le cortex préfrontal, une zone du cerveau liée à la conscience de soi, se met en marche. Nous nous réveillons mentalement dans le rêve, nous avons accès à nos souvenirs diurnes et nous pouvons généralement nous souvenir de l'endroit où nous dormons (que ce soit dans notre propre lit, chez un·e ami·e ou à l'hôtel).

Nous pouvons également nous souvenir d'une tâche préétablie pendant le rêve et l'exécuter, ce qui est essentiel pour les études scientifiques. Le psychologue britannique Keith Hearne a été le premier à apporter la preuve scientifique du rêve lucide, en 1975, à l'université de Hull. Il a demandé au talentueux rêveur lucide Alan Worsley de faire des mouvements oculaires gauche-droite dès qu'il devenait lucide dans son rêve, enregistrés sur un électroencéphalogramme. Hearne les décrit comme un moment épique, « comme si on recevait des signaux d'une autre planète[2] ». Il a regardé, en pleine extase, Alan Worsley combler le fossé entre les mondes du rêve et de l'éveil.

Cette capacité des rêveur·euse·s lucides à effectuer des tâches prédéfinies pendant leur sommeil a ouvert la voie à des centaines d'études. Celles-ci ont permis de découvrir que les

1. Hearne, « Lucid Dreams : An Electro-Physiological and Psychological Study ».

2. Johnson and Hearne, « Celebrating 40 Years of Lucid Dream Exploration ».

rêveur·euse·s lucides peuvent ralentir ou accélérer leur respiration et leur rythme cardiaque, serrer leurs poings en rêve pour que les impulsions électriques se manifestent dans la partie du cerveau liée au mouvement, entraîner des mouvements sportifs et la motricité, et bien d'autres choses encore.

La science du rêve lucide nous a beaucoup appris sur le moment optimal pour devenir lucides pendant le cycle du sommeil. Bien que des rêves lucides aient été rapportés au cours du premier stade du sommeil, ils se produisent le plus souvent au cours de la phase de rêve vif du sommeil paradoxal. La durée de ce dernier s'allonge tout au long de la nuit et se produit à la fin de chaque cycle de quatre-vingt-dix minutes de sommeil. Cela signifie que la chimie du cerveau est optimale pour le rêve lucide après les quatre ou cinq premières heures de sommeil, car les stades les plus profonds sont derrière nous. Nos périodes de sommeil paradoxal sont alors plus longues et remplies de rêves étranges. C'est un moment d'hyperactivité cérébrale et l'opportunité idéale pour prendre conscience que nous rêvons !

En 2014, la psychologue allemande Ursula Voss et son équipe ont laissé des participant·e·s dormir jusqu'à 3 h du matin et ont attendu qu'ils·elles soient en phase de sommeil paradoxal pendant deux minutes. L'équipe a ensuite appliqué une stimulation électrique de 40 hertz sur leur crâne et 77 % des participant·e·s ont fait un rêve lucide, alors qu'aucun·e d'entre eux·elles n'en avaient jamais fait auparavant[1]. Cela prouve l'importance du timing et d'une chimie cérébrale optimale pour les rêves lucides nocturnes.

Si vous avez le luxe de faire une grasse matinée, c'est aussi le moment idéal pour tenter de faire un rêve lucide. Le corps est reposé et profondément détendu, mais le cerveau est plus actif, car il est presque l'heure de se réveiller. Sinon, penchez pour une bonne sieste en début d'après-midi.

---

1. Voss *et al.*, « Induction of Self Awareness in Dreams through Frontal Low Current Stimulation of Gamma Activity », 810-12.

Les techniques de rêve lucide les plus efficaces fonctionnent en symbiose avec la chimie du cerveau. Voyons comment vous entraîner à faire des rêves lucides.

Exercice 59

Sept conseils pour faire un rêve lucide

Avec un peu de chance, vous tenez déjà un journal de vos rêves. Quoi qu'il en soit, c'est un point essentiel pour parvenir à faire des rêves lucides. Voici quelques exercices pour vous aider à éveiller votre conscience en plein rêve :

1. Choisissez un objectif de rêve lucide. C'est un excellent moyen d'augmenter votre excitation et votre anticipation à la lucidité. Ce que vous ferez dans votre prochain rêve lucide n'a pas d'importance, mais pensez intensément à ce que vous aimeriez faire et visualisez-le avec détails et conviction.
2. Cultivez la conscience de votre corps. Mettez-vous à son écoute dès maintenant. Remarquez ce qu'il s'y passe et ce que vous ressentez. Votre respiration est-elle fluide ou saccadée ? Ressentez-vous une gêne au niveau de la colonne vertébrale ou des articulations ? Avez-vous faim ou soif ? Le corps humain est rarement totalement en confort lorsque nous sommes éveillé·e·s. Tandis que, lorsque nous dormons et rêvons, la plupart de ces petites gênes disparaissent. Faites un petit scan de votre corps plusieurs fois par jour et demandez-vous : « Suis-je dans mon corps de veille ou dans celui onirique ? » Si vous ne ressentez aucune gêne et que vous êtes léger·ère comme une plume, essayez de flotter. Si cela fonctionne, c'est que vous rêvez ! Effectuez quelques contrôles de réalité. Demandez-vous souvent au cours de la journée : « Suis-je en train de rêver en ce moment ? » Attendez-vous vraiment à découvrir que vous rêvez. Testez activement votre réalité. Voici quelques-uns de mes tests de réalité préférés :

- Pincez votre nez et essayez de respirer. Si vous rêvez, vous continuerez à respirer sans souci sans ouvrir la bouche.
- Sautez et voyez si vous réussissez à voler. La gravité est bien différente dans les rêves !
- Essayez de traverser la paume de votre main. Dans un rêve, vous y parviendrez facilement.
- Demandez-vous ce que vous étiez en train de faire. Comment êtes-vous arrivé·e ici à cet instant précis ? Dans un rêve, nous sautons d'un endroit à un autre sans continuité temporelle.
- Observez attentivement le dos de vos mains, puis retournez-les rapidement, regardez vos paumes et retournez-les à nouveau. Dans un rêve, leur aspect changera.

3. Créez un rituel pour vous rappeler d'effectuer un contrôle de la réalité chaque fois que vous ouvrez une porte, que vous souriez ou que vous vous voyez dans un miroir. Vous pouvez changer de rituel chaque jour pour ne pas vous en lasser. Vous vous entraînez ainsi à remarquer votre état de conscience actuel. Plus vous ferez de tests de la réalité dans la journée, plus vous serez susceptible d'en faire un la nuit, pour enfin découvrir que vous êtes en train de rêver.
4. Créez un rituel de lucidité avant le sommeil. Méditez de cinq à dix minutes avant de vous endormir pour faire le vide dans votre esprit. Incubez ensuite un rêve lucide en vous imaginant en train de devenir lucide cette nuit-là et en réalisant l'objectif de votre rêve. Croyez-y dur comme fer. Au fur et à mesure que vous vous endormez, concrétisez votre intention en répétant un mantra comme « Je suis lucide dans mes rêves ».
5. Observez vos images et vos sensations avant le sommeil. L'observation de l'hypnagogie pendant que vous vous endormez est une excellente pratique de lucidité. Cet exercice peut vous conduire directement à un rêve lucide. Pour obtenir les meilleurs résultats, essayez cette pratique tôt le matin ou à l'heure de la sieste.

6. Faites bon usage des réveils nocturnes. Nous nous réveillons souvent brièvement pendant la nuit : nous changeons de position ou allons aux toilettes. Ces moments d'éveil sont précieux, car ils sont l'opportunité idéale pour entrer dans un rêve lucide. Rappelez-vous votre objectif de rêve lucide et, lorsque vous vous rendormez, répétez : « Tout ce que je vois et touche est un rêve... » Il se peut que vous prononciez cette phrase encore et encore et que vous preniez conscience alors que le nez du dragon que vous caressez est bien un rêve.
7. Faites une sieste l'après-midi. La sieste est un moment privilégié en matière de chimie cérébrale, et c'est l'un des petits plaisirs de la vie que nous ne saurions nous refuser. Même si vous ne pouvez dormir qu'une vingtaine de minutes, cela suffira pour faire un rêve lucide. Lorsque je guide les inductions de rêves lucides dans mes retraites, il arrive que les participant·e·s s'endorment et fassent un merveilleux rêve lucide. Certain·e·s rapportent même des expériences de hors-corps. Vous n'avez donc pas besoin de plusieurs heures, mais seulement de quelques minutes. Lorsque j'étais étudiante à l'université, les siestes sont devenues un point crucial de ma vie, et la fréquence de mes rêves lucides a grimpé en flèche comme jamais auparavant.

Il existe de nombreuses autres techniques d'induction de rêves lucides et, comme toujours, expérimentez pour définir ce qui fonctionne le mieux pour vous, sans vous forcer. Voici une autre méthode, à utiliser avec parcimonie, car elle raccourcit la nuit de sommeil.

Exercice 60

Se réveiller, se recoucher

Cet exercice est l'une des techniques de rêve lucide les plus efficaces, avec un taux de réussite de 50 % dans les laboratoires de sommeil. Cependant, elle ne s'adresse qu'aux plus endurant·e·s et ne doit pas être répétée plus d'une fois par semaine, car vous pourriez manquer progressivement de repos. Le sommeil est précieux. Vous trouverez peut-être plus bénéfique de concentrer votre pratique du rêve lucide sur les siestes, car celles-ci augmentent votre temps de sommeil plutôt que de le réduire.

1. Programmez un réveil quatre heures et demie après le coucher.
2. Levez-vous lorsque le réveil sonne (c'est la partie la plus difficile).
3. Passez de quinze à quarante minutes hors du lit. Si vous avez le sommeil léger, vous n'aurez pas besoin de passer autant de temps éveillé·e qu'une personne au sommeil lourd. Écrivez dans votre journal des rêves. Recherchez les événements étranges qui pourraient activer votre lucidité. Lisez un livre de rêve lucide ou méditez.
4. Retournez vous coucher et visualisez-vous en train d'éveiller votre lucidité dans l'un de vos rêves précédents. Croyez en vous et accueillez la lucidité.
5. Tout en vous endormant, répétez votre mantra tel que « Lucide dans mes rêves, lucide dans mes rêves... ».

Si vous ne parvenez pas à vous rendormir après cet exercice, c'est que la technique n'est pas adaptée à votre sommeil. Essayez-le plutôt lorsque vous ferez une grasse matinée ou au moment d'une sieste. Il existe une variante de cette pratique, qui consiste à ne pas mettre de réveil du tout, mais si vous vous réveillez pour aller aux toilettes à 4 h du matin, passez en revue les rêves que vous venez de faire, visualisez-vous éveiller votre lucidité, puis retournez au lit et posez l'intention de faire un rêve lucide à l'aide d'un mantra. Je fais cette variante automatiquement si quelque chose me réveille la nuit, que ce soit le bruit de la circulation ou le hululement des hiboux. C'est une merveilleuse façon d'accueillir un rêve lucide dans votre nuit.

Voici une autre technique amusante pour vous aider à éveiller votre lucidité dans vos rêves. Cet exercice peut également être utilisé pendant une sieste, comme un bonus agréable à votre nombre total d'heures de sommeil.

Exercice 61

Créer une playlist de lucidité

Choisissez quatre ou cinq chansons que vous aimez, et passez du temps éveillé·e à transformer chacune d'entre elles en déclencheurs de lucidité. Écoutez-les en marchant dans votre maison pour tester la réalité des objets ou lisez à voix haute un extrait d'un livre sur le rêve lucide pour vous immerger pleinement dans le sujet. Vous pouvez également inventer des paroles de rêve et chanter en même temps que la musique : « Suis-je en train de rêver ? ... Oui, c'est un rêve. Je suis lucide dans ce rêve. » Cela entraînera votre réaction de sorte que, lorsque vous entendrez ces chansons, vous vous demanderez automatiquement si vous êtes en train de rêver et vous éveillerez alors votre lucidité.

Programmez votre téléphone pour qu'il lance la playlist à l'heure de votre choix. N'importe quel moment après cinq heures de sommeil est favorable à la chimie du cerveau, mais veillez à ce que la musique ne vous réveille pas complètement, sinon vous risquez de manquer de sommeil. Certaines personnes trouvent que leur playlist de lucidité fonctionne mieux juste avant leur réveil matinal habituel. Ainsi, elles ne perdent pas le sommeil et disposent d'au moins dix minutes pour faire un rêve lucide avant de se lever. Vous pouvez également lancer votre playlist à l'heure de la sieste.

Bien qu'il existe des dizaines de méthodes, il est important de ne pas les cumuler. Certaines personnes ne pensent qu'à devenir lucides, ce qui a pour conséquence de les éloigner de l'expérience. Un sommeil de qualité passe avant tout. Je recommande donc vivement de programmer une sieste lucide plutôt que de se réveiller au milieu de la nuit, surtout sur une base régulière.

Le rêve lucide est un vaste sujet. Il éclaire notre inconscient et nous permet d'interagir avec les parties les plus profondes de notre être. Si vous souhaitez explorer le sujet davantage, vous retrouverez dans mon livre *Le Guide du rêve lucide* une soixantaine d'exercices et un questionnaire de lucidité pour vous aider à déterminer le type de rêveur·euse que vous êtes afin d'accéder rapidement aux meilleures techniques pour vous.

Prenez le temps d'écrire vos rêves. Vous n'imaginez pas à quel point notre esprit rêveur peut nous venir en aide pour éveiller notre lucidité. Il se peut que les personnages ou les animaux oniriques trouvent alors des moyens de vous faire comprendre que c'est un rêve. Une fois, il a fallu qu'un méditant en lévitation se mette à rebondir comme une balle pour que je réalise que je rêvais. En d'autres occasions, des chercheurs de rêves lucides que je connais dans la vie éveillée m'ont fait remarquer que j'étais en train de rêver. « C'est un rêve lucide », m'ont-ils soufflé. Je réponds toujours : « Oh, c'est vrai ! » et je les remercie pour le coup de pouce.

Le rêve lucide est une conversation avec votre esprit rêveur. C'est un portail vers des aventures extraordinaires et d'incroyables paysages. Lorsque nous nous connectons à l'intelligence de notre rêve lucide et que nous l'explorons en profondeur, nous devenons les créateur·rice·s de nos mondes, et la magie nous gagne à mesure que le rêve répond à nos pensées et à nos intentions. Nous pouvons alors introduire cette magie lucide dans notre vie éveillée et créer la vie de nos rêves. La création de la réalité signifie se réveiller dans la vie et être lucide ici et maintenant, choisir ses pensées et ses imaginations intérieures, et reconnaître que tout le pouvoir réside dans le moment présent. La vie se transforme en une sorte de rêve lucide sensible à la pensée avec lequel nous pouvons interagir avec amour dans une conversation réciproque. C'est la lucidité en mouvement : vivre une vie lucide.

Dans le dernier chapitre, nous verrons comment le sommeil, les rêves et la mort s'entrecroisent et nous explorerons la nature spirituelle du sommeil.

CHAPITRE 17
LE SOMMEIL SPIRITUEL

Les rêves peuvent servir de lanterne et même illuminer les nuits les plus sombres de l'âme. Dans mon livre *Dream Therapy*, Laurel Clark partage ce rêve qui a changé sa vie : elle a vu son mari bien-aimé, John, disparu l'année précédente. Le rêve s'est produit la nuit du 11 septembre 2001, après l'attaque des tours jumelles.

> *John est à New York, où il aide les personnes décédées au World Trade Center. Il est beau, radieux et en bonne santé. Je lui demande avec inquiétude : « Est-ce qu'ils vont bien ? » À cette question, il affiche un sourire éclatant et tout son être s'illumine d'une effusion que je ne lui connaissais pas.*
>
> *« Oui, dit-il avec insistance, ils vont bien. Une fois qu'ils sont sortis, ils vont bien ! » Je ressens une bouffée d'exaltation. Je sais qu'il veut dire qu'une fois que les personnes décédées sont sorties de leur corps, elles vont bien. Leurs esprits sont libres !*[1]

Lorsque les gens demandent conseil à la Dr Clark au lendemain du 11 septembre, elle partage son rêve pour apporter du réconfort aux personnes endeuillées par la perte d'un être cher. Elle

---

1. Johnson, *Dream Therapy*, 157.

estime que le message de son défunt mari, « Une fois que nous sommes sortis du corps, nous allons bien ! », semble universel. Elle dit que ce rêve l'a fait passer de croyante à persuadée que la vie existe éternellement.

Avez-vous déjà rêvé qu'un être cher décédé apparaissait avec un message ? Si c'est le cas, vous vous demandez peut-être si ce ne sont pas plus que des rêves et si nous ne sommes pas en fait en contact avec l'essence ou l'esprit de la personne décédée. C'est une question ouverte. Certaines personnes pensent que nous rencontrons simplement un souvenir composite en trois dimensions de la personne décédée. Après tout, l'esprit rêveur a la capacité remarquable d'invoquer des personnes que nous connaissons, en les imprégnant de leur personnalité unique, de leur voix et de leurs manières. D'autres croient que la personne décédée leur apparaît en rêve. Que le rêve d'un être cher disparu soit considéré comme une représentation psychologique ou une véritable visite du monde des esprits, c'est le niveau de connexion et de guérison ressentie qui compte. Nous pouvons également tenir compte de la qualité du rêve, du sentiment d'urgence ou d'appartenance à l'autre monde et de l'exactitude des informations qui nous sont communiquées par les proches décédés.

Il existe un grand nombre de rapports anecdotiques de personnes ayant reçu en rêve des informations de la part d'un défunt les avertissant d'un événement futur qui s'est ensuite réalisé, comme la mort inattendue d'un membre de la famille. Les proches décédés peuvent apparaître en rêve pour signaler une maladie dont le·a rêveur·euse n'est pas encore conscient·e. Dans une étude réalisée en 2015 sur les rêves d'avertissement, le Dr Larry Burk rapporte que le père décédé d'une femme lui a crié dans un rêve : « Tu as un cancer du sein ! » Elle ne présentait aucun symptôme, et son médecin n'a pu trouver aucun cancer jusqu'à ce qu'elle désigne un point sous son sein gauche pour lui montrer où insérer l'aiguille de biopsie. Elle savait où se trouvait le cancer parce qu'elle avait fait un rêve qui lui avait indiqué l'emplacement précis de la tumeur. Et en effet, il y avait une grosseur maligne dans son sein.

Comme il a été découvert à un stade très précoce, elle a pu agir et se rétablir[1]. Les rêves peuvent nous sauver la vie.

Les rêves peuvent préparer une personne en fin de vie et ses proches à une mort imminente et aider les personnes en deuil à accepter la perte d'un être cher. Nous pouvons nous sortir de relations toxiques avec les personnes décédées et nous connecter à nos ancêtres pour puiser dans leur sagesse à travers les rêves. Les rêves de deuil sont un moyen naturel et instinctif de faire face aux bouleversements émotionnels que la mort peut provoquer. Nous connecter aux défunt·e·s de manière cathartique dans nos rêves joue un rôle essentiel dans la libération de la peur de la mort.

Dans ce dernier chapitre, nous explorerons les mystères du sommeil semblant réduire le voile entre la vie et la mort, afin d'entrer en contact avec des êtres chers décédés dans des rêves de guérison. Nous aborderons également la merveilleuse croyance partagée par certaines traditions ancestrales : le sommeil peut nous préparer à une mort consciente et à l'illumination.

Lorsque les défunt·e·s viennent nous rendre visite en rêves

La vie est brève et précieuse. Ce que nous faisons de notre temps ici, les relations que nous tissons, les personnes que nous aimons et celles que nous aidons sont en réalité tout ce qui compte vraiment. La nuit où ma grand-mère est morte, j'ai fait un rêve sublime. Dans l'air devant moi dansait un esprit plein de joie, tourbillonnant et virevoltant avec légèreté. Cette vision s'accompagnait d'un court poème. Je me suis réveillée et l'ai immédiatement noté. Il était 3 h du matin. Quelques heures plus tard, le téléphone a sonné. C'était ma mère qui m'appelait pour m'annoncer la mort de ma grand-mère à 3 h du matin. J'ai eu l'immense privilège de partager mon

1. Burk, « Warning Dreams Preceding the Diagnosis of Breast Cancer ».

rêve et le poème avec ma maman. Les deux derniers vers étaient étincelants de justesse : « Elle flottera sur les vents du temps/ Et dansera dans le bonheur éternel. » Mon rêve nous a unies et réconfortées dans cette triste perte.

Des années plus tard, mon autre grand-mère est décédée inopinément chez elle, dans son sommeil. Tôt ce matin-là, avant d'apprendre la nouvelle, j'ai été visitée en rêve par une brise d'énergie chaude comme un câlin, sublimement aimante, qui circulait tout autour de moi pendant mon sommeil. Je me sentais incroyablement heureuse, en sécurité et aimée. Lorsque mon père m'a appelée pour m'annoncer la triste nouvelle, j'ai senti que Grand-mère s'était arrêtée en chemin pour me toucher de sa tendre présence et me faire savoir que tout allait bien pour elle.

Ces rêves m'accordaient des visites spontanées. Mais nous ne rêvons pas toujours de nos proches après leur mort. Parfois, des personnes m'abordent, le cœur en miettes, et me disent que leur proche est décédé·e, mais qu'elles ne l'ont pas encore vu·e en rêve. Sans exception, ces personnes aimeraient pouvoir tenir leurs bien-aimé·e·s à nouveau dans leurs bras et s'assurer qu'ils·elles vont bien. Elles me demandent comment entrer en contact avec eux·elles. Comme vous le savez, nous pouvons incuber n'importe quel type de rêve, que ce soit un rêve de ski nautique, voler en pleine conscience ou résoudre un problème.

Mais il en va différemment lorsque nous espérons retrouver un être cher disparu ou entrer en contact avec un·e ancêtre, en raison des émotions fortes qu'ils·elles suscitent. Parfois, la force de notre chagrin ou de notre choc nous empêche de rêver de la personne décédée. Le deuil est épuisant et le corps a désespérément besoin d'un sommeil réparateur, il peut donc être plus difficile de se souvenir des rêves. Dans ce cas, il est préférable de ne pas s'alourdir d'un manque de sommeil de qualité avant d'incuber ce genre de rêve. L'exercice suivant vous propose quelques conseils et idées pour incuber un rêve avec des êtres chers perdus ou des ancêtres disparu·e·s.

Exercice 62

Rejoindre ses ancêtres ou défunt·e·s dans ses rêves

Rappelez-vous qu'il n'est pas nécessaire de faire un rêve pour voir des proches ou des ancêtres décédé·e·s. Vous pouvez vous y connecter à l'extérieur, dans la nature ou pendant une méditation. Le yoga nidra est un excellent état de conscience pour établir des connexions de guérison fortes. J'ai créé des voyages audio guidés pour les personnes en deuil, conduisant souvent à des retrouvailles puissantes et joyeuses. De même, vous pouvez vous servir de cette méthode pour entrer en contact avec des animaux de compagnie décédés.

Créez un autel dans votre chambre à coucher. Placez-y des photos de votre ancêtre ou de votre proche, ainsi qu'un objet qui vous relie à lui·elle. Cela peut être un miroir de poche de votre arrière-grand-mère ou un galet qui vous rappelle les moments heureux passés sur la rivière avec votre frère ou votre sœur décédé·e. Préférez les bougies LED pour illuminer l'autel pendant votre sommeil (ne laissez jamais une bougie en cire se consumer sans surveillance). Avant de vous endormir, passez un instant devant votre autel et demandez un rêve de visite.

Visualisez la personne dont vous voulez recevoir la visite au moment de vous endormir et formulez : « Cette nuit, je te verrai dans mes rêves. » Souriez à l'idée de la revoir. Dans l'obscurité, imaginez le déroulement du rêve. Si vous vous sentez contrarié·e ou agité·e, arrêtez ce processus. Il est préférable de ressentir une anticipation bienveillante en imaginant la rencontre rêvée, puis de vous endormir calmement.

Rappelez-vous votre désir de voir cette personne chaque fois que vous vous réveillez dans la nuit, même si cela ne dure que quelques secondes, le temps de vous retourner dans votre sommeil. Maintenez cette intention avec légèreté, sans vous laisser submerger par une vague d'émotions fortes.

Notez vos rêves. La personne que vous souhaitez retrouver peut d'abord apparaître de manière discrète : vous pouvez apercevoir rapidement son visage dans une foule, ou simplement sentir qu'il·elle se tient derrière vous sans pour autant le·la voir. Avec le temps, ces aperçus ou ces sensations peuvent se transformer en une véritable rencontre onirique. Si vous ne rêvez pas directement de votre proche, tout rêve contenant des éléments de guérison, tels que des animaux en bonne santé ou une nature verdoyante, peut faire l'objet d'une méditation pour vous aider à traverser cette étape de deuil et vous réintégrer dans le monde éveillé avec apaisement.

Les rêves thérapeutiques avec les défunt·e·s peuvent déclencher de véritables changements dans nos vies, en libérant de grandes quantités d'énergie que nous pouvons canaliser pour vivre une vie plus heureuse et faire preuve de plus d'empathie. J'ai constaté à de nombreuses reprises avec mes client·e·s que les êtres chers décédés peuvent devenir des guides, nous offrant un réconfort inégalable afin de nous adapter à la vie sans eux.

Le sommeil, la mort et l'illumination

Dans la culture occidentale, la peur de la mort et du décès est très présente, bien que très peu utile. Dès notre naissance, la seule certitude dans la vie est que le jour de notre mort finira par arriver, tôt ou tard.

Historiquement, la mort a été comparée au sommeil. Dans *La Tempête*, William Shakespeare écrit : « Nous sommes faits dans la même étoffe que les rêves, et notre petite vie s'achève dans un sommeil[1]. » Dans la mythologie grecque, Hypnos, le dieu du sommeil, est le frère jumeau de Thanatos, dieu de la mort. Le yoga du rêve bouddhiste tibétain considère que s'endormir, c'est

1. Shakespeare, *La Tempête*, acte IV, scène 1.

un peu comme mourir. Tenzin Wangyal Rinpoché déclare : « Le processus de la mort est parallèle à celui de l'endormissement[1]. »

Le sommeil est un voyage que nous entreprenons seul·e·s vers l'inconnu. Chaque nuit, nous quittons notre corps physique et prenons un corps onirique. Nous pouvons courir, voler, faire l'amour ou faire du kitesurf dans notre corps onirique, et cela semble tout aussi réel que dans le monde éveillé. Dans les rêves, nous pouvons voir sans nos yeux physiques, entendre des sons que nos oreilles ne perçoivent pas et sentir la brise de la mer ou la chaleur écrasante du désert alors que notre corps est confortablement installé dans notre lit. La mort peut s'apparenter au sommeil et au rêve. Lors de la transition, nous nous séparons de ce beau corps physique qui nous a fidèlement portés tout au long de notre vie. Nous traversons le voile de la mort et percevons le monde des esprits sans avoir besoin de notre corps physique.

Grâce à l'exploration des différents états de conscience auxquels nous pouvons accéder pendant notre sommeil, nous pouvons nous libérer de la peur de la mort. La vie elle-même est plus onirique qu'elle n'y paraît.

La vie est comme un rêve lucide partagé : nous vivons les résultats de notre imagination collective. Je considère chaque période de vingt-quatre heures comme un microcosme de vie et de mort : le jour, nous cocréons notre réalité par le biais d'une sorte de version collective et éveillée du rêve lucide. Nous terminons la journée par une nuit de sommeil, un voyage dans des rêves plus profonds et des mystères reflétant la libération de la mort et la promesse de l'au-delà.

Dans son livre *Yogas tibétains du rêve et du sommeil*, Tenzin Wangyal Rinpoché déclare : « Toutes les pratiques du rêve et du sommeil sont, à un certain niveau, des préparations à la mort[2]. » Dans le yoga du rêve, l'idée est de conserver notre conscience dans l'état post-mortem et atteindre la libération spirituelle ou l'illumination. Cette

1. Wangyal, *Yogas tibétains du rêve et du sommeil*, 180.
2. Wangyal, *Yogas tibétains du rêve et du sommeil*, 181.

dernière consiste à s'éveiller à l'unité : faire l'expérience de l'unité avec la conscience lucide. J'ai découvert que le moyen le plus rapide de faire l'expérience de la non-dualité, ou de l'unité interconnectée, est de méditer dans un rêve lucide[1]. Dans cet état, nous n'avons pas de corps physique pour nous distraire, et le simple fait de méditer dissout également le corps onirique, ce qui conduit à des expériences lumineuses d'unité. Dans le bouddhisme tibétain, le rêve lucide est considéré comme un moyen d'affiner notre conscience dans les rêves afin de transcender le cycle de la mort et de la renaissance. Le rêve lucide est censé nous enseigner l'art de la mort consciente.

Même si l'illumination n'est pas notre but personnel, se préparer à notre propre mort n'est pas totalement déplacé. Non pas de manière morbide, avec une brume de tristesse au-dessus de nous, mais en nous y penchant avec curiosité et l'esprit grand ouvert. La mort nous guette tous et toutes un jour ou l'autre, alors pourquoi ne pas se défaire de ses peurs et utiliser les sagesses oniriques pour nous éveiller davantage à la vie ? Il est tellement facile de la laisser couler sans en prendre conscience, sans passion ou empathie. Nous rappeler que notre vie peut atteindre sa limite à tout moment nous permet de gagner en clarté et en conscience.

L'exercice suivant est conçu pour nous aider à prêter attention à la mort et, ce faisant, à nous éveiller à la vie.

Exercice 63

Bilan de vie

S'exercer à la mort et à la renaissance sous la forme d'un bilan de vie nous aide à devenir plus lucides dans la vie et à nous libérer de la peur de la mort afin de réévaluer l'importance que nous accordons aux choses. Cet exercice aide également à gagner en indulgence envers les autres et nous-mêmes, et nous donne cet outil formidable qu'est la perspective.

1. Johnson, *Llewellyn's Complete Book of Lucid Dreaming.*

Cependant, il arrive que cette pratique réveille des souvenirs et des émotions fortes, particulièrement pour les personnes ayant subi des abus dans leur enfance ou d'autres traumatismes. Cela consiste à passer en revue les années de notre enfance et à revisiter les souvenirs marquants de la vie. Si vous n'êtes pas certain·e de ce qui pourrait surgir et de la façon dont vous pourriez réagir, abstenez-vous de réaliser cet exercice seul·e ou accompagnez-vous d'un·e thérapeute ou d'un·e ami·e proche afin de bénéficier d'un soutien en cas de besoin.

L'essentiel de ce bilan de vie est de ressentir de la compassion pour soi et pour les autres à chaque étape, si possible, comme si vous regardiez un film profondément émouvant.

La détente : accordez-vous trente minutes pour réaliser cet exercice. Mettez de la musique douce ou reposez-vous en silence et gardez un stylo et un cahier à portée de main. Allongez-vous dans une pièce sombre, fermez les yeux et détendez-vous. Utilisez votre technique préférée de scan corporel ou de respiration, ou imaginez qu'une lumière dorée pénètre dans votre tête et descend le long de votre corps, relaxant chaque muscle et chaque cellule sur son passage. Une fois enveloppé·e de lumière dorée, démarrez le bilan de votre vie.

La naissance : revenez au moment de votre naissance. Faites preuve de beaucoup de compassion et voyez-vous naître. Envoyez-vous de l'amour. Étendez votre compassion à toutes les personnes présentes lors de votre naissance. Passez ici autant de temps que vous le souhaitez, prenez votre temps.

Les étapes de la vie : imaginez-vous maintenant en train de grandir par étapes, en consacrant une minute à chacune d'entre elles. Du bébé au jeune enfant, et de l'adolescence aux débuts de l'âge adulte. Avancez ensuite dans le temps, en vous arrêtant sur les principaux événements de votre vie. Si des jugements ou des émotions douloureuses font surface, accueillez-les un instant. Ensuite, faites preuve de compassion envers les personnes impliquées, vous-même inclus·e.

La mort : passez un bref moment à observer avec compassion votre âge et votre vie aujourd'hui. Imaginez ensuite que c'est le moment de votre mort. Comment vous sentiriez-vous, sachant que votre vie est sur le point de se terminer ? Notez vos craintes et vos regrets, et réfléchissez à ce que vous changeriez si vous pouviez repousser l'heure de votre mort. Prenez le temps qu'il vous faut pour penser à la façon dont vous avez vécu votre vie et à ce qui compte vraiment pour vous. Sans porter de jugement, déterminez les éventuels changements dans votre vie.

Envoyer de l'amour : le moment venu, envoyez-vous de l'amour et, si cela vous semble juste, aux principaux·ales acteur·rice·s de votre vie. Vous pouvez ressentir le besoin de demander pardon à une personne en particulier, ou de l'accorder, mais il n'y a aucune obligation – suivez votre instinct.

La renaissance : le moment de la renaissance est venu. Vous allez revenir à votre vie actuelle avec une nouvelle perspective, une plus grande compassion, et une conscience bienveillante. Respirez profondément. Permettez à votre respiration de revitaliser chaque partie de votre corps, de votre esprit et de votre âme.

L'écriture : écrivez ce que vous avez expérimenté pendant cet exercice, ainsi que vos résolutions ou des idées qui pourraient améliorer votre vie.

Si cette technique vous correspond, répétez-la tous les six mois environ. L'expérience peut s'avérer très différente à chaque fois, et il est fréquent de révéler ainsi l'éveil de notre sagesse intérieure comme guide dans les étapes de la vie.

Après avoir terminé cet exercice, observez si la peur de la mort est apparue. La peur de la mort est une crainte de la séparation. Mais par essence, nous ne faisons qu'un et, ironiquement, cette phobie nous éloigne encore plus du cœur de la vie.

Lorsque nous mourons, nous quittons notre famille, nos biens, notre travail, nos richesses matérielles et notre corps physique. La seule chose que nous puissions emporter, c'est notre conscience. Il est donc logique de l'élever dès à présent, en vivant avec plus de compassion et de conscience, et en aidant nos proches tout au long de cette vie sauvage et étonnante.

Familiarisez-vous avec la mort avant qu'elle ne survienne. Le sommeil est un merveilleux outil pour l'aborder de manière thérapeutique et cathartique. Traverser la vie en ayant conscience de la mort la transforme en alliée afin de nous éveiller à la beauté de la vie. Réveillons-nous dès aujourd'hui et vivons pleinement notre vie. Les personnes en fin de vie connaissent mieux que quiconque la valeur de celle-ci. Lorsque ma grand-mère était sur son lit de mort, elle m'a dit : « Mourir, c'est beau. » Elle entendait une musique céleste. En lui tenant la main, je sentais l'énergie vitale s'échapper d'elle comme un arc-en-ciel chaud. Le dernier conseil qu'elle m'a donné n'est autre que : « Vis ta plus belle vie. » Je lui ai promis de le faire. C'est la moindre des choses que nous pouvons promettre à nos proches en fin de vie : vivre notre vie le plus pleinement et consciemment possible.

La lumière lucide

La lumière lucide est le terme que j'emploie pour désigner la luminosité omniprésente qui sous-tend les rêves et la réalité éveillée. Elle brille dans ces rêves lumineux où le paysage, les personnages et les animaux s'illuminent d'une vitalité évidente. Nous rencontrons la lumière lucide pendant les moments privilégiés de la méditation et de la relaxation profonde, ainsi que dans les moments de veille ultra-lucides, car elle est toujours présente. Elle peut prendre n'importe quelle couleur : elle peut baigner son environnement de lumière orange ou ternir des espaces de noirceur. Cette même lumière est souvent présente dans les récits d'expériences de mort imminente. C'est la lumière profondément créative d'où émergent toutes les formes de vie et de matière. Les chrétiens l'appellent la lumière de la création, tandis que les bouddhistes tibétain·e·s l'appellent la lumière claire. La déesse tibétaine Bön du sommeil lucide, Salgye du Dalma, est décrite comme la lumière dans l'obscurité du sommeil. Elle représente la lumière qui est notre véritable nature et que nous pouvons rencontrer lors de pratique de yoga nidra et de rêve lucide[1].

1. Wangyal, *Yogas tibétains du rêve et du sommeil*, 153.

Souvent, lorsque j'ai l'impression de couver un virus ou que je suis simplement épuisée, dès que je m'allonge et que je ferme les yeux, la lumière m'enveloppe et me fait flotter dans la pureté de la conscience. Lorsque j'émerge de cette lumière lucide, je me sens au mieux de ma forme, comme si j'avais été branchée sur une source d'énergie et que j'étais chargée au maximum ! Depuis des décennies, je pratique le yoga nidra tous les jours. C'est comme entraîner un muscle particulier, la lumière lucide est un état d'esprit. En introduisant un repos paisible à notre quotidien, peut-être sous la forme d'une méditation de yoga nidra ou d'un voyage imaginaire guidé, il devient beaucoup plus simple de glisser dans des espaces de lumière, même lorsque nous n'en avons pas l'intention.

De même, plus nous nous dirigeons vers des expériences de lumière et d'unité pendant le sommeil et les rêves, plus nous entraînons notre conscience à la mort. Une femme remarquable, Aiha Zemp, est née sans avant-bras ni jambes. Elle souffrait de nombreux problèmes de santé et, vers cinquante ans, elle décide de mourir par euthanasie dans une clinique de sa Suisse natale. Contrairement à la plupart des gens, elle connaissait la date exacte de sa mort. Au cours de l'année qui a précédé le jour fatidique, elle s'est retrouvée à flotter dans la lumière dans environ 30 % de ses rêves lucides. Elle déclare : « Ces rêves m'apprennent à mourir[1]. »

Une semaine avant son décès, Aiha fait un rêve lucide où elle se voit mourir. Elle quitte son corps dans une brume légère et flotte jusqu'au balcon, où ses soignant·e·s tiennent des cierges magiques allumés d'où jaillissent de minuscules étoiles dorées. Alors qu'elle passe au-dessus d'eux·elles, Aiha se met à cueillir les étoiles comme si elle avait des mains, et elle joue et danse avec elles. Puis elle s'élève dans les airs et se dissipe.

À son réveil, le bonheur l'envahit. Une semaine plus tard, au moment de sa mort, ses soignant·e·s honorent le rêve lucide d'Aiha

1. Johnson, *Llewellyn's Complete Book of Lucid Dreaming*, 368.

dans un geste d'amour et de soutien. Ils·Elles sortent sur le balcon et allument des cierges magiques, l'imaginant en train de flotter au-dessus d'eux·elles, comme dans son rêve lucide. Aiha était une rêveuse lucide si prolifique et elle avait tellement baigné dans la lumière lucide qu'elle a peut-être même réussi à rester consciente lors de sa mort.

Les rencontres lumineuses pendant le sommeil ont tellement à nous apprendre. Une fois, dans un rêve lucide, j'ai rencontré une femme âgée dans une pièce blanche et lumineuse. Elle m'a guidée dans une profonde méditation et m'a montré des images troublantes qui se sont manifestées dans ma vie éveillée quelques semaines plus tard sous la forme d'une perte tragique. Parce qu'elle m'avait montré comment me connecter à une profonde paix intérieure, j'ai été capable de faire face à cette perte avec plus de force que je ne l'aurais imaginé. J'ai ainsi pu aider les autres autour de moi.

Une autre fois, dans un espace de lumière lucide, les yeux ambrés d'une femme qui chantait se sont transformés en un troisième œil géant et m'ont transmis des informations sous forme de flux de lumière. On m'a montré la présence intemporelle de toutes les manifestations de tous les Univers. À la fin de ce rêve, une étincelle de lumière est entrée dans mon cœur et je me suis réveillée en la sentant au plus profond de moi, avec la certitude que nous sommes faits de lumière.

De telles expériences peuvent sembler assez étranges (et elles l'étaient), mais elles font partie des expériences les plus précieuses de ma vie. Il y a tant à apprendre du sommeil et des rêves, c'est sans fin ! Si le sommeil vous intéresse en tant que pratique spirituelle, en tant que voie d'accès à une conscience plus élevée et à des états de béatitude et d'unité, voici quelques conseils pour inviter la lumière lucide dans vos rêves.

Exercice 64

Inviter la lumière lucide

La lumière lucide est partout, tout le temps, vous n'avez donc pas besoin de faire un rêve lucide pour vous y connecter. Considérez-la comme un état naturel, un état d'esprit. Si vous souhaitez inviter cette expérience à vos rêves, je vous recommande un petit exercice simple, mais efficace de yoga nidra. Vous pouvez également incuber un rêve de lumière ou faire une méditation en marchant lentement dans la nature. Les exercices suivants montrent le potentiel du rêve lucide pour des expériences immersives dans la lumière lucide :

Allez vers la lumière dans vos rêves. Cela peut être le scintillement de la lune sur un lac comme l'éclat des yeux lumineux d'un bébé. La lumière peut pénétrer dans votre rêve par une fenêtre ou encore émaner d'un arbre. Avant de vous endormir, posez l'intention d'aller vers la lumière. Celle-ci représente souvent un niveau de conscience plus élevé, et nous diriger activement vers elle nous aide très souvent à devenir lucides.

- Posez des questions profondes au rêve. Lorsque vous devenez lucide, questionnez, « Montrez-moi la nature de la réalité ! » ou demandez : « Pourquoi les humains existent-ils ? » ou « Qu'y a-t-il après la mort ? » ou « De quoi l'Univers est-il fait ? ». Ne posez ces questions que si vous souhaitez vraiment connaître les réponses et préparez-vous à des changements majeurs dans le rêve, comme le fait que tout se dissipe ou être emporté·e à toute vitesse vers un arc-en-ciel, ou vous matérialiser brusquement dans un espace de lumière blanche. Restez calme, respectueux·euse et conscient·e, sachant que vous vous réveillerez en toute sécurité dans votre lit après cette expérience. Qui sait, ce rêve lucide vous apprendra peut-être quelque chose que vous garderez précieusement pour toujours. Préparez-vous-y.
- Méditez dans vos rêves. C'est la voie la plus rapide vers l'unité que j'aie jamais expérimentée. Souvent, au moment où nous

décidons de méditer, le rêve disparaît et nous nous retrouvons dans le vide lucide, l'espace le plus parfait pour méditer, car nous sommes généralement dépourvu·e·s de corps et aucune distraction visuelle ou physique ne viendra nous interrompre. D'autres fois, le simple fait d'avoir l'intention de méditer nous entoure d'une lumière ardente et nous élève délicatement dans un espace de lumière lucide bienveillante. Parfois, il ne se passe pas grand-chose – nous restons immobiles à essayer de méditer, mais nous ne parvenons pas à nous concentrer. Dans ce cas, prenez le temps de respirer calmement et de stabiliser le rêve en touchant quelque chose ou en frottant vos mains oniriques l'une contre l'autre. Une fois aligné·e, commencez à méditer.

- Peignez une porte. Vous pouvez créer votre propre portail vers la lumière lucide en prenant conscience que vous rêvez. Dans un documentaire auquel j'ai participé, *Painting Doors : The Art of Lucid Dreaming*, des effets spéciaux ont été utilisés pour représenter des rêves lucides. Dans la scène finale, un homme fuit une terreur inconnue lorsqu'il est confronté à un mur massif. Lucide, il peint une porte sur le mur à l'aide de son doigt. La lumière brille autour de la porte, il la pousse lentement pour entrer dans la lumière... Cette scène représente fidèlement les possibilités du rêve lucide. Recherchez des portails naturels dans vos rêves. Cela peut être des miroirs, des nids d'oiseaux, des étangs ou encore les yeux brillants d'un tigre onirique. Plongez à travers le portail en prononçant clairement votre intention : « Emmenez-moi vers la lumière lucide. »

Nous avons parlé dans ce livre des différents portails d'accès au sommeil. Mais le sommeil lui-même est un portail géant vers la guérison profonde, la sagesse et les expériences spirituelles lumineuses.

Le sommeil est un élixir de vie, il détient les réponses aux plus grands mystères de la conscience. Il peut nous apprendre à affronter la mort et à nous placer sur le chemin de l'illumination.

C'est en comprenant ce que le sommeil a réellement à nous offrir que nous passons à un niveau de conscience supérieur. Au fur et à mesure que cette nouvelle conscience s'installe, notre vie évolue de la plus belle façon qu'il soit.

CONCLUSION

Au cours des dix prochaines années, vous passerez plus de trois ans à dormir – quelle chance !

J'espère qu'après avoir lu ce livre, l'idée de ces années à dormir vous emplira de bonheur.

Au cours de ces trois précieuses années de votre vie et au-delà, comment désirez-vous vous engager dans ce royaume d'aventures fantastiques et de sommeil réparateur ? Certaines personnes oublieront les merveilles du sommeil dès qu'elles refermeront ce livre. D'autres se sentiront peut-être déterminées à intégrer davantage les cadeaux que le sommeil peut offrir, à vivre plus pleinement et à évoluer. Il n'y a pas de bonne ou de mauvaise façon de vivre, et ce livre ne tombe pas nécessairement au moment adéquat dans votre vie pour explorer les différents états de conscience du sommeil. Si la seule chose que vous retenez de ce livre est que le sommeil est important, c'est déjà énorme.

Faites le point avec vous-même avant de vous endormir pour voir si vous aimeriez inviter un rêve spirituel ou lucide à votre nuit de sommeil. Si vous avez l'impression de porter cette mission comme un fardeau, ne vous y engagez pas. Attendez plutôt d'avoir envie de faire ce travail sur le sommeil, il ne devrait jamais être une contrainte. Au contraire, cela irait à l'encontre du but recherché. Parfois, tout ce que nous voulons, c'est le simple fait de se glisser sous les draps et de s'endormir rapidement.

Le sommeil nous apporte des cadeaux, que nous fassions ou non l'effort de les recevoir. Toute nuit de sommeil réparateur revigore physiquement, revitalise merveilleusement et offre une dose de thérapie par le rêve.

Pour les personnes d'entre vous qui sont prêtes à explorer, vous savez maintenant que le sommeil offre des milliers d'aventures chaque année. Celles-ci se présentent sous la forme de rêves, d'expériences extracorporelles, de vide lucide, d'imagerie hypnagogique, de rêve lucide, de paralysie du sommeil et d'autres états de conscience fascinants que nous avons abordés dans ce livre. J'ai délibérément rendu ce livre aussi pratique que possible afin que vous puissiez jongler entre les diverses techniques qui vous attirent le plus. Le questionnaire sur le sommeil et les programmes du chapitre 5 peuvent être facilement consultés lorsque vous vous engagez dans votre propre expérience. N'hésitez pas à modifier l'un ou l'autre des exercices pour personnaliser votre pratique. Mélangez les exercices, introduisez de nouvelles techniques dans votre routine de sommeil de temps en temps pour ne jamais vous lasser de vos rituels. Revenez au questionnaire après quelques semaines ou quelques mois, et comparez vos réponses actuelles et celles que vous aviez notées au début de votre voyage dans le monde onirique. Le sommeil, tout comme nous, est en constante évolution.

S'endormir est peut-être un seuil que nous franchissons seul·e·s chaque nuit, mais le sommeil est un retour à la plénitude. Je vous souhaite de profiter pleinement des merveilles paisibles et des fabuleuses aventures qu'offre le sommeil. Plus nous accordons d'attention au tiers de notre vie que nous passons à dormir, plus nos rêves seront éclairants. Nous recevrons des enseignements, des bénédictions et des initiations. Notre orientation spirituelle évoluera et nous recevrons de l'aide pour résoudre les problèmes auxquels nous sommes confronté·e·s. Porter notre attention sur notre éveil spirituel permet à nos rêves de nous montrer où placer nos énergies pour réaliser notre potentiel.

Explorez les cadeaux du sommeil, multipliez votre compassion en réalisant au plus profond de vous-même l'expérience de l'unité.

Prenez du recul et observez votre merveilleux chemin de vie. Faites l'expérience de plénitude en naviguant entre les mondes de l'éveil et du sommeil. Faites briller vos talents dans un royaume et observez son éclat dans l'autre, libérez-vous de la peur de la mort en prenant conscience du merveilleux terrain d'entraînement spirituel de transition de cette vie à l'autre qu'est le sommeil.

Adoptez une vision élargie du sommeil. Découvrez ses mystères. Ce moment de l'évolution humaine est le moment idéal pour se servir des cadeaux que le sommeil offre chaque nuit. La technologie progresse à une vitesse vertigineuse, et nous voyons déjà apparaître de nombreux outils numériques pour nous aider à explorer le sommeil, y compris des bases de données de rêves, des masques pour déclencher la lucidité, des applications pour enregistrer et classer nos rêves, l'imagerie cérébrale pour décoder le contenu visuel des rêves, et même des gants spéciaux pour nous aider à devenir lucides. Nous pouvons même transmettre la description d'un rêve à un programme artistique d'intelligence artificielle pour générer des œuvres d'art oniriques. Lorsque l'homme se penche sérieusement sur un sujet, sa nature ingénieuse crée de nouvelles possibilités fabuleuses.

L'un des plus grands superpouvoirs de l'homme est sa faculté à rêver. L'intelligence artificielle n'est pas capable de reproduire l'expérience de la même manière immersive et multisensorielle que nous. Tout comme elle ne sait pas non plus ressentir les émotions profondes qu'offrent les rêves. Bien sûr, un modèle d'intelligence artificielle pourrait être programmé pour produire des résultats oniriques ou fabriquer des rêves sur commande en puisant dans une base de données de rapports de rêves humains. Mais ces « rêves » ne seraient que des fictions intelligentes, de simples textes paraphrasés. L'expérience réelle de voler lucidement jusqu'à la lune, avec un corps onirique, ou le choc émotionnel que représente le fait d'étreindre un être cher décédé dans un rêve est quelque chose d'uniquement humain. Les rêves et les états de sommeil qui y sont associés recèlent d'une telle créativité originale. Parallèlement à l'attention que nous portons à l'intelligence artificielle, exploitons notre propre intelligence innée du sommeil.

Ouvrons-nous à la sagesse onirique, explorons ses portails vers des royaumes plus profonds et préparons-nous à un saut collectif dans le génie humain.

En ce qui concerne l'évolution des espèces, je pense qu'il doit y avoir une raison pour qu'à n'importe quelle heure du jour ou de la nuit, des millions d'humains rêvent. Il me semble que nous rêvons perpétuellement notre monde. Notre intelligence onirique nous permet de traiter le passé, de résoudre des problèmes et d'imaginer l'avenir. Pendant que nous dormons, d'autres construisent le monde dans la réalité physique éveillée. Lorsqu'ils s'endorment, nous prenons le relais. C'est ainsi que le rêve collectif de la vie se poursuit : le monde s'invente à nouveau dans une infinité d'actes créatifs tandis que notre planète tourne autour du soleil. C'est spectaculaire.

Le sommeil n'est pas passif, il est incroyablement vivant. Nous ne laissons jamais notre conscience se déconnecter complètement. La conscience intemporelle sous-jacente est toujours présente. Nous dormons pour rêver en tant qu'espèce, pour faire avancer l'évolution de la conscience humaine. Le sommeil est la clé de l'évolution de notre espèce. Il nous maintient en vie et en bonne santé. Il nous permet de consolider nos souvenirs et nos compétences afin de nous adapter continuellement et de survivre. Il nous offre une ingéniosité unique sous la forme de rêves créatifs.

En outre, le sommeil nous offre une expérience unique de l'unité ultime de tous les êtres et de toutes les formes de vie. Dans les expériences lucides dépourvues de corps oniriques ou physiques, nous prenons conscience que la mort est une transition semblable à celle que nous effectuons chaque nuit lorsque nous nous endormons. Explorer le sommeil équivaut à explorer notre nature intérieure et cosmique.

Si les solutions à la vie se trouvaient dans l'état de veille, ne les aurions-nous pas déjà trouvées ? Il semble plus probable qu'elles se situent dans le royaume mystérieux du sommeil. Lorsque nous dormons, nous nous immergeons dans le monde spirituel. Dans le sommeil profond, nous retournons à un état d'unité.

CONCLUSION

Le sommeil est l'élixir de la vie, et c'est en lui que résident les mystères de la mort et de l'illumination.

Révélons les explorateur·rice·s intrépides en nous, prêt·e·s à découvrir les merveilles, les secrets et la sagesse qu'offre le sommeil. Endormons-nous l'esprit grand ouvert et le sourire aux lèvres.

Je vous invite à vous immerger dans l'élixir de sommeil.

ANNEXE

MODÈLE DE PROGRAMME DE SOMMEIL

Servez-vous de ce modèle pour vous aider à créer votre propre programme de sommeil. Il peut être modifié à tout moment en fonction de l'évolution de votre relation avec le sommeil. Son but est de vous maintenir sur la bonne voie grâce à des exercices efficaces et relaxants !

Mon type de dormeur·euse/rêveur·euse (ex. : souffrant·e de cauchemars, amoureux·euse des siestes, koala endormi) :

Trois exercices que j'aimerais pratiquer (ex. : œuf de lumière, méditation sonore) :

Ma routine avant d'aller dormir (ex. : méditation, bain aux chandelles) :

ÉLIXIR DE SOMMEIL

Techniques à utiliser en cas de réveil nocturne (ex. : libération de l'insomnie) :

Objectifs de mon journal de rêves (ex. : écrire et dessiner mes rêves tous les matins) :

Durée de mon programme (ex. : une semaine, un mois, un an...) :

POUR ALLER PLUS LOIN

Méditations gratuites pour s'endormir

J'ai créé une nouvelle méditation guidée sur le sommeil spécialement pour les lecteur·rice·s de ce livre. Je vous guiderai (en anglais) vers un sommeil réparateur accompagné d'une musique onirique. Vous trouverez différentes versions et longueurs de cette méditation appelée « Blissful Sleep Meditation ». Elle est accompagnée d'une musique profondément relaxante spécialement composée et produite par mon musicien et mon éditeur vidéo. Vous pouvez la télécharger et la conserver. Vous trouverez cette méditation gratuite sur le lien suivant : www. DeepLucidDreaming.com/ sleep-meditation.

Cours vidéo et école de rêve lucide profond

Vous pouvez expérimenter vos techniques préférées de ce livre sous forme de méditations guidées téléchargeables dans le cadre de mon cours « Le pouvoir du sommeil » (en anglais). Rejoignez mon école en ligne pour mieux dormir, rêver et inviter votre génie intérieur tout en trouvant un soutien inconditionnel au sein de cette merveilleuse communauté. Je propose également des ateliers en ligne et des séances de mentorat. Visitez www. DeepLucidDreaming.com/classes.

Retraites océaniques sur le rêve lucide

Pour une expérience encore plus intense, pour explorer le sommeil, les rêves et la lucidité dans un groupe détendu au bord de l'océan, inscrivez-vous à l'une de mes retraites. Nous plongerons dans les aspects guérisseurs, créatifs et spirituels de la conscience. Pour plus d'informations, rendez-vous sur le site www. DeepLucidDreaming.com/retreats ou écrivez à deepluciddreaming@gmail.com.

Suivi privé

Je propose des séances privées sur tous les aspects du sommeil, des rêves, des cauchemars, des rêves lucides et de la conscience. Mon programme Lucid Star offre une attention particulière aux personnes qui souhaitent accélérer leur évolution et recevoir un soutien intensif de ma part durant cette étape de leur parcours. Visitez le site www. DeepLucidDreaming.com/private-mentoring-sessions. Les séances de mentorat se déroulent en anglais.

Podcast : Le sommeil et les rêves lucides profonds

Écoutez mon podcast en anglais sur le sommeil et les rêves lucides profonds, qui explore notre univers intérieur et invite à succomber au charme du sommeil. Disponible sur toutes les plateformes de podcasts, notamment Apple Podcasts, Spotify et Google Podcasts.

Pour en savoir plus : www. DeepLucidDreaming.com/podcast.

YouTube

Ma chaîne YouTube, « Deep Lucid Dreaming Dr Clare Johnson », contient des vidéos informatives et des interviews.

Retrouvez-la sur www.youtube.com/c/DeepLucidDreamingDrClareJohnson.

Réseaux sociaux

Suivez-moi sur Instagram en recherchant clare_johnson_lucid_dreaming. Vous me trouverez également sur Facebook en suivant ces liens : www.facebook.com/DeepLucidDreaming et www.facebook.com/LucidClare.

Site web sur le rêve lucide profond

Vous pouvez parcourir sur ce site Internet des articles sur tous les sujets, des conseils sur le sommeil et comment améliorer la mémoire des rêves, la guérison à travers les rêves lucides et les solutions aux cauchemars. Les personnes abonnées reçoivent gratuitement des e-books et des méditations guidées, ma newsletter avec des conseils sur le sommeil et des astuces pour faire des rêves lucides, ainsi que des offres exclusives pour mes cours vidéo et mes méditations guidées sur le sommeil. Je serais très heureuse de recevoir votre message. Retrouvez mon contact sur le site www. DeepLucidDreaming.com.

Pour écrire à l'autrice

Si vous souhaitez contacter l'autrice ou obtenir plus d'informations sur ce livre, écrivez-lui à l'attention de Llewellyn Worldwide Ltd. et nous transmettrons votre demande.

L'autrice et l'éditeur apprécient d'apprendre que vous avez apprécié ce livre et qu'il vous a aidé·e. Llewellyn Worldwide Ltd. ne peut pas garantir une réponse, mais toutes les lettres seront transmises. Veuillez écrire à :

Clare R. Johnson, PhD
c/o Llewellyn Worldwide
2143 Wooddale Drive
Woodbury, MN 55125-2989

Veuillez joindre une enveloppe timbrée à votre adresse pour la réponse, ou 1,00 $ pour couvrir les frais. Si vous n'êtes pas aux États-Unis, joignez une lettre avec un timbre international.

•

REMERCIEMENTS

Je voudrais remercier de tout cœur toutes les personnes qui me sont chères, et en particulier mon mari, Markus, qui m'a encouragée à me lancer lorsque l'idée de ce livre s'est imposée dans mes rêves, et ma fille, Yazzie, qui m'a donné le point de vue frais et précieux d'une jeune adolescente sur certains des exercices présentés dans ces pages, en me rappelant les bienfaits d'un massage des pieds avant de dormir et l'aspect ludique du sommeil zoomorphisant. Un grand merci également à la talentueuse équipe de Llewellyn Worldwide pour leur attention et leur dévouement tout au long du processus de publication.

L'état créatif du sommeil est à l'origine de l'existence de ce livre. J'exprime ma reconnaissance pour le merveilleux manuscrit qui m'est apparu dans un rêve lucide avec une telle puissance que j'ai pu lire les mots qui flottaient devant moi : la table des matières de ce livre. Quelques jours plus tôt, j'avais pris la décision d'arrêter d'écrire des livres et de me consacrer à la création de cours vidéo et de méditations sur le sommeil. Sans cette première inspiration onirique, il est peu probable qu'*Élixir de sommeil* aurait vu le jour.

Un autre rêve m'a conduite au titre du livre. Une femme se tenait devant moi et d'autres personnes, brandissant un flacon de parfum magique. Nous savions que c'était un élixir et que nous étions sur le point d'en recevoir le baume. Cette femme l'a vaporisé et des gouttelettes d'une finesse exceptionnellement légère ont flotté sur nos visages, embaumant le lieu d'un parfum paradisiaque.

J'ai alors compris que je rêvais et que j'étais en train de vivre pleinement l'une des plus grandes joies du monde endormi. Je me suis réveillée avec le titre du livre *Élixir de sommeil*. Enfin, j'aimerais remercier la merveilleuse Association internationale pour l'étude des rêves et mes collègues exceptionnel·le·s dans le domaine de la recherche sur le sommeil et les rêves. Leur passion inébranlable est à l'image de la mienne.

À PROPOS DE L'AUTRICE

Dr Clare R. Johnson est l'ancienne présidente et directrice générale de l'International Association for the Study of Dreams (IASD, Association internationale pour l'étude des rêves). En 2007, elle devient la première personne au monde à consacrer son doctorat au rêve lucide en tant qu'outil d'écriture créative (Université de Leeds, Royaume-Uni). Enseignante sur la lucidité aux quatre coins du globe, la Dr Clare Johnson a mis au point des centaines de techniques pour aider les gens à accéder à leur inconscient par l'intermédiaire du monde intérieur des rêves et du sommeil. Rêveuse lucide depuis toujours, elle étudie activement le monde du sommeil depuis près de cinquante ans.

Elle est l'autrice d'un ouvrage salué par la critique, le *Llewellyn's Complete Book of Lucid Dreaming*. Son travail sur le rêve lucide apparaît dans de nombreux documentaires, magazines, anthologies, émissions de radio, de télé et podcasts. Conférencière à l'international, elle aborde des sujets aussi variés que les rêves lucides à l'approche de la mort, les problèmes de sommeil, les techniques de rêves lucides et les solutions aux cauchemars. Son dernier livre, *Le Guide du rêve lucide*, est également publié chez Le Lotus et l'Éléphant en 2021.

Romancière, nouvelliste primée et poète, Clare est l'autrice de deux romans inspirés de rêves lucides (sous le nom de Clare Jay). *Breathing in Colour* raconte comment le rêve lucide peut parvenir à soigner les traumas, tandis que *Dreamrunner* explore la lucidité comme remède à la violence des cauchemars. Passionnée par le travail du rêve comme moyen de responsabiliser les enfants, Clare coédite un livre sur les rêves et les cauchemars chez l'enfant, *Sleep Monsters and Superheroes*. Enfin, son livre *Dream Therapy* dévoile les effets transformateurs d'un travail sur les rêves dans notre vie.

Si le cœur vous en dit, rejoignez Clare lors de ses retraites de rêve lucide. Celles-ci se déroulent généralement proches de l'océan, dans un magnifique cadre où les aspects créatifs, curatifs, sauvages et spirituels des rêves sont explorés au sein d'un petit groupe. Pour plus d'informations, contactez-la à l'adresse deeplu-ciddreaming@gmail.com.

Clare est la fondatrice d'une école en ligne, **Deep Lucid Dreaming Video Cours**. Ces cours individuels et ces ateliers en direct sont suivis par des milliers de personnes et comprennent des méditations téléchargeables pour faire des rêves lucides et améliorer le sommeil (www. DeepLucidDreaming.com/classes). L'autrice présente également des ateliers en direct, un programme de mentorat spécialisé et des séances sur le sommeil, les rêves, les cauchemars et la lucidité (www. DeepLucidDreaming.com/private-mentoring-sessions).

Sleep & Deep Lucid Dreaming est le nouveau podcast du Dr Clare Johnson. Il propose deux cours audio gratuits, *Tips for Deep Sleep* et *How to Lucid Dream*, ainsi que des conversations pour vous inspirer à puiser dans votre génie intérieur et succomber au charme du sommeil. Retrouvez-le sur votre plateforme de podcast préférée ou consultez le site suivant : www. DeepLucidDreaming.com/podcast.

Vous pouvez vous abonner à sa page Internet afin de recevoir des livres électroniques et une méditation guidée gratuite pour un sommeil serein.

Composition et mise en pages
Nord Compo à Villeneuve-d'Ascq